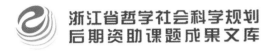
浙江省哲学社会科学规划
后期资助课题成果文库

美国教育博士专业学位教育研究

Meiguo Jiaoyu Boshi Zhuanye
Xuewei Jiaoyu Yanjiu

王霁云　著

中国社会科学出版社

图书在版编目(CIP)数据

美国教育博士专业学位教育研究／王霁云著．—北京：中国社会科学
出版社，2015.8
ISBN 978 - 7 - 5161 - 6823 - 3

Ⅰ.①美…　Ⅱ.①王…　Ⅲ.①教育学 - 博士 - 研究生教育 - 学位教育 -
研究 - 美国　Ⅳ.①G649.712

中国版本图书馆 CIP 数据核字(2015)第 188396 号

出 版 人　赵剑英
责任编辑　宫京蕾
特约编辑　乔继堂
责任校对　邓雨婷
责任印制　何　艳

出　　　版　中国社会科学出版社
社　　　址　北京鼓楼西大街甲 158 号
邮　　　编　100720
网　　　址　http://www.csspw.cn
发 行 部　010 - 84083685
门 市 部　010 - 84029450
经　　　销　新华书店及其他书店

印刷装订　北京市兴怀印刷厂
版　　　次　2015 年 8 月第 1 版
印　　　次　2015 年 8 月第 1 次印刷

开　　　本　710×1000　1/16
印　　　张　18.75
插　　　页　2
字　　　数　308 千字
定　　　价　68.00 元

目　　录

第一章

导　　论

第一节　选题缘由与研究意义

一　社会需求的多元化与我国专业学位教育的发展

1999 年我国开始大力发展高等教育，高等教育规模迅速扩大，朝着大众化的方向大踏步迈进。随着高等教育规模的扩大，高校研究生的数量也迅速增加，从规模上看，我国研究生的培养基本满足了社会的需求。然而所培养研究生的类型还不够合理，仍以学术型研究生的培养为主，而现代社会急需的高层次、应用型专门人才奇缺。目前我国在校研究生已经突破 100 万，在如此规模的研究生教育中，获得专业学位的研究生所占比例非常低，2008 年硕士专业学位研究生占硕士生的比例仅为 8%，2010 年也只有 25%。造成这一问题的原因主要有两个：

其一，学术人才的培养是学位制度设立的初衷。1980 年颁布的《中华人民共和国学位条例》并没有明确区分学术型（或研究型）学位与专业学位（或职业学位），最初的学位授予标准都是学术导向的。这主要是由于受"文化大革命"的影响，当时高校教师和科研人员奇缺，为了保证科研工作的持续发展，急需给各大专院校和科研单位补充教学、科研型高层次人才。①

其二，随着社会的发展，社会对高端应用型人才的需求越来越大。20世纪 80 年代中期，我国教学科研型人才的短缺状况开始得到缓解。改革开放后，我国社会经济快速发展，人才需求趋于多元化，具有创新意识、

---

① 黄宝印：《我国专业学位教育发展的回顾与思考》，《学位与研究生教育》2007 年第 6 期。

创新思维、创新能力的创业企业家以及从事技术开发和应用的复合型、应用型的高级专门人才的供求矛盾日益突出，原有的单一学术型的研究生培养模式越来越难以满足经济发展的要求。面对新的形势，我国学位教育的改革势在必行。

1988 年国务院学位委员会第八次会议首次就设立"职业学位"进行了讨论，指出该学位培养的是专业领域的高级应用型人才，与传统的学术性学位在培养目标、课程设置、论文要求和培养方式上都存在不同。随后，学位委员会第九次会议正式使用"专业学位"（professional degree）的提法，以取代原先的"职业学位"；审议并通过了《关于设置和试办工商管理硕士学位的几点意见》，决定在我国开展专业学位教育的试点工作，开启了我国专业学位教育的先河。

1992 年，学位委员会第 11 次会议批准了专业学位的授予方式由原先的"按学科门类授予"改为"按专业授予"。专业学位授予方式的改变实际上表明，我国学位类型有两种：学术性学位和专业学位；相应的，授予学位的方式也变为两种：学术性学位按学科门类授予，专业学位按专业类型授予。这是我国学位制度的一次重大突破。①

1996 年，《专业学位设置审批暂行办法》在国务院学位委员会第 14次会议上审议并通过，办法对专业学位的设置目的、特点、层次、审批、培养、管理等作了制度化的规定，对我国专业学位教育的规范化发展起到了保障作用。1999 年首次全国专业学位教育工作会议在北京召开，会议对我国专业学位教育的发展进行了总结，会后下发了《关于加强和改进专业学位教育的若干意见》，指出为了贯彻落实科教兴国战略，适应国家经济建设、科技进步和社会发展需要，应继续改革和完善我国学位与研究生教育制度，促进专业学位教育的健康发展，为社会主义现代化建设培养大批应用型高层次专门人才。②

二　教育科学的实践性与我国教育博士专业学位的诞生

教育既是一个学术性领域，又是一个实践性领域，肩负着发展教育理

①　黄宝印：《我国专业学位教育发展的回顾与思考》，《学位与研究生教育》2007 年第 6 期。
②　《关于加强和改进专业学位教育的若干意见》，（http://www.teacherclub.com.cn/tr-esearch/channel/edm/zhengcefagui/8105.html，2008 – 9 – 9）。

论和教育管理实践的双重任务。新中国成立初期设立的学位体系培养的是教育理论研究人才，这种单一的学位培养体系与教育强烈的实践特性和教育学的专业特性是不相适应的。

于是，1996 年国务院学位委员会第 14 次会议审议并通过了《关于设置和试办教育硕士专业学位的报告》，启动了教育类专业学位教育，但最初的教育硕士专业学位教育，只有"学科教学"和"教育管理"两个专业方向，培养工作也主要面向中小学从事基础教育教学及管理工作的人员，广大的高校教师和管理人员，政府教育部门管理人员和政策研究人员无法接受教育专业硕士学位教育。然而，他们能否不断提高自身综合素质，运用科学理论和方法探索和解决实际工作中的复杂问题，事关教育资源的优化配置乃至教育质量和效能的提高。而且从实际来看，报考教育学博士的考生数持续攀升，许多考生来自教育管理和高校管理第一线，这说明目前我国对教育博士专业学位也有着广泛的社会需求。

2008 年 12 月 30 日，国务院学位委员会第 26 次会议审议通过了《教育博士专业学位设置方案》，决定在我国设置和试办教育博士专业学位，以造就"教育、教学和教育管理领域的复合型、职业型的高级专门人才"。① 目前已有包括北大、北师大和浙江大学在内的 15 所国内高校获准成为首批教育博士（Ed. D.）专业学位教育试点单位，并于 2010 年开始招生。由于是首次试点招生，对于如何系统构建教育博士专业学位教育的一系列教育标准，各试点高校都处于探索阶段。

三 美国教育博士专业学位教育对我国的借鉴意义

美国是最早设置教育博士专业学位的国家，1920 年哈佛大学教育学院建立了首个教育博士专业学位点，面向学校管理人员、政府教育部门管理人员和政策研究人员，使其获得有关实际工作岗位的特定专业技术。目前美国约有 290 家高等教育机构在教育领域授予博士学位，其中多数高校同时授予哲学博士学位和教育博士学位。②

尽管美国的教育博士专业学位教育已有近百年的历史，具备丰富的经

---

① 《关于下达〈教育博士专业学位设置方案〉的通知》，http://www.doc88.com/p-490187877395.html，2012-6-23。

② Levine, A., "Educating Researchers", *The Education Schools Project*, 2007: 13, 39.

验和成熟的办学模式，但其教育博士专业学位自其诞生之日起，针对它的争论就未停止过。21 世纪之初，又有相当数量的美国高校就教育博士专业学位教育的改革开始了新一轮深入的讨论和探索，并努力将改革举措付诸实践。正是美国教育博士专业学位教育这种"既有成绩又备受争议"的状况，引起了本人极大的研究兴趣，希望通过本研究能在众说纷纭中还原美国教育博士专业学位教育的本来面目：它原本被期望怎么样？实际是什么样？现在什么样？今后会如何？更为重要的是，期望借考察美国的教育博士专业学位教育，为我国当前的教育博士专业学位教育的制度构建提供有价值的参考：通过研究美国教育博士专业学位教育，学习美国专业学位教育发展中的经验和可取之处，促进我国专业学位教育的建设和创新；同时，对于美国教育博士专业学位教育的发展历程中面临的问题进行深入细致的考察和分析，能使我国专业学位教育在建设过程中汲取美国的教训，避免类似问题的发生，有利于我国专业学位教育今后的健康发展。

第二节   文献综述

一   美国的研究成果

自从 Ed. D. 诞生以来，有关它的争论就没停止过，美国的研究者从不同的角度对其进行过研究，研究的热点在不同的时期也有所不同，归纳起来主要有以下方面。

（一）1970 年以前：关于教育博士与教育哲学博士异同的研究

早在 1930 年，美国乔治·华盛顿大学的教授沃特·默伦（Walter Monroe）就对包括波士顿大学、哈佛、约翰霍普金斯、斯坦福和南加州大学在内的六所大学的教育博士培养过程进行过调查，发现这几所大学频繁地对教育博士的培养设定不同于传统的哲学博士的要求。[①]

1931 年福里曼（Freeman）在默伦的调查基础上，对 13 所颁发哲学博士学位（Ph. D.）和 7 所颁发教育博士学位（Ed. D.）的大学进行了调查，调查的目的在于归纳 Ed. D. 和 Ph. D. 在学位要求上的差异，根据该

---

① Freeman，F. N.，*Practices of American Universities in Granting Higer Degrees in Education：A Series of Official Statements*（Vol. 19），Chicago：University of Chicago Press，1931.

调查结果，福里曼出版了相应著作。①

到了 50 年代末至 60 年代，对于这两种学位差异的讨论又浮出了水面。其中比较重要的研究有路德罗（Ludlow）于 1964 年对来自 91 个院校的博士学位获得者进行的为期两年的调查，以期发现两种学位获得者在能力、职业目标和就业满意度上的差别。② 另外，爱尔斯（Eells）于 1963 年也就入学要求、资格考试的性质、博士论文的性质等方面对这两种学位教育进行了对比。③ 1966 年，布朗（Brown）在美国师范学院联合会（AACTE）的资助下对路德罗 1964 年的研究进行了跟踪调查，以期能够全面地理解这两种学位获得者的异同。④

以上研究的结果都表明 Ed. D. 和 Ph. D. 的学位获得者没有显著差异，也无所谓谁优谁劣。这一结果并未印证当时人们的普遍想法，即：Ph. D. 是研究型学位，而 Ed. D. 是面向教育从业者的专业学位。

（二）1970—1980 年：关于两种博士学位发展的研究

到了 20 世纪 70 年代早期，美国学者开始对两种博士学位的发展感兴趣。

进入 20 世纪 70 年代，教育博士教育继续发展，培养规模不断扩大。1970 年，斯布尔（Spurr）对 Ed. D. 和 Ph. D. 的发展进行了追踪调查，斯布尔认为 Ed. D. 快速发展的动因是为了成立独立的教育学院以摆脱来自研究生院传统学科的压力和控制。⑤ 另外，安德森（Anderson）也于 1983 年对这两种博士学位进行了对比研究，结果发现有越来越多的大学开始授予教育博士学位⑥：1930 年美国仅有 3 所高校授予教育博士学位，而到了 1980 年，共有 128 所高校授予教育博士学位，其中有 86 所既授予教育专

---

① Freeman, F. N., *Practices of American Universities in Granting Higer Degrees in Education*: *A Series of Official Statements*（Vol. 19）, Chicago: University of Chicago Press, 1931.

② Ludlow, H. G., *The Doctorate in Education*, Washington D. C. : American Association of Colleges for Teacher Education, 1964.

③ Eells, W. C., *Degrees in Higher Education*, Washington D. C. : The Center for Applied Research Research in Education, 1963.

④ Brown, L. D., *Doctoral Graduates in Education*: *An Inquiry into Their Motives, Aspirations, and Perceptions of the Program*, Bloomington: Indiana University Press, 1966.

⑤ Spurr, S. H., *Academic Degree Structures*: *Innovative Approaches*, New York: McGraw-Hill, 1970.

⑥ Anderson, D. G., "Differentiation of the Ed. D. and Ph. D. in Education", *Journal of Teacher Education*, Vol. 34, No. 3, 1983.

业博士学位，同时也授予教育哲学博士学位。安德森还发现越来越多的高校同时授予两种学位，并且拥有教育博士学位和拥有教育哲学博士学位的毕业生人数都在增加。

（三）1980—1999 年：关于这两种博士学位是否有必要同时存在的研究

到了 20 世纪 80 年代后期，争论的焦点转移到教育领域的这两种博士学位是否有必要同时存在。

1988 年，克里福德（Clifford）与和格思里（Guthrie）合著了一本影响深远的书——《教育学院：教育类专业教育简介》，在书里他们对美国十所顶尖大学的教育学院进行了研究，并建议在教育学院实行激进的改革，废除教育哲学博士教育，使教育学院专注于专业学位教育，以培养学校教师和教育领导。[1]

对克里福德与和格思里的看法，布朗认为极为荒唐，并撰文予以了反驳。[2] 布朗认为尽管 20 世纪 20—50 年代，人们对获取教育博士学位的兴趣持续增长；但到了 60 年代，由于联邦政府大力提倡科学研究，并对科学研究的支持力度逐步加大，人们对获取教育博士学位的兴趣开始下降；到 70 年代末，教育哲学博士的数量超过了教育博士。以此为据，布朗对教育博士学位存在的有效性提出质疑。随后，布朗进行了一项针对 42 所大学的调查，就博士生课程的特点、职业抱负、学位区分方面对教师和学生进行了访谈，并得出结论：其一，这些学校的教育学院的博士学位课程设置合理；其二，尽管除了所教授和完成的研究类型有所不同外，这两种学位几乎没什么差别，但对于哲学博士学位更受欢迎这一事实却丝毫不存在异议。

1998 年迪尔瑞（Deering）在对 50 所大学的教育学院所授予的教育哲学博士学位和教育博士学位进行研究后得出结论，为了解决两种学位混淆不清，这一长期令人困扰的问题，应该废除教育博士学位。在研究中，迪尔瑞对这些教育学院授予的两种学位的论文、所教授和运用的研究类型、

---

① Clifford, G. J. and Guthrie, J. W., *Ed School: A Brief for a Professional Education*, Chicago: University of Chicago Press, 1988.

② Brown, L. D., "A Perspective on the Ph. D. -Ed. D. Discussion in Schools of Education", Paper presented at the American Educational Research Association, 1991.

毕业生的就业模式做了研究，他发现尽管人们普遍认为：教育哲学博士的论文是为了产生新知识，而教育博士的论文是为了解决实际问题；但学生们的论文并没有实质性的差别，攻读两种学位的学生都运用定性和定量的研究写出了差不多的论文。而且他还发现：所有 50 个被调查教育学院的毕业生中，无论他们来自大型研究型大学还是来自小型的新兴大学，那些最终在教育学院谋得职位的，既有获得教育博士学位的，也有获得教育哲学博士学位的。基于以上发现，迪尔瑞认为两种学位无本质差别，因而没有必要同时存在，并建议废除教育博士学位。[①]

（四）2000 年后：关于教育博士学位教育改革与创新的研究

进入 21 世纪后，研究者们的研究重点已不再是这两种学位的异同以及是否有必要同时存在，而是如何在课程、论文、研究、实践等方面实现博士培养的创新，以促进两种学位都得到提升。

这一时期有代表性的研究有舒尔曼（Shulman）等人 2006 年在《教育研究者》上撰写的一篇文章：《重塑教育博士学位：批评和建议》。[②] 在文章里，他们呼吁各大学的教育学院直面这一问题：两种学位教育混淆不清，致使教育学院既不能胜任创造新知识的使命也不能胜任培养合格教育从业者的使命。他们认为解决问题的方法应是区分这两种学位并使两种学位的教育都得到提升，建议把教育博士学位打造成教育实践领域的最高专业学位，认为教育博士的培养目标是最高水平的教育从业者，培养过程应突出其解决实际问题、学生拥有教育工作经验以及兼职学习的特点。而且他们一致认为，给教育博士传授应用研究法时应像给教育哲学博士传授如何做学术研究一样严格。

对舒尔曼等人的建议，有 25 所大学的教育学院做出了积极的回应；2007 年，这 25 个教育学院在卡内基教学促进基金会（The Camegie Foundation for the Advanument of Teaching）的支持下共同开展了教育博士的项目研究，探索如何重新定义教育博士学位并重新设计其培养过程，为美国教育系统打造高品质的教育从业人员，这便是卡内基 CPED 项目（Carne-

---

① Deering, T. E., "Eliminating the Doctor of Education Degree: It's the Right Thing to Do", *The Educational Forum*, Vol. 62, 1998.

② Shulman, L. S., Golde, C. M., Bueschel, A. C., and Garabedian, K. J., "Reclaiming Education's Doctorates: A Critique and a Proposal", *Educational Researcher*, Vol. 35, No. 3, 2006.

gie Project on the Education Doctorate)。经过三年的努力，该项目已完成第一阶段研究，并对教育博士（Ed. D.）给出了一个正式的定义，归纳出衡量教育博士毕业生学习成效的标准，以及教育博士培养项目的设计原则。目前项目成员正致力于项目第二阶段的研究工作，将研究成果在自己学校所在区域推广实施并进一步深化，并期望有朝一日能在全美国推行。[1]

然而对于舒尔曼等人的建议，也存在不同的声音。哥伦比亚大学教育学院前院长亚瑟·莱文（Arthur Levine）认为，尽管明确地区分教育博士专业学位和教育哲学博士学位对于教育领域来说是有益的，但这对美国教育学院来讲则是一个"不可能完成的任务"，莱文认为现实因素使得美国的教育学院不会对这两种学位进行明确的区分，也不会对当前教育领域的博士生培养做实质性的改变。[2]

二   国内的研究成果

国内学者在这方面的研究起步较晚，大约始于20世纪末，大致可以分为三个阶段，从最初较为宏观的研究，逐步进入更为细致深入的培养个案研究。第一阶段为探求我国教育博士专业学位教育的必要性和可行性阶段：21世纪初，我国经济持续快速发展，经济建设处于转型的关键时刻，我国教育专家和学者开始意识到开展教育博士专业学位教育，培养教育、教学、教育管理的应用型、复合型高端人才的迫切性，于是纷纷呼吁借鉴国外教育博士培养的经验，建立我国的教育博士培养制度。第二阶段为研究我国教育博士专业学位教育的实践操作性阶段：研究者们通过介绍分析国外高校教育博士的培养模式，探讨我国教育博士培养的实际操作问题，包括培养目标的设置、培养对象的设定、培养方式的探索、培养评价的建立，等等。第三阶段为对国外高校教育博士培养模式的反思阶段：这一阶段研究者们在以前对国外先进经验介绍分析的基础上，开始关注国外高校在培养过程中所面临的问题和挑战，以期对我国教育博士培养的初始阶段起到警醒和预防的作用。

（一）关于设立教育博士专业学位必要性和可行性的研究

2004年邓光平在《比较教育研究》发表文章《国外专业博士学位的

---

① 详见卡内基CPED项目的官方网页：http://cpedinitiative.org/。

② Levine, A., "Educating Researchers", *The Education Schools Project*, 2007.

历史发展及启示》，文章回顾了国外专业博士学位的历史发展，分析了国外专业博士学位的内涵、特征与发展的原因，指出我国博士学位类型较单一，多为研究型或学术性学位，仅有临床医学、口腔医学、兽医学三个专业设置并开展有博士专业学位教育，呼吁借鉴国外专业博士学位教育的经验，在我国增设更多符合社会现实需求的专业博士学位教育，建立更加完善的专业博士学位制度。[①] 同年，浙江大学教育学院的黎学平博士也在《比较教育研究》上发表文章，对英国专业博士学位的形成、发展和特点进行了论述。[②] 华中科技大学教育科学研究院张应强教授在《现代大学教育》上发表文章《关于设置教育博士专业学位的政策建议》，指出我国的教育硕士专业学位教育已取得较大进展，但在教育层次结构上却不能满足现实需要和社会的要求，因此迫切需要设置教育博士专业学位，以开展大学校长和高层次学校管理人员的教育与培训，并建议在目前我国完整的职业高等教育层次结构还没有建立起来的情况下，可先依托现有高等教育学博士学位点进行教育博士专业学位教育的试点工作。[③] 文东茅和阎凤桥也对在我国设立教育博士专业学位教育进行了阐述，他们回顾了美国教育博士学位授予的概况，对教育博士与哲学博士进行了比较，同时对宾夕法尼亚大学资深高等教育管理博士项目的培养进行了介绍，最后强调了在我国设立教育博士专业学位的必要性，并对我国教育博士的招生对象和学术标准两个方面提出了建议。[④] 邹海燕和王平在《中国高教研究》发表文章，对我国设置专业博士学位的必要性、主要障碍进行分析，提出构建我国专业博士学位制度的建议。[⑤] 北师大校长钟秉林也在《中国高等教育》上发表文章，阐述了在我国设置教育博士专业学位的必要性和可行性，并概括了教育博士专业学位的特点。[⑥]

---

① 邓光平：《国外专业博士学位的历史发展及启示》，《比较教育研究》2004 年第 10 期。

② 黎学平：《英国专业博士学位的形成、初步发展及主要特点》，《比较教育研究》2004 年第 10 期。

③ 张应强：《关于设置教育博士专业学位的政策建议》，《现代大学教育》2003 年第 1 期。

④ 文东茅、阎凤桥：《美国"教育博士"（Ed. D.）的培养及其启示》，《国家教育行政学院学报》2003 年第 3 期。

⑤ 邹海燕、王平：《建立我国专业博士学位制度的研究》，《中国高教研究》2005 年第 6 期。

⑥ 钟秉林、张斌贤：《我国专业学位教育发展的新突破——写在教育博士专业学位诞生之际》，《中国高等教育》2009 年第 3 期。

　　(二) 关于教育博士培养实际操作问题的研究

　　2005 年以后，国内学者对此的研究逐步转入探讨 Ed. D. 的实际操作问题，比如怎样科学地设计培养过程、课程体系、实践环节、学位标准、导师队伍以及严格的质量评价和监控机制等问题。例如，2006 年，华南师范大学教授袁锐锷等在《比较教育研究》上发表文章《关于澳大利亚若干大学教育博士培养工作的思考》，对澳大利亚教育博士培养的缘起、培养目标、培养对象、培养方式进行了分析，以期对我国教育博士专业学位教育的建设有所启发。同年，周富强在《中国高教研究》上发表文章《英国"教育博士"培养的实践、问题与挑战》，介绍了英国教育博士发展背景、培养的模式与特点、课程开设与学位论文评估的实践，并进一步分析了其面临的问题、挑战及对我国培养教育博士的启示。2007 年，北京师范大学教授马健生在《教师教育研究》上发表文章《关于教育博士（Ed. D.）培养方案的构想》，在文中他首先论述了我国设置教育博士专业学位的必要性，接着探讨了教育博士专业学位教育应该具备的特点，最后对我国教育博士的具体培养目标、培养制度、课程设置和教学方法提出了自己的看法。① 同年，王丽娟在《中国成人教育》上发表文章，回顾了美国与英国教育博士学位的发展历史，并对北京大学 2003 年与美国宾夕法尼亚大学、国家教育行政学院联合培养高级教育行政管理研究方向的教育博士试点工作进行了介绍。②

　　(三) 对国外教育博士培养模式反思的研究

　　随着研究的深入，国内学者在介绍国外先进经验的同时，也开始关注国外教育博士培养中存在的一些问题。例如，北京师范大学的褚艾晶在《复旦教育论坛》发表的文章《"教育博士"培养的合法性危机——基于美国现实面临的问题与挑战》，③ 东北师范大学的邓涛和孔凡琴在《比较教育研究》上发表的文章《美国教育博士（Ed. D.）专业学位教育的问题与改革论争》④，邓涛在《学位与研究生教育》上发表的文章《国外教

---

① 马健生、滕珺：《关于教育博士培养方案的构想在》，《教师教育研究》2007 年第 6 期。

② 王丽娟：《浅谈我国教育博士学位 Ed. D. 的兴起》，《中国成人教育》2007 年第 2 期。

③ 褚艾晶：《"教育博士"培养的合法性危机——基于美国现实面临的问题与挑战》，《复旦教育论坛》2008 年第 3 期。

④ 邓涛、孔凡琴：《美国教育博士专业学位教育的问题与改革论争》，《比较教育研究》2009 年第 4 期。

育专业博士教育的成效与问题——兼谈对我国开展教育博士专业学位教育的思考》，① 以及鲁东大学张济洲在《高等教育研究》上发表的《美国"教育博士"培养的实践、问题与挑战》②。

近两年，国内研究者开始更多地关注国外大学教育博士培养的个案分析，如陈粤秀等在《复旦教育论坛》发表文章《美国教育博士学位的背景与发展》，详细介绍了美国范德堡大学皮博迪教育与人类发展学院教育博士学位教育的定位框架和规格标准，期望在治学宗旨、办学对象、教学方式等方面对我国高校教育博士学位的设置和发展提供参考。③ 西南大学的马金晶与靳玉乐在《学位与研究生教育》发表的文章《美国圣路易斯大学教育博士培养的改革及其启示》，介绍了圣路易斯大学以问题为导向的教育博士培养模式。④ 华南师范大学的周晓芳 2010 年在《清华教育研究》上发表文章《我国教育博士专业学位研究生招生工作的思考》，对我国 15 所教育博士专业学位（Ed. D.）教育试点大学的招生工作进行了研究，在研究了这些高校的招生简章、相关招生政策、文件及结合招生工作经验的基础上，指出了我国教育博士专业学位招生工作中存在的问题。⑤

三 文献述评

（一）已有研究的学术贡献

综上所述，已有研究的学术贡献主要表现在以下几个方面：

第一，美国已有的研究主要关注教育博士学位与教育哲学博士学位的异同，对二者是否存在差别做了广泛的研究，同时对现实中教育博士培养与教育哲学博士培养趋同的现象进行了细致的调查和探讨，并在分析这种

---

① 邓涛：《国外教育专业博士教育的成效与问题——兼谈对我国开展教育博士专业学位教育的思考》，《学位与研究生教育》2009 年第 8 期。

② 张济洲：《美国"教育博士"培养的实践、问题与挑战》，《高等教育研究》2009 年第 3 期。

③ ［美］陈粤秀、Ellen Goldring，Catherine Loss：《美国教育博士学位的背景与发展》，《复旦教育论坛》2009 年第 3 期。

④ 马金晶、靳玉乐：《美国圣路易斯大学教育博士培养的改革及其启示》，《学位与研究生教育》2010 年第 6 期。

⑤ 周晓芳：《我国教育博士专业学位研究生招生工作的思考》，《清华大学教育研究》2010 年第 2 期。

趋同现象形成的原因方面进行了尝试。事实上，美国教育界针对这两种学位教育异同的争论从未间断过，正是由于对此问题的长期而激烈的争论，才吸引了众多研究者的研究兴趣，这为本研究提供了丰富的研究素材和有价值的借鉴。

第二，美国已有相关研究在研究视角、解释框架和信息获取等方面对本研究也有较大的启发。由于美国研究多注重从文化背景的角度研究分析教育问题，这对本研究在研究视角和解释框架方面有很大启发。另外，美国研究者的研究中，尽管对某个大学教育学院的教育博士培养项目进行单独个案分析的很少，然而针对哈佛教育博士学位诞生初期的研究却有比较深入的，这为本研究获取教育博士学位早期发展的历史资料提供了有价值的参考。

第三，我国学界教育博士专业学位教育的研究，从21世纪初探求我国开展教育博士专业学位教育的必要性和可行性，到介绍国外教育博士的培养模式从而探讨我国博士培养的实际操作问题，再到对国外高校教育博士培养模式的反思，研究从最初的较为宏观的研究，逐步进入更为细致深入的高校教育博士培养的个案研究。国内已有的研究成果为本研究分析中美不同的教育背景，有效借鉴美国的培养经验奠定了基础。

（二）已有研究的不足之处

首先，美国已有的研究主要涉及美国教育博士学位教育与教育哲学博士学位教育的趋同现象，就这两种博士学位教育的异同进行对比分析的研究比较多，但对造成这种趋同现象的根本原因和历史缘由进行深入系统分析的则比较少见。

其次，美国的已有研究中，将不同大学的教育博士培养进行对比研究的较多，但从历史的角度，对某所大学的教育学院及其教育博士培养项目进行研究，调查分析该教育学院的教育博士培养项目从设立之初到现在所经历的重要改变以及引起这些改变的原因的系统研究较少。

最后，从目前收集到的文献来看，国内已有的研究中，就单个美国高校的教育博士培养项目的内容和改革进行分析的较多，但把美国教育博士学位教育放到美国高等教育和专业学位教育的发展背景之下进行研究，并结合典型的学校案例对美国教育博士学位教育目前的培养模式和今后的改革趋势进行分析的例子还未见到。

第三节　研究对象与概念界定

一　研究对象

针对已有研究存在的不足，本研究从新的视角对美国教育博士专业学位教育进行研究：在宏观层面，结合美国高等教育发展和专业教育发展的背景以及重要历史事件，还原其在美国诞生、发展及改革的全貌；在微观层面，结合代表性大学的教育博士专业学位教育的培养模式，阐述其当前的改革创新与发展趋势；特别关注美国教育博士专业学位教育近一个世纪探索和实践所积累的经验和存在的问题，对其成因和影响因素进行分析和阐述，以期对我国尚处于起步阶段的教育博士专业学位教育提供有益借鉴。

美国大学授予教育类博士学位的教育机构众多，目前总共有290个，包括教育学院和教育系，这些教育机构分别存在于美国研究综合型大学（the Doctoral Extensive universities，95%）、研究密集型大学（the Doctoral Intensives，82%）、一类硕士教育层次的高等教育机构（the Masters Ⅰ universities，18%）、和二类硕士教育层次的高等教育机构（the Masters Ⅱ universities，2%）中。然而，超过95%的教育类博士学位都是研究型大学授予的，[1] 因此本研究将聚焦美国研究型大学，即研究综合型大学和研究密集型大学，对其教育博士专业学位教育进行研究。而且由于不可能将美国授予教育博士专业学位的所有研究型大学都纳入本研究，因此本研究选取了在美国教育博士专业学位诞生、发展、改革历程中具有代表性的研究型大学，将这些大学的教育博士专业学位教育作为本研究的主要研究对象。

二　概念界定

（一）专业

《现代汉语词典》对"专业"这一名词的解释有两种：①高等学校的一个系里或中等专业学校里，根据科学分工或生产部门的分工把学业分成

---

① Levine, A., "Educating Researchers", *The Education Schools Project*, 2007：43.

的门类；②产业部门中根据产品生产的不同过程而分成的各业务部分。①
第一种解释是人们所熟知的，这种专业是学科意义上的专业，对应的英语
是"specialty"。然而本书中"专业学位"中的"专业"，指的是"profes-
sional"，该如何理解它呢？对此周川曾进行过系统的论述，在他看来，专
业有广义、狭义、特指之分。②

广义的专业，是指某种职业不同于其他职业的劳动特点，是伴随着社
会分工的出现而产生的。因为任何一种职业都有自身与众不同的劳动特
点，因此，广义地看，任何一种职业都是一种专业，换句话说世界上有多
少种职业，就有多少种广义的专业。

狭义的专业，主要是指某些特定的社会职业，这些职业要进行高级、
复杂、专门化的脑力劳动，只有接受过专门的教育和训练，才能获得胜任
该职业的专门知识和技能。这些职业的劳动主要体现在政治、经济、文学
艺术、教育事业、医疗卫生等方面，其专门化、脑力化和创造性的程度都
比较高。按照马克思的观点，这种专业涉及的复杂劳动是简单劳动的倍
加，在相同的时间里能够创造出比简单劳动更多的价值，对社会进步具有
更重要的作用。

特指的专业，则是指高等教育意义上的专业，即高等学校中的专业。
高等学校中的专业与狭义的专业密切相关，以其为设置的基本依据和蓝
本，但其自身又具有一些特定的含义，对此，我们大体可以这样来理解：
特指的专业是依据确定的培养目标设置于高等学校（及其相应的教育机
构）的基本教育单位或教育基本组织形式。

以上是周川归纳的几种专业的定义，其中"特指的专业"与《现代
汉语词典》中"专业"的第一种解释是对应的，都指的是高等院校中的
专业，即"specialty"。而本书中"专业学位"中的"专业"，指的是狭
义的专业，即"professional"，是相对于个人在社会中所从事的"普通
职业"而言的专门职业，是一种"有学问"的职业，这种职业有其独特
的知识领域，对应专门的知识和技能，有严格的入门标准和鲜明的实践
性。也就是说，本书所指的"专业"属于职业的范畴，但并不是所有职

① 中国社会科学院语言研究所词典编辑室：《现代汉语词典》（第6版），商务印书馆2012
年版，第1708页。

② 周川：《"专业"散论》，《高等教育研究》1992年第1期。

业都能被称为"专业",只有具备一定特征的职业才能称其为"专业"。这些特征主要有:第一,必须具备该职业特有的专门知识和技能;第二,从业者必须接受比从事普通职业更多的教育与训练,包括高水平的普通教育及专门教育和训练,以掌握该职业特有的专门知识和技能;第三,该职业有自己特定的资格标准和职业准入制度,包括必须掌握的专业知识和技能的标准以及本职业所遵循的、有别于其他职业的伦理和职业标准,即"行规",且对进入此职业的人员必须有严格的资格认可和注册登记制度。①

(二)专业学位

1. 我国的专业学位

根据国务院学位委员会、教育部 1999 年下发的《关于加强和改进专业学位教育工作的若干意见》,"专业学位,是相对于学术性学位而言的学位类型,培养适应社会特定职业或岗位的实际工作需要的应用型高层次专门人才。专业学位与相应的学术性学位处于同一层次,培养规格各有侧重……专业学位名称可表示为'××(职业领域)硕士(学士、博士)专业学位'"。②据此,我国学位制度把学位分为学术学位和专业学位两大类。学术学位是在人文学科与自然科学领域里所授学位的统称,是注重理论和学术研究的一种学位,如法学学位、文学学位、理学学位、工学学位等。而专业学位是在专业领域所授学位的统称,它的设置是为了拓展人才培养的类型和规格,加快培养社会急需的复合型、应用型高层次专门人才,如法律硕士、教育硕士、工商管理硕士等。③

因此,专业学位的最大特点是:学位获得者主要不是从事学术研究,而是拥有特定职业背景的专业人士,如医生、律师、教师、工程师。

自 1991 年以来,针对经济建设和社会发展对不同行业背景、不同类型、不同规格高级专门人才的需要,国务院学位委员会批准设置了法律硕士专业学位、公共管理硕士专业学位(MPA)、工商管理硕士专业学位

---

① 周频:《我国专业学位研究生教育发展对策研究》,硕士学位论文,兰州大学,2008年,第 8 页。

② 《关于加强和改进专业学位教育工作的若干意见》,2008 年 9 月,中国教师研修网(http://www.teacherclub.com.cn/tresearch/channel/edm/zhengcefagui/8105.html)。

③ 周频:《我国专业学位研究生教育发展对策研究》,硕士学位论文,兰州大学,2008年,第 8 页。

（MBA）、教育硕士专业学位（MEA）等 17 个专业学位。①经过十多年的努力，专业学位教育发展迅速，取得了显著的成绩，目前已经基本形成了以硕士学位为主，博士、硕士、学士三个层次并存的专业学位教育体系，初步建立了具有我国特色的专业学位教育制度。

2. 美国的专业学位

美国研究生教育的学位结构中，纵向上分为硕士和博士两级，横向分为学术型和专业型两类学位。学术性学位包括文学硕士、理学硕士和哲学博士，其学位教育主要是培养学术型人才，如大学教师、研究机构研究人员，以促进知识的增长。专业学位包括专业硕士学位、专业博士学位和第一专业学位，其学位教育是为了培养掌握专门知识和技能的专业人员，如工商管理硕士、工程博士、医学博士，目的是知识的应用。②美国研究生教育的许多学科往往同时设有学术型学位和专业型学位，两者的培养目标有着明确的区分。

（1）专业硕士学位。美国专业硕士学位属于实用性、应用性学位，是为今后从事某种职业的人士提供的专业教育，具有类似培训的性质。有些领域的专业硕士学位是取得职业执照的先决条件，如工商管理硕士、教育硕士、公共卫生硕士等。专业硕士学位教育为美国经济发展培养了大量实用型人才，是美国专业学位研究生教育的重要组成部分。据统计，至 20 世纪 90 年代，美国专业硕士学位获得者的比例已占全部硕士学位获得者总数的 55％以上，美国目前至少有 74 种专业硕士学位。③

（2）专业博士学位。美国专业博士学位强调研究与实践相结合，是专为不搞学术理论研究但又有创造能力、并愿在专业领域做出实际贡献的人设立的学位，如医学博士、法学博士、工程博士、工商管理博士。美国是现代专业博士学位的发源地，早在 20 世纪初受社会需求的大力推动，一些偏重实践应用的学科开始授予专业博士学位，并在近百年的

① 周频：《我国专业学位研究生教育发展对策研究》，硕士学位论文，兰州大学，2008 年，第 9 页。

② 张建功、张振刚：《美国专业学位研究生教育的学位结构及启示》，《高等教育研究》2008 年第 7 期。

③ 秦春生等：《中、美教育硕士教育比较研究》，《学位与研究生教育》2002 年第 11 期。

历程中得到了蓬勃发展。据统计，美国目前至少有 56 种专业博士学位。①

（3）第一专业学位。美国还有一种特殊的专业学位类型：第一专业学位（First-professional degree）。该学位教育的目的不是进行学术研究，而是今后从事特定的职业实践，因此注重的是高层次的职业水准。入学者通常要求已经获得学士学位，然后进入专业学院（如医学院、法学院、神学院等）接受严格的专业知识和技能训练，从而具备从事相关职业工作的专业能力。同时该学位也是进入一些职业领域的基本资格要求，如医学博士学位（M. D. ）一般需要八年的学习，即先接受四年本科教育，然后再进入专业学习和训练，其中两年学习基础医学课程，两年接受临床专业训练。② 美国目前共有 11 种第一专业学位。据统计，多年来美国第一专业学位的授予数量一直高于博士学位的授予数量，如 2006 年授予第一专业学位的有 87655 人，是当年授予博士学位人数的 1. 56 倍。③

（三）教育博士专业学位

2008 年 12 月 30 日，我国国务院学位委员会第 26 次会议审议通过的《教育博士专业学位设置方案》规定，教育博士专业学位的英文名称为"Doctor of Education"，英文缩写为 Ed. D. 。教育博士专业学位教育的培养目标是造就教育、教学和教育管理领域的复合型、职业型的高级专门人才。教育博士专业学位获得者应具有良好的人文科学素养、扎实宽广的教育专业知识，能够创造性地运用科学方法研究和解决教育实践中的复杂问题，胜任教育教学和教育管理等领域的高层次实际工作。教育博士专业学位招收对象是具有硕士学位、有五年以上教育及相关领域全职工作经历、具有相当成就的中小学教师和各级各类学校管理人员。④

---

① 数据来自美国教育部（U. S. Department of Education）和美国自然科学基金（the U. S. National Science Foundation，NSF）的相关资料。

② 张炜、赵依民：《如何看待第一级专业学位与美国学士后教育的结构》，《科学学与科学技术管理》2004 年第 5 期。

③ Table251 Degrees conferred by degree granting institutions，by level of degree and sex of student：Selected years，1869—70 through 2015 - 1，2008 年 1 月，美国教育统计中心（http：//nces. ed. gov/programs/digest/d06/tables/dt06 _ 251. asp）。

④ 《关于下达〈教育博士专业学位设置方案〉的通知》，2009 年 5 月，易考网（http：//www. ezkaoyan. com/publisher/education/2009522130853. htm）。

美国教育博士专业学位是指教育领域授予的专业博士学位。美国大学相比于国内大学，享有较高的学术自治权，并且由于不同大学对教育博士专业学位有不同的理解和诉求，因此各大学的教育博士专业学位的培养方向众多，在培养目标、培养对象、培养方式、培养评价等方面也存在较大的差异，所以也不存在一个统一的教育博士专业学位的定义。这种多样性从以下列举的一些大学对教育博士学位的描述就可见一斑。

哈佛作为教育博士专业学位的诞生地，其教育学院对教育博士学位（Doctor of Education）是这样描述的："教育博士学位（the Doctor of Education degree）培养的是 21 世纪的教育学者和领导。该培养项目通过严格的研究训练，使毕业生具备对政策和实践产生广泛影响的知识和技能，学生们将与教育领域首屈一指的教师一起开展尖端研究以解决教育领域最紧迫的问题。毕业生毕业后通常从事的职业包括大学教师、高级教育领导、政策制定者和研究人员。"①

范德比尔特大学教育学院："教育博士学位培养项目提供为期 36 个月的训练，专门为关注组织运作的在职教育专业人士量身定做。"②

南加州大学教育学院："教育博士培养项目是为期三年的学位培养项目，该项目面向对城市教育有兴趣的在职教育专业人士，培养的是能够领导高效教育组织、联系研究与实践、促进学生学习的实践型学者。"③

得克萨斯大学奥斯汀分校教育学院："教育博士学位（高等教育管理方向）为学院和大学培养领导者，培养他们的领导力和高级管理技能，并通过研究促进理论的运用和知识的增长。"④"社区学院领导方向的教育博士学位项目使学生为高级专业实践做好准备，关注的是已有知识的应用和传播，而不是新知识的生产。毕业生主要从事以下职业：管理者、政策分析者、课程设计者、特别行政主管等。"⑤

---

① 见哈佛教育学院网站：http://www.gse.harvard.edu/doctorate/edd。

② 见范德比尔特大学教育学院网站：http://peabody.vanderbilt.edu/degrees-programs/masters-edd-programs/edd_programs/index.php。

③ 见南加州大学教育学院网站：http://rossier.usc.edu/academic/edd/academic-program.html

④ 见得克萨斯大学奥斯汀分校教育学院网站：http://www.edb.utexas.edu/education/departments/eda/hed-doc/about/intro/。

⑤ 见得克萨斯大学奥斯汀分校教育学院网站：http://www.edb.utexas.edu/education/departments/eda/cclp-doc/prospective/specialization/。

　　美国卡内基教育基金会2007年进行了一项有关教育博士培养的研究，该研究第一阶段的研究成果之一便是给出了教育博士专业学位的确切定义："教育博士专业学位是专业博士学位的一种，该学位培养的是能够进行实践应用、知识生产、专业管理的学者型教育专业人士。"①

　　依据美国大学对教育博士专业学位的描述及所提供的教育博士培养内容，经归纳概括，本书认为可以对美国教育博士专业学位的定义做以下陈述：美国教育博士专业学位是专业博士学位的一种，它面向教育领域的专业人士，培养学者型的专业人员，通过专门知识和技能的训练，提高他们运用理论解决实际问题的能力。

第四节　理论基础与研究思路

一　系统论及其对本研究的适应性

　　系统论是由奥地利生物学家贝塔朗菲于20世纪初提出的，他首先从生物学的角度提出系统论的基本思想，后来扩展到包括社会科学在内的各个领域。1937年，贝塔朗菲首次提出了系统论的一般原理；20世纪中期，控制论、信息论的出现，奠定了系统科学理论的基础；此后，耗散结构论、突变理论、协同论、超循环理论等相关理论的出现不断丰富着系统科学理论。现在人们讲系统论或系统科学一般是指这些理论的总和。

　　贝塔朗菲认为系统是"相互作用的诸元素的综合体"，② 强调了多元性和相关性是系统概念最基本的规定性。

　　钱学森认为："什么事情都是一个系统，而且是一个结构。而在这个结构之中存在着相互作用……我们要处理一个问题，必须把这个问题的有关部分联系起来进行考虑，而这个联系的范围就叫作系统。"③

　　赵文华从系统的种种定义中，归纳出：①系统是由两个以上相互联系和彼此影响的部分构成的集合体；②系统总是具有一定的界限，既把系统与环境区分开来，又促使系统与环境不断地进行能量、信息与物质的交

---

　　① 见卡内基教育博士项目网页：http://cpedinitiative.org/。
　　② ［美］贝塔朗菲：《一般系统论：基础·发展·应用》，林康义等译，清华大学出版社1987年版，第3页。
　　③ 钱学森：《系统工程的科学方法与哲学问题》，清华大学出版社1984年版，第27页。

换；③系统虽然由相对独立的各个部分组成，但却是具有一定功能和特性的有机整体。①

以上定义从不同角度反映了系统的本质特征，尽管表述不尽相同，但都包含着这样的共同点：①系统是一个整体；②系统的组成部分相互联系、相互依赖、相互制约、相互作用。

系统的组成部分被称为元素。有的元素不宜再作分解，且为系统必不可少的部分，这些元素被称为要素。系统与要素的关系是对立统一的，它们相互联系、彼此制约，并且可以相互转化。要素之间的相互作用，本质上就是物质、能量、信息的传递与交换。作为整体，系统的性质和功能存在于各组成要素的有机联系之中。正如贝塔朗菲说的，"为了了解一个整体或系统不仅需要了解其各个部分，而且同样还需要了解它们之间的关系"。②研究系统首先要对系统目标进行分析，目标是系统的出发点和归宿；其次，由于系统变化运动的根本原因在于系统的内部，所以分析系统还必须对系统内部的要素进行分析；再者，由于系统与所处环境不断发生能量、信息和物质交换，因此系统分析还包括对系统周围的环境进行分析。③

本研究对美国教育博士专业学位教育进行研究，在对其产生和发展历程进行深入分析的基础之上，重点关注其目前的培养模式以及今后的改革趋势，以期对我国教育博士专业学位教育制度的建设提供有益的借鉴。因此，美国教育博士的培养模式是本研究的核心内容，而博士生培养模式是一个有明确目标并按一定方向运行的复杂的系统工程，这个系统工程由博士生培养过程中一系列必不可少的要素构成，这些要素虽然都具有相对的独立性，但是要素与要素之间存在目标取向上的内在逻辑关系，彼此协调运作，形成一个完整统一的系统结构，共同完成培养过程。同时，这一培养系统还与大学内部环境和大学外部环境（高等教育系统、社会系统）不断地进行能量、信息和物质交换。因而，从系统论的观点出发，对美国教育博士的培养模式进行有目的、有步骤的探索分析，可以对其教育博士培养模式的形成、发展、问题和改革趋势认识得更加清晰，有助于科学地

---

① 赵文华：《高等教育系统论》，广西师范大学出版社 2001 年版，第 3 页。

② ［美］贝塔朗菲：《一般系统论：基础·发展·应用》，林康义等译，清华大学出版社 1987 年版，第 3 页。

③ 徐平：《我国研究型大学博士生培养模式研究》，博士学位论文，厦门大学，2008 年，第 24 页。

建立我国的教育博士培养模式，对我国 15 所教育博士专业学位教育试点学校的试点工作以及今后我国教育博士培养体系的完善都有很大的裨益。

二　布鲁贝克的高等教育哲学观及其对本研究的适应性

布鲁贝克在其所撰写的书《高等教育哲学》中指出，大学的首要职能是探索"高深的学问"，"在 20 世纪，大学确立其地位主要有两种途径，即存在两种主要的高等教育哲学，一种哲学主要是以认识论为基础，另一种哲学则以政治论为基础"。"强调认识论的人……倾向于把以闲逸的好奇精神追求知识作为目的"，如同维布伦所说："探讨深奥的实际知识是学术事业不证自明的目的。"布鲁贝克认为："第二种高等教育哲学是政治论的，按照这种观点，人们探索深奥的知识不仅出于闲逸的好奇，而且还因为它对国家有着深远的影响。如果没有学院和大学，那么，想理解我们复杂社会的复杂问题就几乎是不可能了，更不用说解决问题了。过去根据经验就可以解决的政府、企业、农业、劳动、原料、国际关系、教育、卫生等等问题，现在则需要极深奥的知识才能解决。而获得解决这些问题所需要的知识和人才的最好场所是高等学府。"① 布鲁贝克阐述的高等教育认识论与政治论的关系，实质上是"象牙塔"与"动力站"的关系问题，即大学自我发展与服务社会的问题，再进一步讲就是"高深学问"的发展应当坚持真理的原则还是坚持社会需求的原则。

布鲁贝克的高等教育哲学观的提出是有其特定社会背景的。二战后，美国高等教育规模在三重因素影响下迅速扩大。一是 1944 年颁布的《退伍军人调整法案》，该法使大量退伍军人进入高校学习，使美国社区学院的学生猛增；二是战后"婴儿潮"出生的一代在 20 世纪 60 年代整体达到接受高等教育的年龄，并潮水般地进入州立大学；三是苏联卫星事件刺激美国政府通过的《国防教育法案》，该法案使大学入学率迅速提升。高等教育的规模发展也促使美国高等教育类型出现分化，产生了大批新型公立大学、社区学院和州立大学。②这些变化导致大学内部课程结构、学术标

---

① ［美］约翰·S. 布鲁贝克：《高等教育哲学》，王承绪等译，浙江教育出版社 2002 年版，第 13—15 页。

② 张晓冬，梁亚琴：《为大学探究"高深学问"的本体功能辩护》，《煤炭高等教育》2011年第 5 期。

准、培养目标等的重大调整，这使曾经以探究"高深学问"为宗旨的精英型高等教育的合法性遭到了普遍质疑。大学内外不同的人群对大学功能有了不同的认识，认识上的分歧也导致了认识上的混乱。布鲁贝克借用莎士比亚的话描述说是学术界对美国高等教育"大为不满的冬天"。[①]但布鲁贝克认为，这些不满从根本上来讲，是美国高等教育的本体性危机与合法性危机问题，即在美国高等教育规模化、多样化发展的历史时期，高等教育的本体功能应该是什么，它的合法性何在，正是出于对这一问题的回答，促成了布鲁贝克《高等教育哲学》的完成。

美国教育博士的培养模式这一有明确目标、包含各种要素、并按一定方向运行的复杂的系统，与大学内部环境和大学外部环境（高等教育系统、社会系统）不断相互作用，对美国教育博士培养模式的诞生、发展、改革产生影响，如何分析这些影响是本研究面临的一大挑战。布鲁贝克的高等教育哲学观为这一挑战提供了答案。

布鲁贝克认为，高等教育的认识论和政治论这两种哲学观在美国高等教育的发展历程中，"交替地在美国的高等学府中占据统治地位"，对美国高等教育产生了深刻的影响。[②] 美国的专业教育刚开始时是独立于美国高等教育系统的，其形式从殖民地时期的学徒式专业教育，发展到后来的职业学校教育（独立于当时的美国学院）。然而，在 19 世纪末 20 世纪初，美国专业教育融入美国大学成为其专业学院，从这时起，美国专业教育便成为美国高等教育的一部分，于是其发展也相应地反映出认识论和政治论这两种高等教育哲学观的巨大影响。而美国教育博士专业学位教育作为专业教育的一种形式，两种高等教育哲学观的巨大影响也势必体现在其发展的过程中。因此，运用布鲁贝克的高等教育哲学观对美国教育博士专业学位教育的诞生、发展、改革的历程进行分析和研究是适合的。

三   研究思路

本研究以美国教育博士专业学位教育为研究对象，从系统论的角度对

---

① ［美］约翰・S. 布鲁贝克：《高等教育哲学》，王承绪等译，浙江教育出版社 2002 年版，第 1 页。

② 同上书，第 15—18 页。

教育博士的诞生、发展历程、培养模式及今后的改革趋势进行研究。教育博士的培养作为一个系统，它的诞生、发展、模式及改革离不开这个系统与所处环境的相互作用和系统内部各要素间的相互作用，因此在对美国教育博士专业学位教育进行研究时，势必要从两个方面进行分析，一是美国教育博士培养系统与其所处系统环境（美国社会系统和美国高等教育系统）的相互作用，另一个则是美国教育博士培养系统内部各要素间的相互作用。前者是着眼于宏观的分析，后者是着眼于微观的分析。

宏观方面，把美国教育博士专业学位教育发展放在美国高等教育发展和专业教育发展的背景下进行研究，这一部分内容以布鲁贝克的高等教育哲学为理论基础进行分析和论述。

微观方面，对代表性大学的教育博士培养模式进行案例分析，关注的是教育博士培养系统中的要素，即教育博士专业学位博士生的培养环节。研究的分析框架见图1-1。

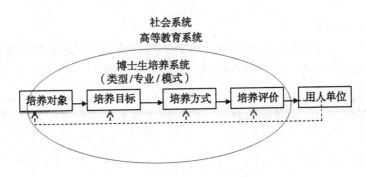

图1-1　研究分析框架示意图

（一）博士生的培养要素

本研究是围绕美国教育博士的培养展开的，重点关注两方面的内容，即培养什么样的人、如何培养。由于博士生的培养涉及众多环节和因素，如招生、课程、教学、科研、论文撰写、论文答辩、学位授予，等等。在如此多的环节和因素中，如何选择能体现博士生培养特点的关键指标，通过分析这些指标来分析博士生的培养过程，是本论文需要解决的首要问题。系统理论为解决这个问题提供了视角和方法。系统理论认为："系统由元素组成，是元素及其关系的总和，即系统（E）＝｛元素（A），关系（B）｝。"①根据系统理论，可以将美国教育博士的培养作为一个系统加以分析，通过分析这一系统的诸多元素以及各元素之间的关系来深入理解美国教育博士的培养过程。然而，在本研究中对美国教育博士培养过程中的所有元素及其关系进行逐一考察是不现实的，因此本书的分析重点放在了系统要素上。据此本书考察了美国教育博士培养系统中的四个要素：培养对象、培养目标、培养方式和培养评价。其中每个要素又可以被看成是包含若干元素的子系统。

1. 培养对象

培养对象是高校人才培养的原材料，是高等教育系统与社会大环境之间的媒介，它随着社会需要的变化而发生变化。美国教育博士专业学位教育面向的是特定的培养对象，是在实际工作岗位上的学校教师和管理人员、高校管理人员、教育组织和政府教育部门的管理人员。在本研究中，将培养对象具体细化为各培养单位的入学标准和招生方式，以便于信息的收集和分析。

2. 培养目标

培养目标即通过教育过程使培养对象达到的特定要求和规格标准。培养目标决定了培养方向，解决的是"培养什么样的人"这一问题，它是整个培养活动的出发点和归宿。为了便于研究和分析，本研究将美国教育博士专业学位教育的培养目标具体细化为教育博士培养项目毕业生今后的职业目标。

3. 培养方式

培养方式是依据培养目标及生源特征，对培养对象进行培养的过程中所采取的具体培养措施和方法。培养方式解决的是"如何培养"这一问题。博士生的培养方式一般包括课程学习、导师指导、科学研究等措施和方法。本研究中，为了便于信息的收集和分析，美国教育博士专业学位教育的培养方式被具体细化为：学位要求、课程设置、学习方式、教学方法、实习要求这五个培养环节。

4. 培养评价

培养评价是以培养目标为依据，运用一定的手段对培养过程进行监控及对培养结果进行检验。博士生培养的两种常见评价方式为考核制度与学

---

① 薛天祥：《高等教育管理学》，广西师范大学出版社 2001 年版，第 55 页。

位论文质量评定，两者也是确保博士生培养质量的关键。本研究将教育博士学位教育的培养评价具体细化为两个方面的内容：过程性评价，如课程考核制度；结果性评价，如毕业设计环节。

（二）培养要素的内外关系

图 1-1 展现了博士生培养系统内部各要素之间的关系，以及它与外部环境之间的关系。博士生培养的母系统是高等教育系统，而更高一级母系统则是社会系统，这两个不同级别的系统构成了博士生培养系统的外部环境。博士生培养内部系统四个要素之间相互联系、相互制约。

其中，培养目标是博士生培养系统的核心要素，是针对特定培养对象制定入学标准、招生方式、实施培养方案、进行培养评价的依据，具有指导作用；入学标准和招生方式在一定程度上也制约和体现着培养目标，同时在某种程度上还制约着不同的培养方式；培养方式是实现培养目标的关键环节，其各子要素的合理程度直接影响到培养目标的实现；不同的培养方式也蕴含着不同的产出；培养评价是对培养过程的监控，也是保证培养目标实现的最终环节。以上各要素之间相互制约和相互作用，实现培养的整体优化。任何系统都不是孤立的，在系统内部各元素相互作用的同时，系统还会受到外部环境（如教育理念、教育理论、时代需求等）的影响。系统固有的开放性决定了它要与外部环境不断地进行物质、能量与信息的交换，从而维持系统正常运转，促使系统目标的实现。[1]

第五节 研究内容与研究方法

本研究将尝试从纵横两个维度进行分析。纵向上，从美国高等教育和专业教育的发展这两条线索入手，对美国教育博士专业学位教育从产生、发展、面临挑战到改革创新的过程进行系统的研究。横向上，从三个方面进行分析，首先，将传统学位教育与专业学位教育进行对比，通过对比考察教育类学术型和专业型博士的培养，研究美国教育博士专业学位教育的类型特征；其次，将不同学科的专业学位教育进行对比，通过把美国专业

---

[1] 胡玲琳：《我国高校研究生培养模式研究》，博士学位论文，华东师范大学，2004 年，第 20 页。

学位教育中具有典型代表意义的法律和医学的专业学位教育，与教育类专业学位教育进行对比分析，研究美国教育博士专业学位教育的专业特征；再次，将美国教育博士专业学位教育的不同培养模式进行对比，通过对选取的代表性大学的教育博士专业学位教育的具体实例进行对比分析，研究美国教育博士专业学位教育的模式特征。

以上研究内容的安排见图1－2。

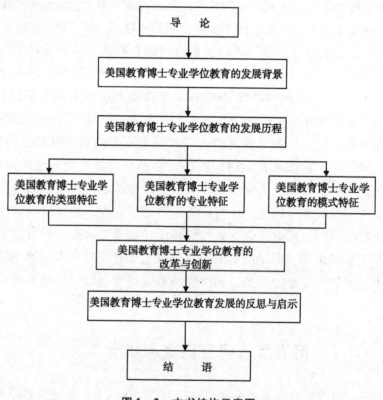

图1－2   本书结构示意图

本书对美国教育博士专业学位教育的产生、发展、培养模式、面临的问题、改革的特征和趋势进行了研究，研究中主要运用了文献法、比较法、个案研究法。另外，在对波士顿地区三所代表性大学的教育博士培养要素的相关信息进行收集时，除了通过文献检索以及查阅被研究大学校网上的相关信息外，还运用了访谈调查法对相应的项目负责人进行了访谈，这包括：对哈佛大学教育学院分管教育领导博士项目的院长助理朱莉·维塔吉奥（Julie Vultaggio）的电话访谈，对波士顿大学教育学院分管学科培养和学生事务（Academic Programs and Student Affairs）的副院长凯瑟琳·M. 沃根（Kathleen M. Vaughan）的访谈，对马萨诸塞州立大学波士顿分校教育与人类发展学院的教育领导系系主任严文蕃（Wenfan Yan）教授的访谈。访谈问题详见附录一。

第二章

美国教育博士专业学位
教育的发展背景

从系统论的观点出发，研究美国教育博士专业学位教育，有必要对其所处系统环境进行研究，以明晰美国教育博士专业学位教育的发展背景。由于美国教育博士专业学位教育是美国高等教育的一部分，因此美国高等教育的发展与美国教育博士专业学位教育的发展有着至关重要的内在联系，据此，本章将依据美国高等教育的发展进程，对美国教育博士专业学位教育诞生前的背景进行梳理。首先在纵向上，将根据美国高等教育发展的历史进程，划分以下三个时期进行研究：美国殖民地时期、美国立国时期、美国工业腾飞期。之所以选择这三个时期进行研究，是由于它们是美国高等教育发展的重要时期，经历过这三个阶段的发展，美国高等教育基本形成了现在的现代高等教育系统。同时，由于美国教育博士专业学位教育也是美国专业教育的一部分，并且美国早期专业教育并不属于高等教育的范畴，而是独立于美国高等教育系统之外，因此，本章在对美国高等教育三个发展时期进行研究时，还将在横向上从以下四条线索进行分析：社会背景、意识形态、高等教育、专业教育。

第一节 美国殖民地时期 （1607—1789）

美国殖民地时期始于英国在美洲建立第一块殖民地的 1607 年，这一时期终止于《美国宪法》生效的 1789 年。通常认为《巴黎条约》订立的 1783 年是美国殖民地时期的终止时间，因为正是该条约承认了当时美洲十三块殖民地的独立。然而，美国独立战争结束后，获得独立的十三块殖民地仅是基于《邦联条例》组成了松散的邦联体制，而非后来正式的联邦国家，直到《美国宪法》于 1789 年生效，联邦政府才正式成立，美国作为现在意义上的国家才得以成立。因此，本书在对美国殖民地时期对应的时间段进行划分时，将《美国宪法》生效的 1789 年作为该时期结束的时间点。

一　社会背景

英国人在美洲建立持久移民点的时间始于 17 世纪初，第一块殖民地是 1607 年建立的弗吉尼亚（Virginia）。最初的十三块殖民地，除了佐治亚（Georgia）是 1732 年建立的之外，其余的都建立于 17 世纪。由于不同的气候、宗教、习俗以及早期移民的不同社会特征，每块殖民地的情况各不相同。例如，在马萨诸塞州，清教徒们带来了对读写能力和神学的强烈兴趣；而弗吉尼亚州被沮丧的保皇党视作大英帝国的领土与制度延伸，是靠仆人和黑奴劳作维持的大英帝国的出口农场。[①] 尽管存在不同，但最初这些殖民地的社会和文化背景毫无疑问是英式的。然而随着时间的推移，殖民地生活的各个方面都出现了变化，这些变化一些是由于殖民地恶劣的生存环境（既来自于自然环境，也来自于土著居民）所不得不做出的改变；另一些则是随着美国意识的觉醒，思想上的变化所带来的改变。

英国建立的这十三块殖民地具备两个特征，这两个特征对美国的发展产生了重要的影响。这两个特征分别是：第一，新移民们抱着追求自由、追求新生活的决心，来到新大陆实践自己的梦想。第二，新大陆广阔的土地资源，使厌倦了过去生存方式的新移民可以建立不同于故土的宗教信仰、生活方式与社会制度。

移民来到北美大陆，或是逃离宗教迫害，追求宗教自由，或是不满政治制度，寻求新的政治空间，抑或为了远离贫穷，追寻新的经济机会。不同的宗教团体来到这块新大陆，他们追求宗教自由，推行宗教改革，遵从各自的宗教仪式，产生了不同于天主教的各式各样的宗教信仰。于是，在这块新大陆上，新的宗教仪式出现了，家庭生活也因此不可避免地产生了变化。以家庭为社会基本单位的生活，可能让叛逆的男孩子觉得不适应，他可以选择到远离父母的地方奋斗并组建自己的家庭；或者由于殖民地财富的稀缺，对于那些不寄希望于遗产继承的儿子们，不断扩展的边境是他

---

① Fischer, D. H.: *Albion's Seed: Four British Folkways in America*, New York: Oxford University Press, 1989, p. 14.

们未来富足生活的希望。于是，成年后远离父母、过独立生活的习俗逐渐地形成。特定的生活方式和地理环境要求相应的社会制度，于是围绕新大陆移民追求自由、平等权利的保障，以民主为核心的政治制度也具备了诞生的土壤。

二　意识形态

追求宗教自由是早期移民最主要的移民目的，他们远离故土的宗教迫害，定居新大陆，追求宗教信仰自由。各宗教团体遵从自己的宗教仪式，按各自的方式对教区的民众进行教化，对年轻人进行教育。殖民地地广人稀，交通不便，信息闭塞，定居者信息的主要来源是当地的牧师和流动小贩的口头转述，圣经往往是家里唯一的书籍，宗教成为移民定居点生活的主要内容，对移民的家庭和社会生活产生了重要影响。

尽管存在强烈的宗教影响，新思想和新理念也逐渐出现，这是由于早期的殖民地远离故乡，英国到美洲的信息传递需要花上好几个星期，使思想上的变化成为可能，如在宗教仪式和对年轻人的教化上出现的新变化和新理念。到了18世纪中期，欧洲启蒙主义和自然神论的思想，进一步促使了殖民地移民思想上的变化。例如，17世纪上半叶出生的领袖——华盛顿、杰斐逊、富兰克林——都坚持理性主义的思想，阅读拥护人权的政治哲学，与有组织的宗教仪式联系并不紧密。

北美大陆的一个最大特征便是无限广阔的土地资源，这一特征影响着殖民地以及后来美国的发展。土地是如此的广阔，而定居者的人口是极为有限的，这种地广人稀的自然条件，为重塑殖民地生活的方方面面提供了可能性。因此，一种乐观的心态也随之产生，因为在这片无限广阔的土地上，对那些期望新生活并付诸行动的人来说，不存在任何限制。于是，儿子可以期待创造比父辈更多的财富，农夫的儿子可以成为律师一类的专业人士。

三　高等教育

殖民地时期是美国高等教育发展的一个非常重要的时期，因为随后建立的高等教育机构也遵循了殖民地学院的模式。然而，这一时期高等教育对美国整个社会的影响是极为有限的，高等教育机构的数量、学生与教师的人数、所授学位的数量都非常的少，参见表2-1。

表 2 - 1　　　殖民地时期美国高等教育的数字写照（1700—1789）

项目	1700 年	1789 年
人口	250000	3800000
自由人		3123600
奴隶		676400
高等教育的学生人数	150	1000
教师数（教授和导师）	5	133
学院数量	2	9
授予学位	15	200

资料来源：Rudolph, 1962；① Snyder, 1993；② U. S. Bureau of the Census, 1791③。

　　殖民者之所以需要学院，其一，是因为希望在殖民地上传播他们的信仰，建立起能将自己的信仰与当地社会结合起来的社区。其二，宗教团体也需要本地的学院为它们培养牧师。其三，殖民者还需要建立能对年轻人进行教化的机构。其四，学院的建立对当地也是一种荣誉，因为这可以表明该地是文化的中心，而不是蛮荒的定居点。其五，殖民者们也强烈地信奉市政机构的公职人员应当是受过良好教育的领导者。正是在以上原因的推动下，最早的九所殖民时期的学院建立起来了，详见表 2 - 2。

　　虽然殖民地学院只有九所，但它们对公众心目中大学的模样产生了深远的影响。归纳起来，殖民地学院具有以下一些特点：

　　第一，深受宗教的影响。当时的既有教派与道德和美好生活相联系，随着新教派的建立，新的学院也不断建立起来，这样年轻人就能够接受适当的教化。因此，最初的殖民地学院，在财政支持、培养目标、授课内容、师生关系上都有深深的宗教烙印。殖民地学院的财政支持主要来自于宗教团体；它们的培养目标主要是牧师和神职人员；授课的内容主要有圣经、修辞学和经典学问；学院的大部分教员是等待牧师职位的学生导师，他们和学生住在一起，在给学生授课的同时担当起对学生的监护职责。最

---

　　① Rudolph, F., *The American College and University: A History*, New York: Knopf, 1962, p. 9.

　　② Snyder, T. D. (ed.), *120 Years of American Education: A Statistical Portrait*, Washington, D. C.: U. S. Department of Education, National Center for Education Statistics, 1993, p. 14.

　　③ U. S. Bureau of the Census, Return of the Whole Number of Persons within the Several Districts of the United States, Philadelphia: U. S. Bureau of the Census, 1791.

为重要的是，学院的管理模式是宗教影响和外行控制的结合：董事会是学院的权力机构，其成员主要包括当地牧师和当地政府公职人员，这一模式一直延续到现在。例如，马萨诸塞当时的立法机构大法庭，在决定建立哈佛学院后，于1639年成立了一个管理委员会作为哈佛最初的管理机构，该委员会的成员有：总督、副总督、财政秘书、三位法官和六位牧师。[1]后来哈佛成立了法人团体，由哈佛校长、财务和教师组成，负责学院内部事务，于是形成了哈佛的双层管理机构：一层为外行董事会，一层为管理人员和教师组成的法人团体。然而，外行董事会的权力高于法人团体，因为法人团体在行使管理学院的权力时，外行董事会必须在场并同意。[2]殖民地学院中，哈佛、罗德岛、威廉和玛丽这三所学院实行的都是双层管理制，其他六所则由外行董事会行使所有管理权力。所有九所殖民地学院的章程都规定，外行董事会的成员必须来自特定的宗教派别，甚至有三所学院的章程要求校长必须是特定宗教派别的成员。[3]

表2-2　　　　　　　　　　　九所殖民地时期学院

成立时间	原名称	现名称	地点	首次授予学位时间	主要教派
1636	哈佛学院	哈佛大学	马萨诸塞	1642	清教徒
1693	威廉和玛丽学院	威廉和玛丽学院	弗吉尼亚	1600	英国国教
1701	耶鲁学院	耶鲁大学	康涅狄格	1702	公理教
1746	新泽西学院	普林斯顿大学	新泽西	1748	
1754	国王学院	哥伦比亚大学	纽约	1758	长老会
1755	费城学院	宾夕法尼亚大学	宾夕法尼亚	1757	英国国教
1765	罗德岛学院	布朗大学	罗德岛	1769	浸理会
1766	皇后学院	罗格斯大学	新泽西	1774	荷兰归正教
1769	达特茅斯学院	达特茅斯学院	新罕布什尔	1771	公理教

资料来源：Good, H. G., *A History of American Education*, New York：Macmillan Company, 1968, p. 61.

第二，提供职业训练。在殖民地后期，宗教的取向逐渐减弱，取而代

[1] Cohen, A. M., Kisker, C. B., *The Shaping of American Higher Education*, San Francisco：Jossey-Bass, 2010：44.

[2] Ibid., 45.

[3] Ibid., 44 - 48.

之的是以道德原则和公共服务为核心的公民社会的理念，学院开始强调公共服务、对年轻人的教育以及公民社会的建立。这些学院的目的，本杰明·富兰克林的文章《对宾夕法尼亚年轻人教育的建议》在绘制宾夕法尼亚大学的蓝图时做了详细的论述：学院的功能是教育年轻人，培养他们成为合格的政府公职人员。他们应该学习写作、绘画、数学、地理、历史，包括自然史和社会史。教师应是博学的，能说和写纯正的英语，并有导师辅助其工作。教师和学生住在一起，并且经常锻炼强壮体魄。英语是主要的教学语言。教学的中心目标是向学生传授什么是美好的生活，并在没有宗教影响的情况下建立更美好的公民社会。

第三，以欧洲大学为模板。殖民地学院是以欧洲大学为模板建立起来的，是来自欧洲的理念和形式的结合体。正如波尔斯丁（Boorstin）所说，殖民者来到这块新大陆时，并没有现成的制度供其所用，他们不得不在殖民地的发展过程中借鉴并重新设计政府和教育制度。[1] 例如，外行董事会管理的理念来自苏格兰大学，课程和住读形式来自剑桥大学，大学虽受宗教影响但不存在某个教堂的严格控制。所有的殖民地学院都朝以下的目的发展：培养年轻人，传播经典著作中的智慧，进行职业培训，不光是神职人员的培训，还有政府公职人员的培训。来到马萨诸塞的首代移民中有130名上过大学的人，其中35人毕业于剑桥大学伊曼纽尔学院（Em-manuel College, Cambridge），所以在建立哈佛学院时，他们模仿了伊曼纽尔模式：学院控制权在教会长老手中，课程与剑桥大学的类似，要求学生住读，以传播知识为中心，而不是发展新知识，认为在教会与政府紧密联系的社会，政府官员的培养与牧师的培养不矛盾。随后在其他殖民地建立的学院都跟随哈佛的脚步，同时也有一些自己的特点，例如威廉和玛丽就带有苏格兰大学的影响：在它的董事会成员中，外行代表比教会成员多，这些在鲁道夫（Rudolph）对殖民地学院的描述中都有详细记载[2]。概括起来，殖民地学院的模式就是英格兰大学和苏格兰大学的结合体，而此时所形成的学院管理、财政资助、师生关系、课程和教学的模式为美国成立后建立的几百所新学院所模仿，尽管这些新大学的目的已发生变化。

---

[1] Boorstin, D. J., *The Americans*: *The Colonial Experience*, London: Sphere Books, 1991.

[2] Rudolph, F., *The American College and University*: *A History*, New York: Knopf, 1962, p. 9.

四　专业教育

中世纪大学的兴起标志着专业训练（professional training）的重大进步，因为中世纪大学是人类历史上首次出现的致力于专业教育（professional education）——神学、法学、医学——的讲授中心。中世纪后，即文艺复兴时期，欧洲大陆成为当时专业训练的主要中心。[①]

专业教育从欧洲大陆登陆美国，经历了漫长的过程。最初，美洲的殖民者们不得不依靠来自欧洲大陆、接受过专业训练的律师、医生和牧师；其间，殖民者们陆续将自己的儿子送回欧洲接受专业教育。当时的年轻人往往到英国接受法学教育，而到苏格兰接受医学教育，这主要是由于当时苏格兰的爱丁堡大学的医学学士学位的要求相比英国的牛津和剑桥来讲，相对容易一些。[②] 当时在牛津和剑桥学医要求入学时必须已经获得医学学士学位，然后经过三年的医学课程学习，这些医学课程全用拉丁语讲授，拿到学位之后还有七年的学徒期。而在爱丁堡大学，入学时没有医学学士学位的要求，经过三个学期的医学课程学习，课程用英文讲授，通过考试，并就一篇水平可以接受的论文做一个报告，便可以获得医学学士学位，不过随后的学徒期却同牛津和剑桥的一样长。

随后，美洲当地也开始出现了专业教育，最初的专业教育都是学徒式的，专业标准处于较低的水平。刚开始殖民地学院没有从事医学和法学的教员，主要培养牧师，从严格的意义上讲也不能算作神学院，只能算作文理学院，因为当时的毕业生在神学院接受的并非是现代意义上的大学教育，主要还是从学院毕业后，跟随一位就职牧师，通过边做边学的学徒方式，为今后的神职工作做准备。殖民地时期的学徒训练的主要内容是履行专业职责，例如，医生的学徒洗瓶子、混合药剂、手术时充当助手等；律师的学徒抄录法律文书、归档文件、撰写诉状等。同时，这些学徒们也通过阅读师傅所写的专业书籍接受一定的理论传授，但却非常有限。事实上，这时的训练更接近于一门手艺，而非一门专业。

殖民地时期美国专业教育的专业水平很低，究其原因，主要是由于殖

---

① Becker, J. S., "The Evolution of Professional Education", Nelson, B. H., *Education for the Professions*, Chicago: The University of Chicago Press, 1962: 52.

② Ibid., 47.

民地无限的土地资源和有限的人口资源造成的地广人稀，以及殖民地宗教影响的结果，具体的来说有以下几个方面：

其一，家庭教育是孩子教育的主要形式。殖民地地广人稀，许多人住在远离文明的边远地方，能够接触到的文字材料，除了《圣经》之外非常少，他们的思想主要来自当地牧师和流动小贩的口头转述。在这种情形下，绝大多数孩子的教育主要来自家庭，由家里的长辈向他们传授关于社会习俗、道德以及行为的方式。

其二，由于经济上的原因，只有极少数的家庭有经济能力送自己的儿子去接受高等教育，绝大部分家庭没钱供孩子去学院念书，并且他们需要儿子们帮助干农活或经营家庭生意。当时除了新英格兰地区，教育并不是强制性的，即使低年级教育也是如此。多数人小学之后就不再继续念书。

其三，大学作为职业培训的途径，对大部分人没有吸引力，因为整个社会的发展水平很低，绝大多数工作不需要专门的职前培训，农业、商业以及手工业都可以在实际工作中边干边学——学徒式的专业教育。早期的医生、律师的专业教育也是学徒式的。只有神学需要更多的学校教育，即便如此很多的牧师也未接受过高等教育。

其四，殖民地时期美国专业教育的专业水平很低很大程度上也是受当时人们观念的影响。移民普遍拥有乐观的心态，广阔的土地资源，对于想重塑自我的人来说充满了希望，他们对未来生活会更美好有无限的憧憬，因此产生了乐观的心态，认为通过自己努力可以做成自己想做的任何事，包括成为专业人士。于是民主平等的观念逐渐在移民的思想中扎根，各种行业几乎没有什么行业准入制，强调的是有更多的人能够进入专业领域（accessibility），任何人都能够进入自己想从事的行业。对进入某行业的新手也无人关心他是否真正具有从业资格，也没有专业执照一说，学徒式教育是进入某一行业主要的途径。

另外，殖民地时期的教师类似于牧师，一方面，只要有为事业奉献的决心即可，教学不需要任何的特殊训练，任何会读写的人都可以教别人如何读写；另一方面，教书被认为是一种能与学院相联系的特权，教师常被当作参与公共服务的志愿者，因而教师报酬也非常低。

以上的因素都致使殖民地时期专业教育水平维持在一个很低的水平。尽管殖民地时期美国的专业教育的专业水平很低，但当时的专业人士已经意识到需要提高行业标准。比如，1756 年纽约市律师协会成员资格就要求：四年的大学教育和五年的学徒期。费城的本杰明·富兰克林学院在开始其医学教育的时候就要求，医科生必须学习拉丁语、希腊语、法语，还要学习数学和科学，最后还要完成七年的学徒期。尽管这些高水准的要求可能并未完全实现（例如，纽约市律师协会成员资格的要求，就因为要求太高，以至于直到1765年，该协会的成员资格还只停留在两年的学院教育，外加五年的学徒期），但这仍然表明当时的专业人士已经有提高行业标准的意识了。

第二节　美国立国时期（1790—1865）

18世纪末到19世纪上半叶这一阶段，发生了一些重大的事件。首先是美国独立战争结束，一个新的国家诞生了；其次是1803年买下路易斯安那州后便开始的向西部扩张；再次是州立学院的出现；最后是1861—1865年爆发了美国内战。

一　社会背景

这一时期美国领土持续扩张，并最终形成了美国现在的版图。早在1783年结束独立战争而签订的《巴黎条约》将西北部领土纳入美国版图之前，人口就已经开始向西部迁徙了，独立战争之后，西进的步伐进一步加快，人口也迅速增加。1800年美国第二次人口普查显示，美国总人口530万，其中100万人住在阿巴拉契亚山脉以西；1803年买进路易斯安那州，使美国版图增加了一倍；1830年350万人居住西部，占当时美国总人口的37%；随后佛罗里达、得克萨斯、奥尔良也加入美国版图；1848年纳入沿墨西哥边境的领土。① 疆土的扩大与乐观的心态交互促进，反映了早期殖民者的看法，特别是新英格兰殖民者：他们在圣经中找到了授权他们向新世界扩张的依据。1845年一位纽约记者宣称："上帝赋予我们使命去占领整个新大陆，以推行伟大的自由实验。"1851年印第安纳州一份

---

① U. S. Bureau of the Census. Population of the United States in 1860, compiled from the Original Returns of the Eighth Census, under the direction of the Secretary of the Interior. Washington D. C. : Government Printing Office, 1864.

报纸的一篇社论题目为："年轻人，到西部去，与祖国一起成长。"① 为了促进西部大开发，美国政府也采取了一些举措，修建了东北部通向西部的铁路，增加了国家基础设施的建设：设立了美国银行、邮局，发行了货币，颁布了著作权法、专利法和破产法。

　　这一时期不光是领土和人口的增长，领土持续扩张和继续乐观的心态也促进了企业家精神、商业、教派、教育机构的增长。美国的各个州经济发展是独立的，北方主要发展制造业，南方主要发展农业，例如弗吉尼亚州的主要经济是烟草业，新英格兰和大西洋中部州则是渔业、运输业、制造业。西部大开发促进了整个国家经济的发展，到 19 世纪 20 年代，单是马萨诸塞的纺织品厂的产出就增加了十倍以上，南部的棉花产量也翻了一番。②经济发展的同时，教派进一步分化，教派的统治地位也不断轮换，殖民地时期在新英格兰占统治地位的清教徒，在这一时期，已被英国国教、长老会、公理会所取代。③ 这是由于联邦宪法取消了任何教派与州政府的联系：宪法第六条规定，宗教考试不得作为从事政府工作的条件；宪法第一修正案规定，国会通过的任何法律不得支持某一教派。教派的成员增加了，同时教派的流动性也增加了。人们在西进的途中，与以前的文化机构、组织、教派失去联系，又加入新的教派，这种宗教多重性逐渐变成了习俗，教派成员是流动的，人们加入哪个教派取决于他们搬到哪里去住，以及乐于和哪些人交往。

　　南北方的差异和对立最终导致美国内战。南方与北方的巨大差异早在殖民地时期就已显现，两者不但地理位置不同，气候差异大，在经济上也是各有侧重，北方主要是制造业，南方则主要是农业。由于经济重心不同，继而产生的关于国家对农业和工业的政策是否合理的争论，更进一步加剧了南北方的矛盾。这一矛盾，更由于奴隶制是否该废除的争论达到了顶点，以至于任何法案的通过都会引发争论：这一法案是促进还是阻碍了奴隶制的扩散？同时，随着美国领土从东部海岸线向西边太平洋的推进，最终一个必须回答的问题摆在了美国人面前：奴隶制是否可以在新加入的

　　① Cohen, A. M., Kisker, C. B., *The Shaping of American Higher Education*, San Francisco: Jossey-Bass, 2010: 58.

　　② Ibid., 59.

　　③ Ibid., 61.

领土上实行？如果可以，那么应该在多大程度上实行？这一问题最终引发了南北战争，有 11 个州加入了南方集团，25 个支持联邦的州组成北方集团，从 1861 年到 1865 年，战争持续了四年。双方的力量差距悬殊，无论是人口、资源、经济发展，北方都占绝对优势。另外，由于北方的经济重心本来就是制造业，因此在武器和物质供应上更是胜过南方。最终北方获胜，在全国范围取消了奴隶制，美国也避免了分裂。同时，南北战争也是一次真正意义上的工业战争（Industrial War），即通过工业化过程的制造和配备大规模的军队，许多工业化产物都被利用到战争中去，如铁路、电报、无线通信以及新式武器，其后果便是造成了更多的战争伤亡。由于战争主要发生在南方州，摧毁了南方的大部分财产，使战后南方的人均收入大幅下降，同时南方的政治影响力也比战前大幅减弱。

二 意识形态

这一时期出现了许多的社会改革运动，并且持续贯穿了整个 19 世纪。美国内战前夕，经济形式发生了改变，工业经济的地位逐步显现，城市化也随之发展。随着工业革命的推进，一些伴随的社会问题也出现了：收入差距加大、贫困、酗酒、童工，等等。首先出现的社会改革运动是奴隶制的废除，来自各个团体的废除奴隶制的呼声越来越高。接着，还有始于 1789 年的禁酒运动，以及反对使用童工、改善监狱和精神病院条件的社会活动。同时，还有越来越多的人支持增加义务教育的年限。当时美国联邦政府对于各级教育仍保持比较超然的地位，仅对军事学院和史密森尼学会（the Smithsonian Institution，世界上最大的研究和博物馆系统）予以财政支持。[1]

这一时期，美国版图继续向西推进，人们涌向西部，追求个人状况的改善和发展。你可以进入你想从事的专业领域，取得比父辈更大的成功，获得更多的财富，过比你父辈更富足的生活，摆脱自己的出生阶层而进入更高的社会阶层。该时期，伴随人们自信心的增加，个人抱负的膨胀，人们对自由资本主义更加信奉了，主张政府对个人追求成功的干涉越少越好，认为人们在西部获得的成功全靠他们自己。而事实上，在崇尚个人改

① Cohen, A. M., Kisker, C. B., *The Shaping of American Higher Education*, San Francisco: Jossey-Bass, 2010, pp. 61 – 62.

善、信奉自由资本主义之时，人们忽略了在这场声势浩大的西进过程中，美国政府所扮演的重要角色。政府的土地捐赠以及贴补大量津贴以修建铁路和运河，在整个西进过程中起到了非常重要的作用。另一方面，对个人改善的过于推崇，也会带来一些负面效应，甚至社会问题。因为如果所有人都具备个人改善的机会，那些个人状况未能改善的人，就会被认为是失败的，这种观念如此深入人心，那些不成功的人便会趋向于指责外部因素，于是加剧了对"富人"或"政府"的不满情绪。①

三　高等教育

这一时期高等教育的变化主要有：学院数量大幅增加，形式各样；州政府开始支持高等教育，出现了州立学院；随着德国大学的兴起，学院开始受德国的影响，注重科学注重研究；学院开始出现教授职位。

（一）各种各样的学院层出不穷

这一时期，学院的数量迅速增加，到19世纪60年代时共建了500多所，后来由于各种原因（主要是资金短缺）有不少学院倒闭了，维持下来的学院大约有两百多所。② 对当时学院的数量只能做个大致的估计，因为学院建立的标准很难确定，究竟应是学院宪章颁布的日期呢，开始授课的时间呢，还是授予学位的时间呢？各个学院建立的情况也各不相同：有的只颁布了宪章，从未对外授课；有的学院虽然对外授课，但不授予学位。有学者对这一时期学院的建立做过深入的研究，研究表明有52所授予学位的学院在1636—1820年期间成立，研究还发现了各种各样的学院名称变化和重组。③除此之外，学院的类型也五花八门，"学院"（college）一词可能指的是学会、技术学院、专业学院、培训中心、画室、神学院，或一群跟随执业者学手艺的学徒。这些各式各样的学院后来便形成了现在各种各样的中学后教育：技术学校、成人教育中心、社区学院、大学分校、研究机构、文理学院、综合性研究大学。

---

① Cohen, A. M., Kisker, C. B., *The Shaping of American Higher Education*, San Francisco: Jossey-Bass, 2010, pp. 61 – 62.

② Ibid. , pp. 61 – 63.

③ Herbst, J. Church, "State and Higher Education: College Goverment in the American Colonies and States Before 1820", *History of Higher Education Annual*, No. 1, 1981.

表 2 - 3　　　　　　美国立国时期高等教育的数字写照（1790—1869）

项目	1790 年	1869 年
人口	3929326	38558000
自由人	3231629	27489561（in 1860）
奴隶	697697	3953760（in 1860）
高等教育的学生人数	1050	61000
教师数（教授和导师）	141	5450
学院数量	11	240
授予学位	240	9200

资料来源：Herbst, 1981①；Snyder, 1993②；U. S. Bureau of the Census, 1791③。

　　这一时期，各类学院迅猛增长有很多原因。大举西进，在广阔的领土上，各定居点之间距离遥远，加上教派分化，出现许多教派分支，每个教派都想在新的定居点建立自己的学院。西部的开放，前往西部的移民越来越多，他们抱着征服新大陆的强烈欲望和极度膨胀的自信心。一切事物对于所有人都是开放的，任何东西都能够被建立，所有事情都能取得成功，即使是带着你的学院翻山越岭抵达太平洋。这种普遍存在的乐观心态进一步催生了更多的学院。

　　联邦政府在宪法中没有提及教育，并且也未组建国家教育部或国立大学等类似机构统领全国高等教育，这极大地促进了美国高等教育的自由与开放。由于不存在任何上级部门对高等教育做出规定，各慈善组织或宗教团体可以建立各种类型的学院，这些学院可能是为了帮助父母管教他们叛逆的孩子，或是专注于成人教育的学院，抑或是技术学校以补充学徒式的职业教育。

　　影响深远的达特茅斯学院案例更进一步促使了各类学院的迅猛增加。达特茅斯学院是一所私立学院，1769 年获英格兰国王乔治三世的特许状（Charter），明示了学院的目的和管理制度，并给予了学院建院的土地。

---

　　① Herbst, J. Church, "State and Higher Education: College Governent in the American Colonies and States Before 1820", *History of Higher Education Annual*, No. 1, 1981, pp. 42 - 54.

　　② Snyder, T. D. (ed.), *120 Years of American Education: A Statistical Portrait*, Washington D. C.: U. S. Department of Education, National Center for Education Statistics, 1993.

　　③ U. S. Bureau of the Census, *Return of the Whole Number of Persons within the Several Districts of the United States*, Philadelphia: U. s. Bureau of the Census, 1791.

1815 年，该学院所在州的立法机构通过一项法案，试图改变学院章程，目的是使被董事会罢免的院长重返之前的职位，这意味着该州州长有权任命该院院长。这实际上是将达特茅斯学院由私立的性质通过州立法变成了公立的。达特茅斯学院不服，提起了上诉。支持州立法机构的观点认为，尽管达特茅斯学院是一所私立学院，但其成立的目的是公众的利益，因此代表公众利益的州立法机构有权引导它的发展；然而反对观点认为，学院所持有的宪章一旦被授予，是不能被州立法推翻的。1819 年，最高法院做出了判决，支持达特茅斯学院，指出达特茅斯学院所持有的殖民地时期的宪章是不可推翻的契约，尽管教育是公共事物，但教师不是公务员，学院所接受的捐款也不是公共财产，州立法无权处置。该判决的深层含义在于，一旦一家法人组织成立，它便有权管理自己的内部事务，拥有自己的财产，并无限期地存在下去。达特茅斯学院案例的意义是里程碑式的，它捍卫了私有财产的神圣不可侵犯，其影响是深远的。依据这一判例，不但学院，而且任何教堂或私人团体，作为法人，都获得了不受来自政府非法干涉的法律保障。这一案例限制了州政府对私立学院的干涉，同时也是给教堂和慈善团体颁发了开办学院的执照[①]，任何教堂、私人团体、慈善组织都可以新设学院，并运用法人组织的特许状，规定学院由董事会管理，而不必担心州政府对学院的自治进行干涉。达特茅斯学院案例，加上联邦政府拒绝插手高等教育，使这一时期新学院迅猛增加。在美国内战前，俄亥俄州新建学院 43 所，田纳西州新建 46 所，佐治亚州新建 51 所，密苏里州新建 85 所。有许多新学院因资金、位置、人员等原因最终倒闭了，但也有不少坚持了下来。然而，由于不同的地理位置、创建目的、创建团体，这些坚持下来的学院各式各样，形式不一。[②]

随后，州政府支持高等教育的原则逐渐形成，于是各州政府纷纷建立自己的州立学院，逐渐地州政府成了设立新的高等教育机构的主要力量，如佛蒙特州（Vermont）在 1791 年加入联邦之时就成立了州立学院，佐治亚州和北卡罗来纳州（North Carolina）也在 19 世纪到来前建立了州立学

---

① Trow, M. A., "American Higher Education: Past, Present, Future", *Studies in Higher Education*, Vol. 14, No. 1, 1989.

② Cohen, A. M., Kisker, C. B., *The Shaping of American Higher Education*, San Francisco: Jossey-Bass, 2010, p. 67.

院。事实上，很多州在加入联邦前都有建立州立学院的尝试。1780 年，在肯德基还是弗吉尼亚州的一部分时，就立法为设立公立学院提供 8000 英亩的土地；19 世纪到来之前，佐治亚和北卡罗来纳也设立了州学院；再往西，有很多州在加入联邦前就建立了州立大学：密歇根加入联邦前 20 年；亚利桑那州、科罗拉多州、华盛顿州为 25 年；夏威夷和犹他州为 50 年。这一时期，共有 17 个州设立了州立学院。①资金对这一时期的学院是主要要解决的问题，无论是公立还是私立的，多数州政府会给学院提供土地，但在当时出售土地的收入并不多，因此一个典型的现象便是学院的创立者们一次又一次地到州立法机构寻求更多的资金支持。

（二）德国大学的影响逐渐显现

这一时期的学院形式各种各样，来自欧洲的影响只是零星的。起初一些学院有法国大学的风格，比如 1779 年哥伦比亚大学曾用法语授课，并建立了法国式的艺术和科学院。法国的影响还体现在 1784 年成立的纽约州立大学，这所州立大学的功能是监管当地所有高校，自己本身却不进行教学，也不颁发学位。之后，随着对法式自由主义的反对，以及德国大学的兴起，法国的影响渐弱，德国的影响逐渐增强。到这一时期快要结束时，德国大学越来越成为当时学院学习的榜样。来自德国大学的理念有：学问本身就是一门学术职业，教育改革是国家的特权，教授是国家公务员。于是，科学和艺术的许多学科都建立了教授职位，教授需要搞研究并将研究成果应用到大学的教学中。尽管 1850 年前去德国留学的美国学生不过几百人，但他们大多数都回到了美国，并在学院里担任教授。相对于忽视科学研究的英法大学，德国大学的特点就是对科学研究的极度重视，因此美国学院也开始重视科学研究，德国大学愈发成为它们学习的榜样了。例如，德国大学往往会吸收那些大思想家成为其一员，并且很早就认为在大学教书的必须是拥有博士学位的人，而这一做法也逐渐为美国学院继承下来。于是，在全美范围，科学和研究以及高级训练这一德国模式被嫁接在了已经存在的类似英国寄宿学校的学院之上。

随着德国大学的影响越来越大，一个结果便是，这一时期越来越多的美国学院开始设立教授职位。到了 19 世纪初，教师专业化的趋势渐渐明

---

① Cohen, A. M., Kisker, C. B., *The Shaping of American Higher Education*, San Francisco: Jossey-Bass, 2010, pp. 67 – 68.

显。尽管当时学院里的导师仍然占多数，但在那些著名学院中已经形成一个由全职教授职位组成的核心层，这些教授职位往往是通过慈善捐赠设立的。教授也有教学任务，但与导师比较起来，他们更年长，也受过更好的教育，他们教授的是一个专门学科，并将教授职位看成他们的事业，而不是等待更好机会的驿站。到 1825 年为止，教授的数量已经超过导师，比例为 3 : 1。[1]

教授数量的增加，原因是多方面的。首先，这一时期的学院以德国大学为榜样，在这样的氛围下，一些学院的毕业生到德国留学，回来后带来了德国的理念：大学教授是独立的研究者，他负责在自己的研究领域指导学生学习，并引导学生探究该领域中他认为有价值的东西。还有一些学院先聘用导师做教授，然后送他们到德国学习。例如，到 1830 年为止，哈佛有将近一半的教师被送往国外进修。[2]

其次，教授数量的增加也与当时学院开始提供更多数学、自然科学、艺术的高级课程有关，这些课程的授课需要教师受过更好的训练，而刚毕业的毕业生或牧师无法再胜任。于是，学院的作用已从殖民地时期培养牧师，充当年轻人的监护人，主要进行精神和道德的灌输，扩展为从事世俗的工作：进行职业训练，培养公民，传承文化遗产。[3]

再次，随着学院学生数量的增加，教师的数量也随之增加，逐渐地，教授职位成为一种值得从事的职业，是可以为之付出一生努力的事业，这一理念逐渐为人们所接受。[4]

另外，殖民地时期的牧师可以在一个教区干一辈子，这时却发现没过几年就被替代了。于是，当地学院提供的教授职位成为他们更好的选择。这一情况刚好与殖民地时期的情况相反，当时在学院做导师的大多是刚从学院毕业、等待牧师职位的年轻人。

值得一提的是，这时的教授多数是从非学术工作走上教授职位的，主要是牧师，也有律师和医生，大都没有接受过学士后的专门训练。

---

[1] Cohen, A. M., Kisker, C. B., *The Shaping of American Higher Education*, San Francisco: Jossey-Bass, 2010, p. 78.

[2] Ibid., p. 79.

[3] Lovett, C. M. "American Professors and Their Society", *Change*, Vol. 25, No. 4, 1993.

[4] Emerson, R. W., *An Oration Delivered Before the Phi Beta Kappa Society at Cambridge*, Boston: Munroe, 1838.

四 专业教育

19 世纪是专业教育从学徒式非正规训练到学校正规训练的逐步过渡时期。学徒式的专业教育持续了整个殖民地时期，并一直延续到 19 世纪。进入 19 世纪后，逐渐地，专业教育更多地以学校正规教育的形式出现，在工作中接受非正规专业教育的形式逐渐减少。

（一）学徒系统扩大导致专业学校出现

这一时期专业教育发展的一个特点是学徒式传授系统的扩大。律师和牧师所带的学徒，已经不像以前只有一到两个，而是在自己专业精力范围之内尽量多带，于是在康涅狄格州出现了著名的里奇费尔德法律学校（Litchfield Law School）。该校的创始人瑞弗法官（Tapping Reeve）在美国独立战争之前，法律业务非常繁忙，但战后重建期时，他的法律业务寥寥无几，为增加收入他增加了自己所带学徒的人数。之后，由于他的学徒培养是如此成功，逐渐地他的法律事务所演变成了里奇费尔德法律学校，他本人也开始全职从事法律人才的培养工作。神学和医学的学徒学校的出现，情况也是类似的，只不过医学的学徒学校更进了一步，由几个医生共同教授，这样不但增加了班级规模，而且执业医生还可根据自己的医学专科，对学生进行培养。

随着越来越多的学徒式培养开始以学校这种正式的形式出现，这些新出现的学校也出现一些特点。首先，教学出现了变化。讲授越来越学究式，说得更多，做得更少。以前在工作现场通过经验的学习，现在被教授们提炼成了学校里的讲座。其次，书面教材越来越普遍。随着时间的推移，教授的讲座开始以书面的形式出现，比如当时著名的法律教材：肯特（Chancellor Kent）所著的《美国法律评论》（*Commentaries on American Law*）。再者，当时这些专门学校主要是私立的，是学校筹办者的私人财产。学生的学费收入由所有教师分享，一旦学生毕业开始了自己的行业，又会邀请自己的老师做顾问，共享行业报酬。这些私立学校的教员往往不是专职的，他们一边从事自己的行业，一边在专门学校教学。然而，此时还没有医学专门学校与医院有联系。①

---

① Becker, John S. , "The Evolution of Professional Education", Nelson, B. Henry, *Education for the Professions*, Chicago: the University of Chicago Press: 1962, Page: 59.

（二）高等教育成为职业训练的重要途径

此时期的高等教育，类似于殖民地时期的学院，仍然具备以下的主要功能：促进个人的社会流动性，为今后的职业做准备，帮助父母培养孩子，学院是当地社区的骄傲。然而，随着这一时期国家的扩张和经济的发展，高等教育被赋予了新的功能：为新兴职业提供人力培养。于是，在这一时期高等教育逐渐成为职业训练的重要途径：执业律师和医生中没接受过高等教育的比例稳步下降。因为光是学徒经历对于想在自己专业领域快速前行的人来说已经不够！而且高等教育能促进社会福利的理念也发生了一些变化，越来越多的年轻人把上学院当成增加个人财富和社会流动性的途径，高等教育是不错的个人投资这一理念超过了高等教育是社会投资的理念。学院仍然教授道德哲学的课程（这有助于训练公民改革者和社会活动家的思想），包括逻辑、修辞、自然法则、政治以及哲学的某些领域，这么做的目的是培养有高尚道德的人，以应对那些变得越来越有影响的职业政客和世俗的商人。

然而，受过高等教育的牧师比例却在下降，原因是教派在持续分化，新教派不断出现，新教派需要的是更具个人魅力的领导者，他们对普通民众更有吸引力，这是在当时学院的教室里学不到的。另外，大多数受教派赞助的学院通过传授圣经知识来培养信仰，于是在大众型民主与宗教原教旨主义的影响下产生了这样的理念：正常人的直觉比知识分子的理性更值得信赖；这在一定程度上阻碍了进步科学思想的传播。1828 年杰克逊（Jackson）当选总统后，大众民主是如此受欢迎，政治家不可能说自己是知识分子而获得民众支持：你必须来自民众，来自底层，出生贫穷，自学成才，靠自己的努力在经历逆境后取得成功。来自常人直觉的智慧胜过受过教育的知识分子的智慧，这一理念这时候更强烈了。此时，老式绅士减少，取而代之的是商人和自学成才的政治家，但他们当中有许多仍然关心社会改革。

（三）专业教育的水平仍然很低

尽管这时的专业教育已从非正式的学徒式训练演化为正式的学校训练，但当时的专业水平仍然很低。原因是多方面的。尽管当时到专门学校就读的学生很多，但学徒式培训长期与之共存，两者的竞争性导致专业学校因为害怕失去学生而不敢提高自己的专业要求，结果便是：学徒训练较低的专业水准往往也成了专门学校的专业衡量标准。另外，美国当时大举向西部推进，大片边远地区的艰苦条件也是使专业训练维持低水平的一个因素。杰克逊式的民主①对边远地区拓荒者的多才多艺大加赞赏，使他们对自己的全面才能如此自信，以至于根本不信任什么专家。在杰克逊最早提倡的战利品共享体制下，边远地区的平等主义不仅传播到了民众服务的范围，也延续到了专业领域。②在法律方面，这导致了长期以来的传统，即任何美国公民到了法定年龄，只要不触犯法律，都可以从事法律行业，无须其他条件。杰克逊本人也未接受过任何法律教育而成功立足法律界。③1829年就任纳什维尔大学（University of Nashville）校长的林斯利（Lindsley），曾在其任职典礼上宣称，在自己的那个年代，成为一名律师或医生比造一辆马车或给马钉马掌容易多了。或许这么说有一点夸张，然而它反映了那个时代的精神：让更多的人能够进入专业领域，而不是使他们更能胜任那些专业。

然而进入19世纪以后，在美国的东海岸已有试图提高当时极低的专业水准的尝试了。例如，成立于19世纪初的安多弗神学院（Andover Theological Seminary）率先做了一个大胆的尝试，它要求进入神学院的学生必须拥有学士学位，学生在神学院要经过三年的学习，所有的教员都是专职的。随后，哈佛法学院，在美国最高法院大法官斯托瑞（Story）的引领之下，也试图尝试安多弗神学院的模式，要求进入哈佛法学院的学生必须拥有学士学位"或具备同等学力"（"or their

---

① 杰克逊式民主：安德鲁·杰克逊，美国第7任总统，新奥尔良之役的战争英雄，首任佛罗里达州州长，民主党创建者之一。其政治哲学被称为杰克逊式民主，即总统以民意为武器主动行使权力，它帮助巩固了一个强大的行政部门，扩展了选民范围。作为美国第一位平民总统，杰克逊的参选和当选使美国总统更具代表民意的色彩，更少了些贵族气，美国的总统选举制度也因之发生变化。杰克逊在平民百姓中声望颇高，一直与特权财富进行着斗争，并且在他的帮助下组建了一个崭新的大众政治性政党——民主党。这位功勋卓著的总统主张用民主的方式改善国家的政治机器，推动发展了权力平等和多数民主的理念，支持建设一个更能体现平等主义的美国。

② Becker, John S., "The Evolution of Professional Education", Nelson, B. Henry., *Education for the Professions*, Chicago: the University of Chicago Press: 1962.

③ 杰克逊于1787年迁居田纳西，他几乎未曾念过法律，但发觉竟足以执业边疆，因为当时边疆地区讼案大多是地权争执，或袭击与斗殴。由于无显赫的家世，杰克逊必须以自己的劳绩建立事业，很快他便在边疆简陋而混乱的法律界中建功。他在法庭内的风度也切合当时的潮流：1795年，他因与对方律师在庭上相持不下，愤而决斗。田纳西建州后，他成为该州第一位联邦众议员，很快又成为联邦参议员；1798年，他获聘为田纳西最高法院大法官。

equivalent")。① 但遗憾的是，"或具备同等学力"这一提法却把区分的界限模糊了！即使安多弗神学院自己，当时也未能完全按照宣布的要求去执行。

第三节　美国工业腾飞期（1865—1944）

这一时期最大的两个特征是，其一，1865 年美国内战结束，奴隶制被废除，彻底扫清了资本主义发展的障碍，资本主义经济得以高速发展；其二，随着经济的高速发展，高等教育也迅速扩张，特别值得一提的是这一时期通过的两大法案，《莫雷尔法案》和《退伍军人权利法案》。这两个法案对美国高等教育产生了巨大影响：前者的颁布产生了赠地学院，增加了美国高等教育的规模，改变了高等教育的结构，并且还为美国高等教育增添了新的服务功能；后者则使大批"二战"退伍军人有机会进入高校学习，标志着美国高等教育进入大众化发展时期。

一　社会背景

南北战争后美国经济开始腾飞：新发明的农业机械提高了农业产出和出口，宾夕法尼亚州发现了石油，西部发现了金矿，这些都带来了巨大的工业财富，铁路的建造更进一步巩固了财富的积累。随着工业飞速发展，资本迅速累积，人口也迅速增长。在经济的高速发展过程中，也伴随出现了无节制投机和对经济利益极端追求带来的负面现象：用武力和欺骗的手段驱赶土著居民印第安人、贸易欺诈、价格操控、垄断、联邦及州政府的贪污腐败、工业领域无视公共安全等。铁路私营主、石油大亨、钢铁制造商、纺织品制造商、银行家等各行各业的商人，在获取经济上的巨大财富后，也获得了政治上的特权。针对工业化过程中出现的这些问题，美国政府相继颁布了相应法案，采取了一系列调控措施，限制工业资本家和银行家，维护有序的市场。例如将公共土地分给铁路修建者，1887 年出台《各州间贸易法案》（Interstate Commerce Act）以保护农民和制造商，避免铁路重复收费；1890 年出台的《舍曼反信任法案》（The Sherman Anti-

---

① Becker, John S., "The Evolution of Professional Education", Nelson, B. Henry., *Education for the Professions*, Chicago: the University of Chicago Press: 1962.

Trust Act），1906 年的《纯净食品法案》（Pure Food Act），1913 年成立的联邦储备（the Federal Reserve）和联邦贸易委员会（the Federal Trade Commission），都是为了对工业资本家和银行家有所制约。这其中包括 1913 年设立所得税的宪法修正案。所得税施行后，作为避税天堂的慈善基金迅速增加，后来成为高等教育研究和其他领域强有力的资金来源。

《莫雷尔法案》

美国独立战争之后，领土持续扩张，西进的步伐进一步加快。随着"西进运动"的推进，耕种面积不断扩大，迫切需要大量掌握实用农业技术的农业劳动力。然而当时美国的高等教育主要以欧洲大学为模板，课程内容侧重于经典学术科目和宗教内容，课程传授面向上层人士子女，普遍轻视实用农业技术教育，导致各州农业技术人才严重短缺。为了使高等教育适应农业经济发展的需要，在佛蒙特州众议员贾斯丁·莫雷尔（Justin Morrill）的建议下，1862 年，美国国会通过了旨在促进美国农业技术教育发展的《莫雷尔法案》（Morrill Act）。该法案规定，联邦政府根据各州国会议员人数，拨给各州相应的土地，用这些赠地所得的收益在每州至少资助开办一所农工学院，又称"赠地学院"，学院讲授有关农业和机械技艺方面的知识，为工农业的发展培养所需的专门人才。法案实施后，联邦政府共拨地 1743 万英亩用以赠地学院的建设，其中有 28 个州单独设置了农工学院，其余的州将土地拨给已有的州立学院成立州立大学或在州立大学内添设农工学院；到 1922 年，美国共建立了 69 所赠地学院，众多的农家子弟开始进入大学校门，为美国工农业的现代化储备了充足的人力资源。[①]

《莫雷尔法案》颁布的初衷是为了振兴农业经济发展，培养农工建设人才，但法案颁布后赠地学院的建立对美国高等教育也产生了深远的影响。

首先，法案的颁布促使美国高等教育的课程内容和教学方式发生了改变。在课程内容设置上，赠地学院更注重与实际生产相联系的知识，针对农业和工业的急需，创立农业、工艺等新的专业学科，使一向被人们鄙视的农工生产科目在高等院校中占有一席之地。在教学方式上，赠地学院更

---

① 胡紫玲、沈振锋：《从〈莫雷尔法案〉到〈史密斯—利弗法案〉——美国高等农业教育的发展路径、成功经验及其启示》，《高等农业教育》2007 年第 9 期。

重视理论与实践相结合，如各赠地学院普遍拥有示范农场、示范车间、工程试验站等。学生亲自动手试验、设计和操作机器，走出校门考察工农业的实际情况，从根本上改变了以往高等教育注重文辞演练、死记硬背的教学方法。①

其次，法案的颁布和实施也确立了应用科学在高等教育中的地位。随着农工生产的发展，农工专业也逐渐成熟，其作用得到更大的发挥，因此得到普遍的认可，扭转了高等教育重理论轻实践的传统，确立了与工农业生产密切相关的农业和工艺学科等应用科学在高等教育中的地位。

再次，以威斯康星大学为代表的赠地学院，鲜明地高举大学必须为地方经济服务的旗帜，坚持把为所在州的经济发展和社会进步服务作为办学宗旨，利用高校的技术专长和技术设备为社区发展解决问题排除障碍，为当地的经济建设和社会发展提供有效服务，为大学增添了新的职能：服务社会。这使大学获得了新的生命力，使高等教育走出了象牙塔。

另外，赠地学院除了开设农业和技术工程方面的课程，还开设其他方面的课程，从而促使美国大学朝着综合化方向发展。美国教育家考利曾说："《莫雷尔法案》最重大的意义在于，它在资助创建农业、机械或其他实用学科的高校时，并未规定这些院校不能教授自然科学或古典学科，从而导致了美国高校中最有影响的类型——综合性大学——的诞生。"②经过一百多年的发展，当初为农学院的赠地学院已经发展成为了文、理、工结合的多学科综合性大学，例如加利福尼亚、伊利诺伊、密歇根、明尼苏达等州立大学。著名的麻省理工学院也接受过《莫雷尔法案》的赠地资金，从最初直接为产业界服务，到20世纪30年代重视基础科学研究，加强了数学、物理、化学、生物等领域，再到二战后重视人文科学，建立了人文社会科学院，最终发展成为理、工、文结合的著名综合性大学。③

最后，赠地学院面向当地劳动者，学费低廉，使高等教育向家庭收入不高的劳动阶级的子女开放，美国高等教育与欧洲"精英型"传统高等教育分道扬镳，最终走上了民主化、大众化的道路。随着赠地学院的发

---

① 杨光富、张宏菊：《赠地学院对美国高等教育的影响》，《河北师范大学学报》（教育科学版）2008 年第 10 期。

② 同上。

③ 同上。

展，赠地学院的数量也迅速增加，根据美国大学和赠地学院联合会（NA-SULGC）1999 年的报告，全美共有 105 所赠地学院，遍布全美各地。[①]这不但扩大了美国高校的规模，也改变了美国高等教育的结构，使其更加多样化。

《退伍军人权利法案》

日本偷袭珍珠港迫使美国全面卷入第二次世界大战，共有 1500 多万美国人参军入伍，1943 年战争进入末期，美国军队开始有限复员，军队复员问题提上日程。军队复员使美国退伍军人数量猛增，美国一些政治家担心突然涌入美国劳动力市场的大批退伍军人会造成比 30 年代初更为严重的退伍军人骚乱问题。再加上战争后期军事订货大量缩减，美国经济也由战时状态转向和平发展，于是他们向国会建议应当考虑调整战后经济建设和社会发展的战略方针，特别是应尽早采取有效措施安置退伍军人，保障他们的基本生活，并对他们在二战中做出的巨大贡献给予回报。1944年 6 月 22 日，罗斯福总统签署了《退伍军人权利法案》，法案就退伍军人的医疗卫生、保险、抚恤金、生活津贴、职业教育训练等做了具体的规定，使二战后美国退伍军人的安置工作得以顺利进行，奠定了二战后美国退伍军人安置的法律基础，使美国退伍军人安置工作走上了法治化轨道，为战后美国社会各项事业的健康发展做出了突出贡献。

该法案的特别之处就在于把改善退伍军人的福利待遇同提高他们的教育素养有机地结合起来。法案设专章规定退伍军人的教育问题，向他们提供条件非常优惠的教育训练机会，并为其提供学习用品和生活补贴，这样既改善了退伍军人的福利待遇，又通过教育培训有效提高了他们的文化素养和职业技能，为他们重新融入社会做好了准备。法案实施后，取得了良好的效果，得到退伍军人的拥护和社会各界的普遍好评。同时美国联邦政府对该法案实施的投入有相当部分流入了学院和大学，因此从这一角度来讲，该法案实际上促使了政府对教育的投资。而且有调查显示，退伍军人依据该法案接受职业教育从而获得就业机会，并因收入增加而多缴纳的所得税，远远超过了联邦政府就此进行的教育投资。《退伍军人权利法案》颁布后，从 1945 年开始，美国高校出现了前所未有的大批退伍军人涌入的浪潮。据统计，1945 年大约有 100 万美国退伍军人涌入高校，1947 年

---

① 魏礼庆：《美国赠地学院的起源与现状》，《教育参考资料》2001 年第 2 期。

在各高校注册学习的退伍军人总数达 115 万人，占当年美国高校在校学生总数的 49%；1946—1948 年，美国高校的注册学生中绝大多数人是退伍军人；到 1956 年该法案终止时，进入高校学习的美国退伍军人的总数达 223.2 万人，另外还有数百万的退伍军人在高校通过职业培训获得了一技之长。[①]《退伍军人权利法案》促进了美国高等教育的大发展，揭开了美国高等教育大众化的序幕，并为美国经济发展提供了强有力的人才支持和智力保障，刺激和带动了美国二战后经济的飞跃。

二　意识形态

这一时期，一个新的哲学流派——实用主义哲学，在美国诞生，并出现了皮尔士、詹姆士、杜威等代表人物。实用主义的诞生与当时一个叫作"形而上学俱乐部"的组织密切相关，该俱乐部 1871—1874 年间在哈佛大学进行活动，召集者便是实用主义的创始人皮尔士，参加者包括当时的一些哲学家、心理学家、历史学家、律师等社会名流，这些人在各自的领域表述了实用主义的一些基本思想。到 19 世纪末 20 世纪初，在詹姆士和杜威等人推动下，实用主义发展成为美国影响最大的哲学流派，成为美国的主流思潮，并向外传播到欧洲大陆。

实用主义试图调和经验主义与理性主义的分歧，并试图在二者间找到一条中间道路。实用主义者忠于事实，但也不反对宗教信仰，只要这些宗教信仰被证明对具体生活是有价值的。简单地说，实用主义既唯物、又唯心，它把哲学从抽象的辩论降格到更个性主义的层面。实用主义的主要论点包括：现实是可以改变的，知识是控制现实的工具；原则和推理是次要的，实际经验更为重要；理论是对行为结果的一种假设，其价值取决于能否使行动成功；人对现实的理解取决于该现实对其利益产生的效果；强调行动优于教条，经验优于僵化的原则；主张真理是思想的有成就的活动，其意义来自于印证。[②]

实用主义哲学强调人的创造性，把实际效果作为检验一切理论与学说的标准，其目的在于解决人们现实生活环境中遇到的问题，"有用即真

---

① ［美］Hechinger, F. M. & Hechinger, G.：《美国教育的演进》，汤新楣译，美国大使馆文化处 1984 年版。

② 刘放桐：《现代西方哲学》，人民出版社 1990 年版，第 273 页。

理"是对实用主义哲学形象而准确的表达。美国前国务卿基辛格认为，实用主义体现了务实进取的"美国精神"。实用主义作为一种注重行动和效果的哲学，尽管有些思想来源于欧洲的先哲们，但它终于在美国形成独立的哲学体系和强劲的社会思想，这绝非偶然。美国人在新大陆几百年的开拓进取历史中形成的务实和反传统反权威的精神，是实用主义得以产生发展的土壤。在美国，实用主义不仅是一种主要的哲学思潮，也是广泛的社会实践，从英属殖民地到民族独立，从《独立宣言》到《联邦宪法》，从奴隶制到资产阶级共和国，美国的建国历程就是一部实用主义的历史。

三　高等教育

美国南北战争前，高等教育狭窄的教育面阻碍了其发展。尽管到达边疆的第一代移民在建立了社区之后，往往会觉得建一所学院是社区的骄傲，但当时的高等教育并不能为社区解决实质性的问题，也不能促进社区的发展。当时的学院规模很小，还没有研究生院，因《莫雷尔法案》设立的赠地学院也刚成立不久，尽管这时已很少有学院讲授宗教教义，但此时的学院还远未成为探究的中心。

然而，1870 年后美国高等教育发生了巨大的改变，随后 75 年的发展历程是美国高等教育的重要转型期，基本形成了美国现代高等教育系统的模式。在这 75 年的时间里，受高等教育的学生数从 6.3 万增加到了 150 万；教师人数从 5500 增加到了 15 万；每年授予的学士学位从 9000 个增加到 13.5 万个以上，博士学位也从没有增加到 3300 个；高等教育接受的捐赠也从不到 5000 万美元增加到了 17.5 亿美元；每年高等教育的开支也增加到了 9 亿美元。[①]

高等教育在这期间的巨型扩张，得益于此时美国人口的快速增加，经济飞速发展带来的财富和对实用技术的迫切需求，以及此时美国民众对高等教育产生的新看法。此时的高等教育机构已经不仅仅是社区的骄傲了，为获得公众的支持，高等教育此时已通过研究、服务、专业学院和本科生教育开始重新定义自己：它是公民社会成员的培育地，是行业专门人才的培养地，是促进农业、机械技术进步的场所，是推进尖端军事技术的研究地。然而，这一时期高等教育大发展的主要动力来自于高等教育内部：首

---

① Snyder, T. D. (ed.), *120 Years of American Education*: *A Statistical Portrait*, Washington D. C.: U. S. Department of Education, National Center for Education Statistics, 1993.

先，高等教育机构提供了更多的课程和训练，以吸引更多的学生接受高等教育；其次，各种新型的学院出现了，例如专科学院、初级学院（junior college）以及适合特殊兴趣、才能、种族的学院；再者，更为重要的是这一时期出现了综合性大学，包含本科生院、研究生院、专业学院以及各种服务性机构的综合性高等教育机构。

表2-4 美国工业腾飞期高等教育的数字写照（1870—1945）

项 目	1870 年	1945 年
人口（个）	39818449	139924000
高等教育的学生人数	63000	1677000
教师数（教授和导师）	5553	150000
学院数量	250	1768
授予学位	9372	157349
所获现金捐赠（一千美元为单位）	14000	1169394

资料来源：Snyder, T. D. （ed.），*120 Years of American Education: A Statistical Portrait*, Washington D. C.: U. S. Department of Education, National Center for Education Statistics, 1993。

随着高等教育的巨型扩展，现代意义上的美国大学得以诞生。美国现代大学的诞生可以追溯到1869年成立的康奈尔大学，该大学的成立标志着美国现代意义上的大学的诞生。[1] 1876年成立的霍普金斯大学，从成立之初就致力于研究和研究生教育，标志着首所研究型大学的诞生。随后，新大学纷纷建立，之前的老牌学院也积极转型，通过设立研究生院和专业学院、致力于研究和公共服务，最终成长为综合性大学。大学的出现，使研究生数量迅速增加，1870年的研究生大约有200人，20年后增加到大约2400人，又过了20年增加到1万人，到1930年已达近5万人。1876年，授予博士学位的大学有25所，授予的博士学位总共为42个，到1930年时，授予的博士学位超过了2000个，到1939年，那些顶尖大学平均每年要授予100个博士学位。[2]

有许多因素最终促成了美国现代大学的出现，主要包括：

① Cohen, A. M. & Kisker, C. B., *The Shaping of American Higher Education*, San Francisco: Jossey-Bass, 2010, p. 112.

② Hofstadter, R., and Smith, W. （eds.），*American Higher Education: A Documentary History*（2 vols.），Chicago: University of Chicago Press, 1961, p. 64.

第一，现代大学的出现得益于伟人的带动。将学院转变为大学的理念来自一群美国高等教育界的重量级人物，他们都曾到德国大学留过学，深受德国大学的影响。最早是乔治·提克纳（George Ticknor），他在德国留学后，于 1825 年回到哈佛；其他的还有霍普金斯大学的校长丹尼尔·吉尔曼（Daniel Gilman），康奈尔大学的校长安德鲁·怀特（Andrew White），哈佛的校长查尔斯·艾略特（Charles Eliot），耶鲁的校长西奥多·伍尔西·（Theodore Woolsey），克拉克大学的校长斯坦利·豪尔（G. Stanley Hall）。

第二，德国大学致力于研究的影响传至美国，推动了美国现代大学的诞生。正是在德国大学的影响下，研究越来越得到重视，并逐渐成为这一时期大学的重要特征。大学致力于发现和增进新知识，并以研究促进教学、实际应用和职业训练。19 世纪 40 年代至 20 世纪 50 年代，哈佛和耶鲁相继成立理学院，教授自然科学。自然科学、职业训练、以研究为基础的研究生教育，三者之间相互促进。理性成为现代大学的标志；注重宗教、依赖权威、研究经典这时全面撤退。大学不是仅仅有几所专业学院就够了，它最重要的功能在于研究，大学是学者和学术的家园。

第三，19 世纪末，高等教育与职业团体的联系，也促进了它的专业化进程，催生了现代大学。大学除了仍旧进行法律、医学、神学的职业训练外，还建立了许多其他新兴的专业学院，如商学院、传媒学院、工程学院、建造学院、药学院、口腔学院、农学院、教育学院、心理学院，等等。这样一个理念逐步为人们所接受：要从事一门职业必须接受特殊的专门训练，这种训练要持续一段漫长的时间，同时要学习特定的专业知识和技能。

第四，获得巨大的资金支持为现代大学的建立奠定了坚实的经济基础。现代大学在这一时期出现，并有了快速的发展，还得益于这期间大学吸引的大笔资金：来自《莫雷尔法案》的公共资金和这一时期经济快速发展积累的私人财富。1862 年通过的《莫雷尔法案》批准向每个州划拨 3 万英亩联邦土地，以资助各州建立大学。通过《莫雷尔法案》获得的资金建立了伊利诺伊大学（1867）、加利福尼亚大学（1868），以及 30 个州的学院（到 1900 年为止）。私人捐赠有捐向霍普金斯大学以及康奈尔大学，等等。

第五，学术团体的形成为现代大学的建立奠定了相应的人才基础。要给专业性（professionalism）下个定义不是件容易的事，因为职业都会随着它存在环境的变化而发生演变，而且，这种演变是一个持续的过程。通常会认为，一份专业性职业应该是全职的，而且是一份可以为之奉献一生的事业；它还对应特殊的知识体系，即需要长期正规教育才能获得的专业知识；这个专业群体必须：自主判断、服务于某个群体、遵循特定道德规范、有从业执照或正式的准入制度、有起行业监督作用的专业团体。①大学教师成为一个专业群体的历史并不长，始于19世纪末、20世纪初。在这一时期（即工业腾飞期）初，大学教师才由教授逐渐代替了导师。导师一般只打算在大学待一段时间，而且讲很多门课程；而教授具备特定学术领域的专门知识，接受的是长期的全职聘任。大学教师形成一门专业性职业的过程很长很缓慢，这主要是由于当时大学导师的报酬低、地位卑微、缺乏职业保障。最终大学教师成为一个专业群体，主要是得益于大学建立了研究生院和专业学院，大学教授一部分时间从事教学，另一部分时间则进行研究。正因为教授要从事研究，一个主要由科学家等有学问的人组成的学术性的群体才逐渐成长起来。一项1906年进行的研究发现，美国1000位科学界的领军人物中，超过400人来自前15所研究性大学，将近200人来自其他学院。②

此时，美国大学的基本特征包括：董事会成员更多的是商人而非牧师，官僚化的组织管理，系统的教师职称与晋升，相对统一的入学标准和学习过程，相应的学科门类。③大学追求知识和学术卓越的使命，此时也开始与公众利益保持一致，否则便有失去社会支持的危险。此时大学进行的众多高质量研究，被应用到实际中，极大地推动了美国经济、社会和军事的发展。例如二战期间，美国政府投入大笔资金在大学里进行的军事尖端技术的研究。从这一时期起，大学的功能除了教育外，还有研究和服务，研究既服务于专业人才和公民的培养，还必须服务于经济、社会和国家。

---

① Cohen, A. M., & Kisker, C. B., *The shaping of American higher education*, San Francisco: Jossey-Bass, 2010, pp. 134 – 135.

② Geiger, R. L., *ToAdvance Knowledge: The Growth of American Research Universities, 1900—1940*, New York: Oxford University Press, 1986.

③ Cohen, A. M., & Kisker, C. B., *The shaping of American higher education*, San Francisco: Jossey-Bass, 2010, p. 117.

四　专业教育

此时，美国的专业教育进入了一个崭新的时期：专业教育融入高等教育范畴，专业教育水平出现较大改观，特别是医学和法律这两个领域，为后来推出教育博士专业学位的大学教育学院的诞生做了铺垫。

这一阶段美国专业教育的最大特点就是逐渐融入美国大学。专业教育越来越重视理论层面，但这并不意味着学徒式训练中的实践经验过时了，事实上，霍普金斯医学院通过引进新的教育方式——现代医学实习，为学徒式训练注入了新的意义。当然，尽管病房中和临床上的实践经验非常重要，但现代的医学训练与大学的联系比与医院的联系更加紧密。这是智力内容对专业教育不断渗透的必然结果，同时这种渗透带来的另一个结果则是专业学院逐渐附属于大学，成为其学术的分支。因为这些专业教育学校很快就意识到，自己的独立地位正变成进一步发展的障碍，这是由于随着专业教育中智力内容的不断增加，专业训练所需涵盖的范围也不断扩大，要想成功地实施这样的专业训练，离开大学这个知识的堡垒是不可能办到的。于是，医学、法律专业学校纷纷与大学融合，成为大学的专业学院：里奇费尔德法律学校迁到了纽黑文（New Haven），成为耶鲁大学的专业学院；纽约市的医学院（College of Physicians and Surgeons）则成了哥伦比亚大学的专业学院。

融入大学后，专业教育的水平也得以提高。美国内战之后，持续而有力的措施得以施行，以提高专业训练的水平，使其与欧洲的水平相接近。正如1895年，弗里德里希·包尔生（Friedrich Paulsen）在他著名的《德国大学与大学学习》一书的序言里所说的那样：在美国，除了哈佛法学院和霍普金斯医学院之外，不存在大学水平的专业学院。① 医学和法律又是如何做到专业教育典范的呢？主要通过将医学、法律的课程内容提高到当时美国前所未有的智力和理论的高度，尤其是医学。到了19世纪末，医学研究和实践越来越以科学为基础，化学、物理、生物、心理学这类学科被作为战胜疾病的力量源泉。而且在把科学知识结合到医学实践中的同时，也极大地扩充了医学训练的概念范畴。法律亦是如此，律师们已不满

① ［德］弗里德里希·包尔生：《德国大学与大学学习》，张弛等译，人民教育出版社2009年版。

足于仅仅将诉讼建立在现行法律条文和法律先例的基础之上，而是从诸如经济学、政治学、社会学、哲学等学科领域中获取新的证据。例如，20世纪中期的反种族隔离法就是以心理学、社会学为佐证的一项案例引发的结果。显然，在医学和法律这两个领域中，一种新的智力氛围正在形成，为时更长的智力训练、极具特色的专业教育，逐渐扎根并成为美国高等教育的传统。

本章小结

首个教育博士专业学位出现在美国，而不是其他地方，绝非偶然，这是与美国的地理环境、社会经济发展状况、美国高等教育和专业教育的发展历程密切相关的。本章根据美国高度教育的发展，将美国教育博士专业学位教育诞生前的美国历史，划分为三个阶段，即殖民地时期、立国时期和工业腾飞期。并根据这三个时期的不同特点，分别从社会背景、意识形态、高等教育、专业教育四个方面对当时的美国社会进行了分析，目的是探究孕育美国教育博士专业学位教育的特定历史背景。

殖民地时期，北美大陆的新移民抱着追求自由、追求新生活的决心，来到新大陆开始自己的梦想。北美广阔的土地资源，也使新移民们具备实践新生活的现实条件，在这里他们可以建立不同于故土的宗教信仰、生活方式与社会制度。这一时期美国的高等教育机构为殖民地学院，它们基本延续了欧洲大陆的模式：以传播知识为中心，主要进行职业训练，具有浓厚的宗教色彩。殖民地时期学院对美国后来的高等教育机构产生了重要影响，随后建立的高等教育机构基本遵循了殖民地学院的模式。然而，这一时期高等教育对美国的社会与经济的发展还无足轻重，接受高等教育的人也只是极少数上流社会的精英人士及其子女。此时北美的专业教育为学徒式的，专业教育水准很低。

到了立国时期，西部大开发拉开了序幕，美国领土持续向西扩张，并最终形成了美国现在的版图。西部大开发极大地促进了整个国家经济的发展，也进一步强化了国民的乐观心态。伴随人们自信心的增加、个人抱负的膨胀，人们对自由资本主义更加信奉了，商业与企业家精神得以快速增长。美国领土扩张和经济发展的同时还伴随着人口的增加、教派的分化以及教育机构的增长。这一时期，学院数量大幅增加，并出现了高等教育机构的新形式——州立学院。另外，随着 19 世纪德国大学的兴起，美国学院开始接受德国的影响，逐渐注重科学注重研究，并设立教授职位。学院学生和教师的数量也得以增加，高等教育规模也不断扩大。高等教育规模扩大的同时，也开始为新兴职业提供人力培养，高等教育逐渐成为职业训练的重要组成部分。持续了整个殖民地时期的学徒式专业教育，在这一时期，从学徒式非正规训练逐步过渡到学校正规训练。然而，该时期美国专业教育的水准却没有较大的改观，仍然维持在一个较低的水平。

进入工业腾飞期后，美国经济得以高速发展，工业的快速发展对应的是社会财富的积累和对各类专业技术人员的需求。而且随着"西进运动"的推进，耕种面积不断扩大，美国迫切需要大量懂实用农业技术的劳动力。这些都对美国当时精英式的高等教育提出了新的要求。1862 年美国颁布了著名的《莫雷尔法案》，使得振兴农业经济发展、培养农工建设人才的赠地学院得以建立，美国高等教育被赋予了新的功能——服务社会。二战结束后，大量的退伍军人需要重新进入劳动力市场，面对退伍军人安置的巨大压力，美国颁布了《退伍军人权利法案》。大批退伍军人进入美国高校学习，为美国经济发展提供了强有力的人才支持和智力保障，刺激和带动了美国二战后经济的飞跃，也促进了美国高等教育的大发展，使得美国高等教育跨入了大众化的发展阶段，同时也诞生了现代意义的美国大学。伴随经济高速发展，体现务实进取的"美国精神"的实用主义在美国顺应而生，随后发展成为在美国影响最大的哲学流派，并成为美国的主流思潮。在实用主义思潮和工业革命的推动下，美国出现了专业化运动，使其专业教育越来越重视理论教育：各专业学校纷纷与大学融合，成为大学的专业学院。美国的专业教育进入了一个崭新的时期：专业教育融入高等教育范畴，专业教育水平出现较大改观，特别是医学和法律这两个领域，为后来推出教育博士专业学位的大学教育学院的诞生做了铺垫。

第三章

美国教育博士专业学位
教育的发展历程

美国的教育博士专业学位教育的诞生和发展不是一蹴而就的，它是在美国经济和社会发展的大背景之下，美国高等教育对所处教育大环境所提新需求的回应，是美国博士生教育发展到一定阶段的产物。本章从美国早期的博士生教育入手，对美国教育博士专业学位教育的孕育、诞生、发展进行了探讨。

第一节　美国教育博士专业学位教育的孕育

一　美国早期博士生教育

美国博士生教育的历史大致可以追溯到 19 世纪中期，然而，美国大学引入研究生教育却历经了曲折的过程，早在美国内战前后，就有不少大学尝试引进学士后教育，但最终都无功而返。例如，1852—1863 年任美国密歇根大学校长的菲利浦·亨利·塔潘（Philip Henry Tappan）就做过这样的尝试，他希望能够去除本科生教育，而专注于研究生的培养，使密歇根大学成为像德国大学那样的真正的大学。然而塔潘受到了来自政府、媒体和公众的强烈攻击，指责他的做法是反美主义，试图把美国大学欧洲化，迫使他离开了密歇根大学。①

19 世纪中后期，美国的工业革命和西进运动有力地推动了经济的发展，也带动了文化、教育等领域的发展，尤其对高等教育提出了更高要求。与此同时，受德国大学"教学与科研相结合"以及"学术自由"

---

① Hollis, E. V., *Toward Improving Ph. D. Programs*, Washington D. C. : American Council on Education, 1945, pp. 6 - 7.

的影响，美国大学也转而提供本科以上的教育，设立实质性而非荣誉性的硕士、博士学位。[①] 1847 年，耶鲁学院在美国率先开设博士研究生课程；1860 年，耶鲁学院设立哲学博士学位，该学位要求学生在两年内学习若干高级课程，并通过结业考试，提交一篇证明已掌握所学课程内容的论文后才能获得博士学位。[②] 1861 年，耶鲁学院授予了美国历史上首个哲学博士学位；1870 年，宾夕法尼亚大学跟随了耶鲁的步伐，授予博士学位，主要是向医科生颁发；1873 年哈佛也授予了它的第一个哲学博士学位，要求获得学位必须在校住读两年；1875 年，哥伦比亚大学的矿业学院也授予了该校的第一个博士学位，要求获得学士学位后进行一年的研究生学习。[③] 1876 年，约翰·霍普金斯大学成立，受德国大学重视学术的影响，该校把重点放在科学研究和研究生教育上，强调哲学博士学位的研究性质，注重学术性探讨和理论研究。其他一些大学纷纷效仿，把发展学术和培养学生的研究能力放在博士培养的首位。当时授予博士学位的数量非常少，1876 年宾夕法尼亚大学授予了 7 个博士学位，哈佛 5 个，锡拉丘兹大学 3 个，密歇根大学 2 个，伊利诺伊卫斯理大学 1 个。[④] 到快进入 20 世纪的时候，当时美国授予博士学位（不包括荣誉博士学位）的学院总共不超过 50 个，而博士教育的形式则是各式各样，有函授形式的远程教育，也有住读形式的，住读时间的要求从一年到三年不等。[⑤]

二 教育类研究生课程

在 1890 年以前，美国既没有教育学院也没有专为教育设立的博士学位，学教育的学生是按文理学院的标准和要求来培养的，注重发展学生的研究能力而非教学实践能力，学位由研究生院授予。直到 20 世纪初，美国的教育人才主要通过课程的发展来培养。师范学院

[①] 李琴涛：《中美高等教育学博士生培养模式比较研究》，硕士学位论文，大连理工大学，2007 年，第 9 页。

[②] Levine, A. , "Educating Researchers", *The Education Schools Project*, 2007：38.

[③] Hollis, E. V. , *Toward Improving Ph. D. Programs*, Washington D. C. : American Council on Education, 1945, p. 10.

[④] Levine, A. , "Educating Researchers", *The Education Schools Project*, 2007：38.

[⑤] Ibid. , p. 39.

（Teacher's College，1898 年并入哥伦比亚大学，成为哥伦比亚大学师范学院）在 1890 年初便推出了融合心理学、社会学的教育课程项目，成为全美第一所将教育活动推及社会关怀的学校，随后学院又开设了教育史学、比较教育学、教育管理学、教育经济学、教育政策学、临床与咨询心理学、发展心理学、认知心理学、课程研究等多个专业课程项目。

1891 年，任哈佛校长不久的查尔斯·艾略特建立了一门旨在为教师提供系统培训的课程，艾略特之所以这么做，是想将哈佛的教育理念传播到波士顿更广的学区范围，以增加哈佛对这一地区高中的影响。就在这一年，保罗·亨利（Paul Henry）被哈佛聘为教学史与教学艺术的助理教授，哈佛首次提供系统的教育课程。[1] 哈佛教育课程的培训对象为在职的教师或打算从事教师职业的人，入学条件包括：获得学士学位的人，或者能满足研究生入学条件、年龄适合的人。[2] 参加培训的人员接受由文理学院教师组成的一个特别委员会的管理，在修完所有要求的课程、通过了考试之后，获得相应进修科目的证书。[3]

进修的课程分为两个部分，一部分是所有进修者都要学习的教育类课程，另一部分为专业知识技能的课程。[4] 教育类课程包括：教学史和教育理论、教学理论、教学艺术。教学史和教育理论的学习为期一年，每周两次讲座与讨论，写两篇文章。教学理论的内容包括：教学方法的心理学基础；对教育学说的批判性审视；为期一年的学习；每周一次讲座或讨论；写两篇文章。教学艺术的内容包括：学校的常规、管理、监督，公立学校的治理和组织，为期一年的学习，每周两次讲座或讨论；另外还要求学生在最后半年到指定学校观察教学的实践情况，并在每周的课堂讨论中就所观察到的内容做相应的汇报。专业知识技能的课程包括以下科目：希腊语、拉丁语、英语、德语、法语、历史、地理、地质、数学、物理、化学、动物、植物。这些课程的讲授主要包含两种形

---

① Graduate School of Education，Report of the Dean 1920 - 1921，Boston：Harvard University，1921：169.

② Faculty of Arts and Sciences，Harverd University，Announcement of Courses for Teachers on Methods of Instruction，p. 3.

③ Ibid. .

④ Ibid. ，pp. 3 - 8.

式，一是专题讲座（lecture），所有的科目都以专题讲座的内容为主，讲座的内容主要是对应科目的教师感兴趣的主题，比如，课堂讲授方法，如何选用教材，怎样设计练习等；二是实际操作练习（practical exercises），除了数学、化学、动物学外，其他科目都有实际操作练习的内容。例如，德语的实际操作练习包括书面的练习和具体的授课练习，书面的练习有：（1）对适合初学者的一篇课文进行分析和阐述；（2）就关于德语讲授的教学法的专题论文写一篇书面报告；具体的授课练习则是在德语系上一堂朗读的初级课程。历史的实际操作练习有三个内容：（1）到图书馆查阅资料，并结合所接受的历史课讲授训练，阐述最适合高中的历史课讲授方法；（2）安排学生观摩一些本科生课程的讲授；（3）安排学生观摩本科生历史课以及研究生院历史课的讲授。植物学的实际操作练习包括两项：（1）观摩一些植物学初级和高级课程的讲授；（2）帮助做实验室的指导工作。①

概括起来，这些科目的训练内容主要是课程教学方法的训练，包括课程设计、教材选择、教学内容取舍、教学方法选用等；训练的形式主要有两方面：专题讲座和实际操作练习；实际操作练习的形式也是多样的，既有书面的分析或设计，也有教学观摩，与观摩课的授课教师的讨论，模拟授课以及从事教学助理（如实验指导）工作。

1891—1905 年期间，以上所有培训课程皆由哈佛文理学院的教师承担，并被归为哲学这一学科。1896 年哈佛在教育领域授予了第一个文学硕士，1905 年授予了第一个教育类哲学博士。1906 年从事教育类课程讲授的教师成立了独立的部门——教育分部（division of education），隶属于文理学院。

三　教育哲学博士学位教育

1893 年，美国教育领域第一个博士学位——教育哲学博士学位，出现在师范学院，成为教育领域的最高学位。1898 年，师范学院并入哥伦比亚大学，詹姆斯·艾尔·罗素（James Earl Russell）就任哥伦比亚大学师范学院的院长，他依据自己对教师教育的理解，从人文知识、学科知

---

① Faculty of Arts and Sciences, Harverd University, Announcement of Courses for Teachers on Methods of Instruction, p. 6.

识、教育专业知识和教育专业技能四个方面，对师范学院的教育哲学博士学位教育进行了改造。

罗素认为，教师教育的课程体系应该包括四个方面的内容：人文知识（general culture）、学科知识（special scholarship）、教育专业知识（professional knowledge）和教育专业技能（technical skill）。罗素认为这四个方面的内容是成功教学必不可少的，对此他曾解释道："教师广博的人文知识有助于激发学生对知识的尊重、对真理的热爱。精深的学科知识可以让教师在讲授之时游刃有余，而不拘泥于教材和教学方法。教育专业知识可使教师将特定学科知识的讲授与学生的具体情况联系起来、与学生的社会背景联系起来；因为真正的教育家必须了解思维的本质，必须理解学习是如何发生的、理念是如何形成的、意志是如何发展的、性格是如何培养的。（教育专业技能的掌握对教师同样重要，因为）任何一门职业的高手都必须精通自己的专业技能，教师也同样应精通知识传授的技能：他在传授知识之时，要同时能够开阔学生的眼界、拓宽他们的兴趣、陶冶他们的性情、激励他们过有意义的生活。任何技能，只有加以理智的引导，才是最有效的。教学也是如此，它是一门艺术，是建立在科学的基础之上的专业技能。"①

除了课程方面的改革外，罗素还提高了入学标准，延长了课程学习时间，并且与州教育部门、专业团体以及其他大学教育系的教师建立了长期的联盟，共同致力于提高教师教育的整体水平。

改革后哥伦比亚大学师范学院的教育哲学博士培养的具体要求为：在教育学院以外的其他系学习过研究生课程；在教育学院学习教育心理学、教育史、和教育哲学的课程；两门实习课，其中至少一门是在教育的专门领域内的实习；撰写博士学位论文，论文要能体现独立思考以及在特定领域内增进知识的能力。②

在哥伦比亚大学师范学院之后，其他大学的教育学院也陆续开设了教育哲学博士学位。

---

① Cremin, L., The Education of the Educating Professions, Paper presented at the meeting of the American Association of Colleges for Teacher Education, 1978: 10.

② Ibid., p. 14.

第二节　美国教育博士专业学位教育的诞生

从 19 世纪末开始，美国高校重新反思了德国大学单一发展学术的模式，要求建立其他专业学院来培养美国急需的各类专业人才。美国大学的许多专业学院，如教育学院等都是在这一时期诞生的，这就是美国历史上的"专业化运动"（professional movement）。美国教育博士专业学位正是在这一背景下产生的。

一　哈佛教育学院的酝酿与筹建

1891—1905 年期间，哈佛的教育课程皆由哈佛文理学院的教师承担，并被归为哲学这一学科。1896 年哈佛在教育领域授予了第一个文学硕士，1905 年授予了第一个教育类哲学博士。1906 年从事教育课程讲授的教师成立了独立的部门，教育分部（division of education），隶属于文理学院。在随后的十几年，教育分部经历了快速的发展，于 1917 年递交了筹建哈佛教育学院的报告。[①] 该报告指出，设立哈佛教育学院是为了实现以下三个目标：第一，培训教师和学校官员；第二，研究教育问题和从事教育研究；第三，为学校提供专家服务。根据这份筹建报告，哈佛试图建立研究生层次的教育学院主要是出于以下三方面考虑。

（一）教育分部的快速发展

到 1917 年，哈佛教育分部无论在入学人数、课程数量还是暑期学校学生人数上，都有了很大的发展。其培训对象达到了十类，具体包括：中学教师、中学校长、小学校长、学校学监、职业顾问、课外活动主管、特殊教育教师、师范学校教师、师范学校校长、教育类大学教师。教育类新生的入学人数由 1913 年的 115 人，增加到 1916 年的 222 人（具体数字见表 3-1）。教育类课程的数量也由 1910 年的 6 门增加到 1916 年的 35 门（具体数字和内容见表 3-2 和表 3-3）。教育分部的暑期课程的学生数也快速增长，由 1910 年的 73 人增加到 1916 年的 168 人（具体数字见表 3-4）。

---

① Division of Education, Faculty of Arts and Sciences, Proposals for a graduate school of education, Harvard Unversity, 1917: 1.

表 3-1　　　教育类学生的入学人数与其他类学生的入学人数的对比

		1913—1914	1914—1915	1915—1916	1916—1917
入学的学生数	教育类学生	115	122	152	222
	其他类学生	176	329	391	375
	学生总数	291	451	543	597
入学的研究生人数	教育研究生	6	4	16	41
	其他研究生	73	145	198	184
	研究生总数	79	149	214	225

资料来源：HUE22.517.72 Proposals for a graduate school of education，1917。

表 3-2　　　　教育类课程数量与其他类课程数量的对比

	1910—1911	1911—1912	1912—1913	1913—1914	1914—1915	1915—1916	1916—1917
教育类课程	6	14	13	22	19	21	35
其他课程	24	19	25	17	30	38	39
课程总数	30	33	38	39	49	59	74

资料来源：HUE22.517.72 Proposals for a graduate school of education，1917。

表 3-3　　　　哈佛教育教学部 1917 年的四类培训课程内容

普通预备课程	统计和实验技能课	特殊技能课程	教育研究课程
校长教育（入门）；教育史；教育哲学；教育心理学；教学法；儿童发展。	学校卫生；职业指导；课外娱乐活动。	学校管理；初等教育；中等教育；职业指导；课外娱乐活动；特殊儿童教育。	学校管理；教育史；教育心理学；初等教育；中等教育。

资料来源：HUE22.517.72 Proposals for a graduate school of education，1917。

表 3-4　　　1910—1916 期间哈佛暑期学校的教育类学生人数的对比

	1910—1911	1911—1912	1912—1913	1913—1914	1914—1915	1915—1916	1916—1917
暑期学校学生人数	73	66	69	99	94	175	168

资料来源：HUE22.517.72 Proposals for a graduate school of education，1917。

（二）成立教育学院符合哈佛当时的发展战略

1917 年哈佛教育学院的筹备报告指出，建立哈佛教育学院是符合哈佛当时发展战略的。

首先，当时的哈佛正致力于建立独立的、研究生层次的专业学院，比如：哈佛商学院、法学院、医学院、口腔学院、建筑学院，等等。哈佛前任校长劳威尔（Lowell）就在 1913—1914 年度的学校工作报告里说过，"因此目前在哈佛成立专门的教师队伍，为各专业学院培养提供师资这一趋势，看来是明智之举"。①

其次，教育学院的成立能提升哈佛在教育领域的学术优势地位，对抗来自其他大学的竞争，并极大地提高哈佛在全美范围学校的影响。哈佛负责与当地中学联系的监管委员会当时就指出，哈佛需要为中学培养更多的教师和学校管理人员，而当时新英格兰地区的绝大多数学监和学校官员都是在其他院校接受的培训，特别是在哥伦比亚大学的师范学院。

再次，哈佛教育学院成立后可以建立自己独立的暑期学校（summer school），暑期学校有助于吸引更多潜在的学生入读哈佛教育学院。暑期学校是被很多大学运用的促进招生规模的一种途径，例如芝加哥大学、哥伦比亚大学等。成功的暑期学校可以极大地促进大学的入学人数，因为在暑期，在职教师或学校管理人员到某所大学的暑期学校选修一到两门课程，如果他们感到满意，便会考虑抽出时间到大学里集中学习一段时间。而当时哈佛的暑期学校存在一些弊端，比如只允许选修一门课程，并且不提供可用于获得硕士学位的学分，无论学生有多优秀，学习有多出色；并且对女学生有诸多限制。而在筹划教育学院的报告中则指出，新成立的哈佛教育学院将成立自己的暑期学校，可以克服以上哈佛暑期学校的弊端。

（三）成立教育学院符合当时的社会需求

从外部的环境来讲，哈佛教育学院的建立也是符合当时的社会需求的。正如报告中指出的，哈佛作为地处马萨诸塞州的一所面向全美的大学，它需要为当地、为国家做出更多的贡献。马萨诸塞州教育委员会的佩森·史密斯（Payson Smith）博士曾说，该州学校的改进，关键在于要获得大学教育学院的支持，并多次在公开演讲中提到，马萨诸塞州应该尽快建立自己的"首屈一指"（"second to none"）的大学教育学院。② 而当时新英格兰地区的大多数教师都是前往哥伦比亚大学的师范学院接受进一步培训的。筹建报告指出，当时哈佛在教育类专业教育方面所做的贡献是非常有限的，这可以从当时哈佛培养的教育类专业人士占该行业专业人士总

---

① Division of Education, Faculty of Arts and Sciences, Proposals for a graduate school of education, Harvard Unversity, 1917：20.

② Ibid. , p. 7.

数的比例体现出来，详见表 3 - 5。而与此同时，当时社会的需求却不断
增加，这体现在以下几个方面：

表 3 - 5　1910 年哈佛专业学院的入学人数与该行业的专业人员总数之比

专业名称	入学人数/专业人员总数	比率
高中教师	88/71799	1：816
医生	318/151132	1：475
牙医	240/39997	1：167
律师	788/114704	1：146

资料来源：HUE22.517.72 Proposals for a graduate school of education，1917。

首先，教育领域的师资和教学管理人员的培训需求是非常大的。1917
年，全美的男性中学教师总共有 30867 人，其中马萨诸塞州有 1413 人，
即使是从哈佛毕业然后到中学教书的老师中，也有一半以上的人没有接受
过专门的教学培训；马萨诸塞州公立高中的校长共有 257 名，从哈佛毕业
的只有 33 位。[①] 当时美国的许多州都要求中学教师必须接受过专业培训，
例如加州要求中学老师要有一年的研究生级别的专业培训；有许多城市要
求教师晋升必须有高级进修的经历，如特伦顿市、纽约市、洛杉矶等；还
有一些学校对师资培训给予积极支持，比如当时的圣保罗中学就筹措了专
门的资金资助愿意回母校教书的校友接受培训。[②]

其次，筹建报告还认为，学校系统处于不断的变化之中，城市和州政
府实施的新措施以及学校必须应对不断出现的新的社会问题，使教育领域
有层出不穷的新问题有待研究：州政府需要给所有教师颁发资格证书吗？
大学的入学要求应该是什么？大学的生均成本是多少？再比如，当时美国
的中等教育正在酝酿新的变化，这势必使师资以及学校管理人员的再培训
成为必要。所有这些都是有待大学层次的教育学院回应的社会需求。

再次，当时美国在一些特殊的教育领域急需师资。（1）职业指导
（vocational guidance）方面。筹建报告指出，许多地方的中等学校已经开
始重视职业指导，如费城、芝加哥、奥克兰等，波士顿在这方面处于领先
地位，波士顿对在高中担任"职业指导助理"（vocational assistant）的人

————————

① Division of Education，Faculty of Arts and Sciences，Proposals for a graduate school of education，Harvard Unversity，1917：10.

② Ibid..

员有专门的考试，并要求所有的老师对职业指导的理论和实践有所了解，对在这方面受过专门训练的主管更是迫切需要的。另外，工厂的经理们也需要对职业指导有所了解。因此哈佛教育学院在这方面可以大有作为。（2）职业教育方面（vocational education）。依据职业教育的相关法案将要对职业教育提供联邦资助，要实施这一工作需要大量具备职业教育方面知识的工作人员，学校里的教师、校长、学监、主管同样需要这方面的知识理论进行实践运作。而且不断涌现的职前教育学校、继续教育学校、职业夜校、家政学校等都更进一步说明即将建立的哈佛教育学院将面临的是多么迫切的社会需求。（3）移民教育方面。当时美国的移民教育还是一片未被开发的处女地，教育学院在这一领域有大量的工作可以做：要让大学意识到移民教育的重要性以及它不同于其他教育问题的独特性；深入研究移民的需求、目标以及如何实现目标；收集有外来移民市镇的相关数据，特别是关于移民学校的数据，以及具备成功应对移民问题的市镇的相关经验的数据；应对移民学校的管理问题：学生的分类，教师的筛选、培训、补偿、课程与大纲、学时、到课率等；培训学监、校长、教师成为移民教育的专家；成年移民的职业培训计划的设置等，与之相关的问题。（4）课外娱乐活动方面。美国当时有 480 个城市组织了具备教育意义的课外娱乐活动，对这些活动进行组织和管理的人必须拥有相当的行政能力和宽广的社会和教育视角。对这些活动市政的投入于 1916 年已达到 4234718.45 美元，其中仅薪酬方面的投入就几乎达到了两百万美元。[①] 美国的公立学校系统也越来越多地参与到课外娱乐活动中，不光是学生，也包括教师。而且无论从经济还是从效率的角度考虑，这一活动由教育董事会负责都比由其他的市政部分负责更合适。学监、校长、教师都觉得接受相关的培训对圆满实施课外娱乐活动变得越来越关键，并且当时教育家们也都达成了共识，都认为要充分地理解孩子和年轻人，就有必要熟悉玩耍的理论和实践。在孩子的教育中，有关玩耍的知识与有关孩子的知识一样，是教师除了自己的专业知识之外必不可少的。而哈佛教育学院可以在这方面的培训中有所作为。

---

① Division of Education, Faculty of Arts and Sciences, Proposals for a graduate school of education, Harvard Unversity, 1917.

二　哈佛教育博士专业学位的诞生

（一）教育学院的正式成立

1920 年，哈佛成立了与哈佛法学院、医学院、神学院、商学院平行的教育类专业学院——哈佛教育学院，为教师和学校官员提供专业技能训练（technical training）。

哈佛教育学院成立的目的有三个：

职前训练。为即将成为教师和学校官员的人提供入门训练：没有工作经验的学生将学习教育的一般原理和问题以及专业教育领域（如中等教育）的原理和问题，并接受学徒式的教学训练。

在职训练。为具备工作经验的教师和学校官员提供高级训练。有志成为中学校长、学监、师范学校教师、特殊教育专家和大学教育系教师的人，有机会研究专业问题。

研究训练。为对教育研究感兴趣的人提供训练。使对教育研究感兴趣的人能够从事独创性的教育研究和实验，并对教育管理做出建设性的贡献。

哈佛教育学院授予两种教育类专业学位：教育硕士学位（Master of Education，即 Ed. M. ）和教育博士学位（Doctor of Education，即 Ed. D. ）。美国第一个教育博士专业学位就此诞生了。

（二）哈佛初期教育博士的培养环节[①]

1. 入学条件

进入哈佛教育学院攻读教育博士专业学位必须满足以下要求：获得学士学位或者具备同等学力者；具备成功的教学经验；具备生物、心理和社会学的教育专业知识；咨询教育学院院长并获得同意入学的书面陈述；向学院教师提交书面学习计划并获得认可。

2. 学位要求

完成课程学习；通过学位候选人考试；撰写博士论文并通过答辩。

3. 培养过程

（1）课程要求

教育博士的学习年限最少两年，其中在哈佛至少连续学习一年。教育

---

① 哈佛 Ed. D. 培养环节的内容来自：Harvard General Catalogue Issue 1920—1921，page：468－493。

博士的学习课程包括三类：核心课程、专业课程、跨学科课程。核心课程包括教育社会理论、教育史、教育心理学（所有攻读教育博士学位的人都必须学习这三门课程）。专业课程为攻读者在特定的专业领域里必须学习的高级课程，具体选修哪些课程要征得学院教师的同意。跨学科课程：在经咨询教育学院院长和自己的专业导师后，攻读者还必须学习至少一门与自己专业领域相关的哈佛其他院系的课程。例如，专业方向为教育管理，其跨学科课程则可以为政府研究、社会学或统计；专业方向为教育心理学，其跨学科课程则可以学习生物；专业方向是教育史，其跨学科课程则可学习历史或哲学史。

（2）课程内容

教育学院总共提供43门课程，其中核心课程为教育社会理论、教育史、教育心理学三个方向，共7门课程；有7个专业方向（教育管理，初等教育，中等教育，教育统计与测量，职业教育，职业指导，游戏与娱乐）的专业课程29门；另还有高级研究性课程7门。详见表3-6、表3-7、表3-8。

表3-6　　　　哈佛教育博士学位诞生之初的核心课程设置

1. 教育社会理论	个体发展与教育；社会政策与教育；当代教育原理与教育问题
2. 教育心理学	教育心理原理与心理卫生；智力测量；学校卫生
3. 教育史	教育史

表3-7　　　　哈佛教育博士学位诞生之初的专业课程设置

1. 教育管理	美国城市学校系统的组织与管理；州公立学校管理；县、郊区学校管理；欧洲公立学校管理；教育管理中的问题；参与学校调查；州、市公立学校管理的当代趋势和问题
2. 初等教育	初等教育；小学教学与管理中的问题
3. 中等教育	教育统计与测量；中等教育原理；中学教学原理；中等学校教学实习；中等学校管理；中等教育史与比较研究；初中与中等教育重组计划；中等教育中的问题；中等学校测试与分级
4. 教育统计与教育测量	教育测量（入门课程）；教育测量（高级课程）；中等学校测试与分级
5. 职业教育	学校职业教育；产业教育；学校职业指导；在职职业指导；职业教育和指导中存在的问题
6. 职业指导	课程同职业教育
7. 游戏与娱乐	教育游戏；学校系统的游戏娱乐管理与开展；游戏与娱乐

表 3 - 8 哈佛教育博士学位诞生之初的高级研究课程设置

专业方向	对应课程
1. 教育心理学	教育心理学中的个体研究
2. 教育史	教育史中的个体研究
3. 教育管理	教育管理中的个体研究
4. 初等教育	初等教育中的个体研究
5. 中等教育	中等教育中的个体研究
6. 职业教育与指导	职业教育与指导中的个体研究
7. 游戏与娱乐	游戏与娱乐中的个体研究

（3）学位候选人考试

在被授予教育博士学位之前至少一年，攻读者必须通过一系列考试，通过这些考试才能获得教育博士学位候选人资格，这个考试被称作预备考试。考试内容是对五个教育领域进行全面的考核，其中两门是固定的：教育社会理论和教育心理学；另外三门考试由考生自己决定，但必须征得导师的同意。预备考试的目的是确认考生是否已经全面掌握了教育领域的知识，这些知识对于胜任高层次的教育领域职位是必不可少的。

（4）学位申请和论文撰写

攻读者必须递交书面的学位申请，写明自己的专业领域、研究主题和打算撰写的论文题目，在征得学院教师同意后，还必须获得教育学院院长的书面认可，表示同意进入论文撰写阶段。论文的撰写主要是为了让学生展示自己已经具备了独立研究的能力。对论文的撰写也规定了很多具体的要求，比如：研究的选题要精准，不能过于宽泛，研究方法要明确，研究资料要具备研究价值，研究结论的依据要充分。总之，论文要对所研究领域的知识有创新性的贡献，或是通过运用已掌握的知识带来重大和有价值的建设性的结果。

（5）获得学位的最终考试

要获得教育博士学位，还必须通过最终的考试。参加考试的前提条件是完成论文，并且论文得到学院教师的认可。考试是口头的，分为两个部分：一部分是论文答辩；另一部分是就与论文密切相关的领域，向学位候选人提问。

三　初期教育博士专业学位教育的特点

哈佛极为重视教育博士的培养质量，在培养过程中存在一环扣一环、密集的质量控制机制。首先，入学的起点高，必须有学院、大学或得到认可的机构颁发的学士学位。其次，入学后必须完成相应课程的学习，而且完成了课程学习并不一定能保证可以获得学位，还必须达到学院教师认可的学术水平，并通过初级考试才能获得博士候选人的资格，进入论文答辩程序。再者，进入论文答辩程序后的质量控制并未停止，在论文的选题、内容、论证等各个方面都有要求，直到被最终认可，候选人才来到了获得学位的最后一关：论文答辩。最后，只有通过了论文答辩，才可以获得学位。

注重跨学科知识在培养中的体现。在课程学习时就要求至少有一门与专业相关的，来自哈佛其他院系的学科知识的学习，在论文答辩中，除了就博士论文进行审视外，还要严格审视候选人对于和自己论文主题相关领域的熟悉程度，这些都表明哈佛在对教育博士的培养中是非常重视跨学科知识的。

对教育博士的培养非常重视实践经验。首先，欢迎具备成功教学经验的教育工作者攻读教育博士，所以在入学条件中有一条明确的规定："具备成功的教学经验"，而且还要求必须有相关的证明能说明这一点。其次，对于那些刚毕业还未参加过工作的大学毕业生，也是要求有实践经历的，所以在同一条入学条件中指出："在选拔教育博士候选人的初步测试之前具备成功的教学经验"；如果没工作过，可以选择在初步测试之前取得实习的机会来获得教学经验。再者，哈佛充分利用自身强大的学术资源为学生提供实习机会，以获得实践经验。哈佛与剑桥区域的教育机构建立了密切的联系，这些教育机构从幼儿园到大学都有，方便了学生的实地工作（field-work）。另外，对于有兴趣从事研究的学生也提供了实际从事研究的机会，当时教育学院许多教师都有机会参与教育调查，学院对合格的学生提供加入到这些调查的工作中去的机会。

教育博士学位的学习机制非常灵活。首先，对成功教学经验的获得，只要是在初步测试之前获得就行。其次，学位要求中规定获得学位必须至少有一年在哈佛连续的学习，同时也规定，如果学生在参加实地工作和教育学院暑期学校学习时，有教育学院教师指导和推荐，这部分学习时间可以算作在哈佛连续学习的一部分。再有，对于初步测试的科目，如在其他正规大学里学习并通过，或已具备这方面的知识并得到教育学院教师的认可，则可以免除一到两门这样的考试。这样的安排是考虑到，教育博士学位的培养对象，既包括在职的教育工作者，也包括刚毕业打算从事教育工作的毕业生；既面向对教育实践感兴趣的人，也面向对教育研究感兴趣的人。

第三节　美国教育博士专业学位教育的发展

一　1940 年之前的发展

哈佛教育博士培养的影响力不断扩大，这使美国另一重量级高等教育机构——哥伦比亚大学师范学院备感压力。1934 年，时任哥伦比亚大学师范学院院长的威廉·弗莱彻·罗素（William Fletcher Russell），在师范学院设立了哥伦比亚大学的第一个教育博士学位，面向广大教育从业人员，与教育哲学博士学位并存。该学位的培养时间为三年，培养内容包括：课程学习，书面和口头的考试，一篇项目报告。[1] 其中课程学习的内容应覆盖教育工作者实际工作中出现的问题，最初这些课程包括教育史、教育心理学、教育哲学、教育社会学，后来这一范围得以扩展，还包括了教育管理、教育督导、课程与教学。书面和口头的考试，是为了评估学生是否适合特定领域的专业领导。项目报告是就某教育活动和服务所做的报告，旨在考查学生是否具备了专业应用方面的能力。项目报告的题目选择范围比教育哲学博士要广得多，例如，还包括了新课程教学大纲、某个州或地区的课程开发、管理和组织改革的建议。

哥伦比亚大学的教育博士培养项目发展很快，到 1941 年为止，该校每年授予的教育博士学位数量已接近该校每年授予的教育哲学博士学位的数量。[2] 相比于哈佛，师范学院的教育博士培养有其自身的特点：开设的课程更多，课程学习的内容更倾向于解决教育工作者实际工作中出现的问

---

① Cremin, L., The Education of the Educating Professions, Paper presented at the meeting of the American Association of Colleges for Teacher Education, 1978: 18 - 19.

② Ibid., p. 19.

题，学员最后完成的是一篇就某教育活动和服务所做的项目报告而不是传统的博士论文。

之后，许多大学都跟随哈佛和哥伦比亚大学的步伐，纷纷建立教育学院，提供研究生教育。1900—1940 年间，包括伯克利、斯坦福、密歇根在内的许多大学都建立起了教育学院，提供研究生教育，授予教育博士学位或教育哲学博士学位；有的则两种都授予。在 1930—1940 年期间，全美授予的教育博士学位总数达 804 个，所授予教育哲学博士学位的总数达 2731。①

二 1940—1970 年的发展

二战后，美国经济迅猛发展，生产的科学化程度进一步提高。经济发展同时也带动了社会其他领域的发展，极大地促进了各领域对高层次人才的需求，也进一步推动了专业学位教育的壮大，在此背景下，美国教育博士专业学位教育进一步发展起来。同时，教育专业在美国也逐步崛起。二战后，得益于《退伍军人权利法案》的颁布和实施，大批退伍军人涌入大学，美国大学规模急需扩大或设立新的院校。再加上经济与科技的较快发展，使高等学校的层次结构与科类结构更为复杂多样，以适应社会新的需求。这些都使教育领域产生了一些亟待解决的新问题，为解决这些问题，教育专业开始崛起，特别是高等教育，作为一个新的学科领域迅速发展起来。

第二次世界大战结束到 20 世纪 70 年代，特别是 60 年代，是美国研究生教育的繁荣时期。这一时期，整个教育专业都得到了很大的发展。与其他专业相比，教育类博士是增长幅度最大的，从 1950 年的 13% 增加到了 21.8%（见表 3 - 9）。②这期间美国教育博士专业学位教育也在美国进一步发展壮大。1947 年，美国有 31 所大学建立了教育博士专业学位点；20 世纪 50 年代末，有 92 所大学授予一种或者两种教育博士学位。③

---

① Hollis, E. V., Toward Improving Ph. D. Programs, Washington D. C.: American Council on Education, 1945: 98.

② 陈庆华、沈跃进：《美国研究生教育的历史研究》（中），《学位与研究生教育》1993 年第 2 期。

③ 邓涛：《国外教育专业博士教育的成效与问题——兼谈对我国开展教育博士专业学位教育的思考》，《学位与研究生教育》2009 年第 8 期。

表 3 – 9　　　　　　1950—1975 年美国博士学位的科类分布（%）

年度	人文科学	社会科学	管理科学	教育	理科	工科	农科	医科	艺术
1950	18.7	11.8	6.9	13	31.2	7.6	7.7	2.2	0.9
1955	14.6	9.8	6.4	11.1	42.2	6.9	5.8	2.1	1.1
1960	15.3	10.9	4.7	12.5	41.1	8.2	4.6	1.3	1.5
1965	13.2	9.2	1.9	16.4	38.6	13.1	2.9	1.1	2.6
1970	13	9.8	2	19.7	35.7	12.8	2.4	1.2	2.5
1975	15.7	11.6	3	21.8	30.6	9.9	2.9	1.8	1.9

　　资料来源：陈庆华、沈跃进：《美国研究生教育的历史研究》（中），《学位与研究生教育》，1993 年第 2 期。

三　20 世纪 70 年代至今的发展

　　20 世纪 70 年代以后，各国对高等教育越来越重视，高等教育改革在全球范围展开，改革迫切需要得到高等教育理论的指导，于是越来越多的国家开始重视对高等教育的研究，也有越来越多的人进行高等教育研究。除专业人员外，许多政府官员、高等教育管理人员等都参与了研究，美国高等教育研究机构和研究队伍迅速壮大，同时大量的高等教育理论著作得以出版，比较有代表性的包括布鲁贝克的《高等教育哲学》，伯顿·克拉克主编的一系列高等教育丛书等。

　　在理论的指导下，美国教育类博士生的培养也迈上了一个新的台阶。据 1991 年的一个调查，美国教育方向博士生教育已经发展出了学术管理、高等学校管理、社区学院管理、学生人事管理、课程与教学、高校财务、院校研究、计划、政策研究、成人教育、高等教育基础、比较教育等 12 个专业方向。[1]1960 年哥伦比亚大学师范学院已经在教育方向开出了 43 门不同课程；1990 年，教育类课程达 124 门，2000 年增加到 284 门。[2]教育方向博士生毕业后一般是在大学或学院从事初级和中级管理工作，也有的在政府部门从事与高等教育相关事务的工作，或是在大学或学院做教师搞

---

　　① 李琴涛：《中美高等教育学博士生培养模式比较研究》，硕士学位论文，大连理工大学，2007 年。

　　② Altbaeh, P. G., Engberg, D., *Higher education: A world wide inventory of centers and pro-grams*, Phoenix: ORYX Press, 2001.

研究以及在研究学会做研究人员。

进入 90 年代，国际政治格局发生变化，国际竞争逐渐转变为国家间的相互合作，在这个背景下，高等教育国际化的思想日渐兴起。美国教育类博士生教育也同样受到了国际化思潮的影响，美国大学通过协作研究一些国际性的问题，通过设立国际化的课程、加强留学生教育等方式来实现高等教育的国际化。[①]

这一时期，美国教育博士专业学位教育持续发展，到 1983 年，美国可以授予教育博士专业学位的学位点增至 167 所；1995 年，在美国 127 个教育管理博士点中，有 61 个只授 Ed. D. 学位，有 43 个既授予 Ed. D. 又授予教育哲学博士学位（Ph. D.）。[②]到 2005 年，美国已经有 250 所高等教育机构授予教育领域的博士学位[③]，其中至少有 180 所以上的机构授予 Ed. D. 学位[④]。2007 年的统计资料显示，美国研究综合型大学、研究密集型大学和一类硕士教育层次的高等教育机构中分别有 74%、80% 和 81% 的机构授予 Ed. D. 学位[⑤]，多数高校同时授予 Ph. D. 和 Ed. D. 学位，此时，教育博士学位教育与教育哲学博士学位教育在美国已形成两者并重、共同发展的局面。

本章小结

本章研究了美国教育博士专业学位教育孕育、诞生和发展的过程，从历史的角度对美国早期博士生教育、教育类研究生教育、哈佛教育博士的诞生及其培养特点以及美国教育博士专业学位教育的发展进行了研究。

---

① 李琴涛：《中美高等教育学博士生培养模式比较研究》，硕士学位论文，大连理工大学，2007 年，第 12 页。

② 邓涛：《国外教育专业博士教育的成效与问题——兼谈对我国开展教育博士专业学位教育的思考》，《学位与研究生教育》，2009 年第 8 期。

③ Shulman, L. S., "Reclaiming education's doctorates: a critique and a proposal", *Educational Researcher*, Vol. 35, No. 3, 2006.

④ 文东茅，阎凤桥：《美国"教育博士"（Ed. D.）培养及其启示》，《国家教育行政学院学报》，2004 年第 3 期。

⑤ Levine, A., "Educating Researchers", *The Education Schools Project*, 2007：39.

美国博士生教育可以追溯到 19 世纪中期，是美国工业革命、西进运动以及德国大学影响共同推动的结果。1860 年，耶鲁学院设立美国第一个哲学博士学位，并于 1861 年授予了美国历史上首个哲学博士学位，标志着博士生教育和博士学位制度在美国的产生。美国早期博士学位的授予数量非常的少，当时可以授予博士学位的学院也为数不多，然而博士教育的形式却各式各样，极不规范。

最初，美国教育人才主要通过课程的发展来培养。1890 年，师范学院（现为哥伦比亚大学师范学院）首次开设结合心理学和社会学的教育类课程。1891 年，哈佛也建立了一门旨在为教师提供系统培训的教育类课程。1893 年，美国第一个教育哲学博士学位出现在师范学院，之后，其他大学的教育学院也陆续开设了教育哲学博士学位。

在专业化运动的推动下，1920 年，哈佛成立了哈佛教育学院，并设立了世界上首个教育博士学位，为教师和学校官员提供专业技能训练。哈佛教育学院和新学位的设立主要出于以下几个方面的考虑：首先，哈佛原有的教育类课程培训有了很大的发展；其次，建立教育学院并授予博士学位符合哈佛当时的发展战略，即致力于建立独立的、研究生层次的专业学院，提升哈佛在教育领域的学术优势地位及在全美范围的影响力；最后，建立教育学院并颁发博士学位也符合当时的社会现实需求：一方面，教育领域对师资和教学管理人员的培训需求非常大，另一方面，教育领域层出不穷的新问题也有待高层次的教育专家去研究。

早期哈佛教育博士学位教育的培养具有以下的特点：（1）对培养的质量极为重视；（2）课程设置注重跨学科知识的学习；（3）学习时间灵活机动，以适应学生多为学校在职人员的实际情况；（4）从招生到培养的整个过程都非常重视实践经验。哈佛教育博士学位教育初期受到了广大教师的热烈欢迎，招生人数持续快速增长，在美国的影响也迅速扩大。

哈佛教育博士培养的影响力不断扩大，这使美国另一重量级高等教育机构——哥伦比亚大学师范学院备感压力。1934 年师范学院也设立了教育博士学位，相比于哈佛，师范学院的教育博士培养有其自身的特点：开设的课程更多，课程学习的内容更倾向于解决教育工作者实际工作中出现的问题，学员最后完成的是一篇就某教育活动和服务所做的项目报告而不是传统的博士论文。

之后，许多大学都跟随哈佛和哥伦比亚的步伐，纷纷建立教育学院，提供研究生教育，授予教育博士学位或教育哲学博士学位，或两种学位都授予。两次世界大战期间，美国经济迅猛发展，生产的科学化程度进一步提高，对各领域高层次人才的需求随之增加，教育类博士的数量急剧增加，教育博士专业学位教育进一步发展壮大起来。20 世纪 70 年代中期以来，高等教育改革几乎遍及世界上的每一个国家，改革迫切需要得到高等教育理论的指导，愈来愈多的国家开始重视高等教育研究，美国教育类博士生的培养也迈上了一个新的台阶。进入 20 世纪 90 年代，国际政治格局发生了改变，高等教育国际化的思想日渐兴起，美国教育博士专业学位教育持续发展，并在国际化思潮的推动下对其他国家的教育博士专业学位教育的诞生和发展产生了重要的影响。

第四章

美国教育博士专业
学位教育的类型特征

美国教育博士专业学位教育发展迅速，但很快问题也出现了：美国教育领域先后出现了两种博士学位：1893 年诞生在哥伦比亚大学师范学院的教育哲学博士学位（Ph. D.）和 1922 年诞生在哈佛大学的教育博士专业学位（Ed. D.）。对于同时存在的这两种学位，人们自然会将其进行比较：这两者间有无差别？是否应该有差别？应该有哪些差别？事实上，在 Ed. D. 过去近百年的发展历程中，对美国教育领域的这两种博士学位的争论从未停止过，争论的焦点主要集中在这两种博士学位培养方式趋同这一问题上。

第一节 Ph. D. 与 Ed. D. 之争

一 20 世纪 30—50 年代：两种学位没有实质性差别

早在 1930 年，就有学者对哈佛大学、波士顿大学、霍普金斯大学、斯坦福大学和南加州大学的教育博士培养过程进行了调查，发现这几所大学的教育博士培养只是略微不同于传统的哲学博士。[①] 1931 年福里曼（Freeman）对 13 所颁发 Ph. D. 和 7 所颁发 Ed. D. 的大学进行了调查，调查的目的在于归纳 Ed. D. 和 Ph. D. 在学位要求上的差异。[②] 调查仅发现了两点不同之处，第一，最初两个学位都有外语要求，但逐渐地大部分教育博士学位都取消了外语要求；第二，攻读教育博士学位的学生要求有教育

---

① Freeman, F. N., *Practices of American Universities in Granting Higher Degrees in Education: A series of Official Statements* (Vol. 19), Chicago: University of Chicago Press, 1931: 1.

② Ibid. .

实践经验，教育哲学博士学位则没有这一要求。到了 50 年代末，对于这两种学位差异的讨论又浮出了水面。路德罗（Ludlow）受美国教师教育学院联合会（AACTE）的委托，于 1956—1958 年间对 91 所教育学院的博士学位获得者进行了为期两年的调查，结果发现两种学位获得者在智力、能力、职业成就方面都不存在太大的差别。①

二　20 世纪 60—80 年代：仍然按照既定模式培养

1963 年，爱尔斯（Eells）也就入学要求、资格考试的性质、博士论文的性质等方面对这两种学位教育进行了对比，结果也发现两者难以区分。② 尽管研究结果表明两种博士学位的培养趋同，但各院校并未在区分两种博士学位上采取任何行动，仍按既定的模式进行，越来越多的院校授予教育博士学位，越来越多的人攻读并获得教育博士学位。1983 年安德森（Anderson）对这两种学位的异同进行的调查中，提到了教育博士学位教育的迅速发展：1930 年美国仅有三所高校授予教育博士学位，而到了 1980 年，共有 128 所高校授予教育博士学位，其中有 86 所既授予教育博士学位，也授予教育哲学博士学位；越来越多的高校同时授予两种学位，并且有越来越多的学生同时拥有两种学位。另外，安德森还发现，尽管两种学位没有实质性差别，但教育哲学博士学位往往被认为是一种学术性学位，其培养方向是从事学术研究；而教育博士学位则被看作是一种专业学位，其培养是指向实践的。③

三　20 世纪 90—21 世纪初：是否有必要保留两种学位

（一）两者取一观

到了 20 世纪 80 年代后期，争论的焦点转移到教育领域的这两种博士学位是否有必要同时存在。1988 年，克里福德（Clifford）与格思里（Guthrie）撰文对美国顶尖大学的教育学院进行了研究，他们建议在美国教育学院实行激进的改革，废除教育哲学博士学位，使教育学院专注于专

---

① Ludlow, H. G., The Doctorate in Education, Washington, DC: American Association of Colleges for Teacher Education, 1964.

② Eells, W. C., Degrees in Higher Education, Washington, DC: The Center for Applied Research in Education, 1963.

③ Anderson, D. G., "Differentiation of the Ed. D. and Ph. D. in Education", *Journal of Teacher Education*, Vol. 34, No. 3, 1983.

业学位教育，以培养学校教师和教育领导，他们的大胆倡议是基于他们的这一理念：卓有成效的专业教育是维持和提高教师队伍有效性的保证。[1]

1998 年迪尔瑞（Deering）在对 50 所大学的教育学院所授予的教育哲学博士学位和教育博士学位进行研究后得出结论，为了解决两种学位混淆不清这一长期令人困扰的问题，应该废除教育博士学位。[2] 在迪尔瑞的研究中，他对这些教育学院授予的两种学位的论文、所教授和运用的研究类型以及毕业生的就业模式做了研究。他发现，尽管人们普遍认为教育哲学博士的论文是为了产生新知识，而教育博士的论文是为了解决实际问题；但学生们的论文并没有实质性的差别，攻读两种学位的学生都运用定性和定量的研究写出了差不多的论文。而且迪尔瑞发现，所有 50 个教育学院（无论来自大型研究型大学还是来自小型的新兴大学）的毕业生中，毕业后在教育学院谋得职位的人里，既有获得教育博士学位的，也有获得教育哲学博士学位的。基于以上发现，迪尔瑞认为教育领域没有必要同时存在两种最高学位，应当废除教育博士学位。

（二）两者并行观

然而，多数学者并不赞同取缔其中一种学位的极端方式，同时也认为这种极端方式在现实中缺乏可操作性，他们认为解决问题的根本方法是区分这两种学位并使两种学位的培养都得到提升，持此观点的比较有代表性的学者有布朗（Brown）和舒尔曼（Shulman）。针对克里福德与格思里的看法，布朗认为极为荒唐，并撰文予以反驳。布朗进行了一项针对 42 所大学的研究，就其博士生课程的特点、职业抱负、学位区分方面对教师和学生进行了访谈，并得出结论：这些学校的教育学院的博士学位课程设置合理；尽管除了所教授和完成的研究的类型有所不同外，这两种学位几乎没什么差别，但对于教育哲学博士学位更受欢迎这一事实基本不存在异议。[3]

2006 年，舒尔曼等学者在《教育研究者》上，共同撰写文章呼吁各

① Clifford, G. J., & Guthrie, J. W., *Ed School: A brief for a Professional Education*, Chicago: University of Chicago Press, 1988.

② Deering, T. E., "Eliminating the Doctor of Education Degree: It's the Right Thing to Do", The Educational Forum, Vol. 62, 1998.

③ Brown, L. D., A Perspective on the Ph. D. -Ed. D. Discussion in Schools of Education, Paper presented at the American Educational Research Association, 1991.

大学的教育学院直面这一问题：两种学位教育混淆不清，致使教育学院既不能胜任创造新知识的使命，也不能胜任培养合格教育从业者的使命。他们认为解决问题的方法应是区分这两种学位，并使两种学位的教育都得到提升。[①]

第二节　Ph. D. 与 Ed. D. 之争的历史解读

为什么美国教育领域会出现两种博士学位？为什么这两种学位的培养模式几近相同，难以区分？考察美国教育类博士学位教育的早期发展历程能为这些问题找到答案。正如克莱明指出的，实际上，这一问题的根源从教育领域最初开始设置博士学位时就已经埋下了，[②] 并且随着时间的推移，这种混淆并未得以消除，而是愈演愈烈。

一　哥伦比亚大学的 Ph. D. 未能成功转型

1893 年，美国的第一个教育类博士学位出现在哥伦比亚大学的师范学院，成为教育领域的最高学位，也是当时教师教育的最高层次。1898年，罗素（James Earl Russell）就任哥伦比亚大学师范学院的院长，他决定依据自己对教师教育的理解，对师范学院的教育哲学博士学位教育进行改造，试图打造教育类专业教育的新模式，以此提升教育类专业教育的水平。[③] 其施行的课程改革试图突出四个方面的内容，即人文知识、学科知识、教育专业知识和教育专业技能。除了课程方面的改革外，罗素还提高了入学标准，延长了课程学习时间，并且与州教育部门、专业团体以及其他大学教育系的教师建立了长期的联盟。另外值得一提的是，罗素的改革模式也注重实践，认为教师的职业技能必须在教学实践中获得，即在试验学校里的有指导下的实习中获得。

罗素的教师专业教育模式与当时的两种著名专业教育模式，即哈佛法学院兰德（Langdell）推行的法律专业教育模式和霍普金斯医学院韦尔奇

---

① Shulman, L. S., Golde, C. M., Bueschel, A. C. & Garabedian, K. J., "Reclaiming Education's Doctorates: A critique and a Proposal", *Educational Researcher*, Vol. 35, No. 3, 2006.

② Cremin, L. A., The Education of the Educating Professions. Paper presented at the American Association of Colleges for Teacher Education, 1978.

③ Ibid., p. 14.

（Welch）推行的医学专业教育模式有相似之处：三种模式都认为大学里提供的是最好的专业教育；都重视新知识和新科技，并将专业教育建立在科学的基础之上；都注重将课堂所学应用到工作实践中，并且都为学生精心设计了从大学课堂过渡到工作实践的场所：律师事务所、教学医院、实验学校。这种相似，体现了19世纪末的专业抱负和学术扩张的氛围，反映了当时人们利用科学知识造福于人类的信念，得益于当时经济快速发展情况下出现的众多新工作，而这些工作需要具备专业知识的人员来从事。罗素的改革思路与兰德和韦尔奇如此接近，也并不是偶然的，当时的学科分化远不及现在这么深入，各个学科的领导人相互间都很熟悉：罗素也曾留学德国，与韦尔奇的同事常有书信来往；早在罗素担任师范学院院长之前，哥伦比亚大学师范学院的董事们与哈佛当时的校长艾略特以及霍普金斯的校长吉尔曼已有密切的联系。① 而且教育同医学、法律一样，都是非常注重实践和应用的领域，这是由教育本身的特点所决定的，罗素也正是意识到这一点，才构建了他试图推行的教育类专业教育的改革模式。这一模式如果在当时得以彻底地贯彻实施，或许教育类专业教育也就走出了一条类似医学和法律的极具影响力的专业教育之路。

遗憾的是，罗素设想的专业教育模式并未在哥伦比亚大学师范学院的教育哲学博士培养的改革中得以彻底贯彻，随着时间的推移，该校教育哲学博士培养的具体要求变成了：在教育学院以外的其他系学习过研究生课程；在教育学院学习教育心理学、教育史和教育哲学的课程；两门实习课，其中至少一门是在教育的专门领域内的实习；撰写博士学位论文，论文要能体现独立思考以及在特定领域内增进知识的能力。正如克莱明指出的，这些要求并未彻底贯彻罗素的改革模式所强调的四方面内容：（1）人文知识的教育，除了要求入学者具备学士学位外，便无从体现；（2）学科知识的教育，在开始时确实有要求学习者修习哥伦比亚大学除教育外的其他研究生课程，但这一要求没过多久就取消了；（3）教育专业技能方面的教育，学生的实习课和学位论文关照的都不是教育专业实践的问题，而是注重理论性的问题：实习课所强调的是知识而不是技能，学位论文也只是从历史和统计的角度理论性地研究教育问题；（4）教育专

---

① Cremin, L. A., The Education of the Educating Professions, Paper presented at the American Association of Colleges for Teacher Education, 1978：14 – 15.

业知识的教育，只有这一项被保留了下来，但所涉及的内容也仅包括：教育心理学、教育哲学和教育史。①

美国教育领域的第一个最高学位，哥伦比亚大学的教育哲学博士学位，未能实现罗素的专业抱负，没能成功转型为教育类专业教育，其培养方式逐渐成为其他学科传统哲学博士学位的翻版。

二　哈佛大学的 Ed. D. 被打上学术烙印

1920 年，在成功募集到了两百万美元的捐赠后，哈佛成立了自己的教育学院，由亨利·霍尔姆斯（Henry Holmes）担任第一任院长。霍尔姆斯并不是大学学术研究的推崇者，他敏锐地察觉到哈佛参与到为教育者提供专业培训中的价值，于是在哈佛教育学院设立了两种新的学位：教育硕士学位（Ed. M.）和教育博士学位（Ed. D.），这两种新学位的培养对象是有意在学校系统谋求更高职位的教师和学校管理人员。②

教育博士的入学条件包括：（1）从正规的机构或大学获得学士学位或者具备同等学力者；（2）有可靠的依据证明具备成功的教学经验；（3）有可靠的依据证明具备生物、心理和社会学的实践知识。③ 教育博士学位有五个专业方向，课程学习有三个方面的内容：核心课程、专业课程、跨学科课程。要获得博士学位，必须在课程学习完成后通过综合考试，并撰写学位论文。通过学位论文的撰写，"使学生能运用已有的知识进行独立研究，以获得具有重大价值的建设性结果"④。该学位的培养目标是："通过严格的学习过程，提升学生以前的知识和技能，使他们能够更好地胜任学校的领导职位。"⑤

霍尔姆斯院长不但看到了为这些年长的、有经验、有抱负成为学校管理人员的男性教师提供培训的远大前景，同时更预见到教育学院从哈佛文理学院研究生院独立出来的需要。他认为哈佛教育学院授予教育博士学位

---

① Cremin, L. A., The Education of the Educating Professions, Paper presented at the American Association of Colleges for Teacher Education, 1978: 19 - 20.

② Graduation School of Education. Harvard General Catalogue, 1920 - 1921.

③ Ibid. .

④ Cremin, L. A., The education of the educating professions, Paper presented at the American Association of Colleges for Teacher Education, 1978: 19 - 20.

⑤ Ibid. .

和教育硕士学位，"标志着教育学院从文理学院研究生院的独立"，"意味着对教育的专业追求的认可"，"是教育的威信和独立的象征"，而且"能吸引到更多的学生就读"。① 然而，霍尔姆斯的同事担心，这两种新学位可能会被认为含金量不如传统的哲学博士学位和文学硕士学位（A. M.），于是，霍尔姆斯试图也同时授予教育哲学博士学位。然而，当时信奉学术权力下放的哈佛校长劳威尔认为，教育学院没有必要同时提供两种教育类博士，于是，"将哲学博士学位的控制权全部划归文理学院"②，而教育博士学位则全部交由教育学院掌控，自此以后，哈佛在教育领域就只授予一种博士学位：教育博士学位。

　　然而，将哈佛大学的教育博士学位与哥伦比亚大学的教育哲学博士学位做一比较，可以发现二者尽管存在不同，但更多的是相似：哈佛大学提供的课程比哥伦比亚大学少，学位论文的选题范围比哥伦比亚大学大，但具体到学生所做的论文题目，两个学校又非常相近。用克莱明的话来说，"这两种博士学位非常相似，差别只在于它们来自不同规模和特点的两所高等学府"。③

　　这两种学位一开始就难以区分，是事出有因的。哈佛教育学院首任院长霍尔姆斯并不是高深学术研究的推崇者，哈佛教育学院成立后推出的两个新学位也是面向教育从业者的学位，所以培养中关注的重点应该是教育实践中的实际教学和管理服务④。然而，劳威尔校长却希望把哈佛教育学院建成一所研究性机构。经过一番争论，霍尔姆斯为了"安抚校长"⑤，最终还是在教育博士的培养中包括了统计和研究课程，并规定要获得学位必须撰写博士论文，意在"使学生能运用已有的知识进行独立研究，获得具有重大价值的建设性结果"⑥。霍尔姆斯对劳威尔的妥协导致了两种学位最初的混淆，这看似是两个人的分歧，事实上反映了教育博士培养在研

① Powell, A. G., *The Uncertain Profession*, Cambridge, MA: Harvard University Press, 1980.

② Ibid. .

③ Cremin, L. A., The Education of the Educating Professions, Paper presented at the American Association of Colleges for Teacher Education, 1978: 18.

④ Powell, A. G., *The Uncertain Profession*, Cambridge, MA: Harvard University Press, 1980.

⑤ Ibid. , p. 146.

⑥ Cremin, L. A., The Education of the Educating Professions, Paper presented at the American Association of Colleges for Teacher Education, 1978: 17－18.

究取向与专业取向之间的矛盾。

众所周知，美国殖民地时期的学院主要受英国大学的影响。独立战争之后，由于美国与英国的决裂，以及 19 世纪德国大学的兴起，美国大学逐渐转向取法德国大学，许多学科开始设置教授职位，强调学术研究。另一方面，此时美国资本主义经济的高速发展使大学为社会服务的现实需求日益增强，促进了美国大学专业教育的发展。于是，这一时期研究与专业这两种不同的价值取向交织在一起，不断发生矛盾冲突，冲突的结果便是：哈佛教育学院新诞生的教育博士学位被打上了深深的学术烙印，未能实现霍尔姆斯创建教育领域专业教育新模式的初衷。

三 哈佛与哥伦比亚大学的示范作用

1934 年，时任哥伦比亚大学师范学院院长的罗素（William Fletcher Russell），在师范学院也设立了哥伦比亚大学的第一个教育博士学位，面向广大教育从业人员，与教育哲学博士学位并存。作为老罗素（James Earl Russell）的儿子，他试图将父亲专业教育的抱负体现在哥伦比亚大学的教育博士培养中去。

哥伦比亚大学 Ed. D. 的培养时间为三年，培养内容包括：课程学习，书面和口头的考试，一篇项目报告。其中课程学习的内容应覆盖教育工作者实际工作中出现的问题，最初这些课程包括教育史、教育心理学、教育哲学、教育社会学，后来这一范围得以扩展，还包括了教育管理、教育督导、课程与教学。书面和口头的考试，是为了评估学生是否适合特定领域的专业领导。项目报告是就特定的教育活动和服务所做的报告，旨在考查学生是否具备了专业应用方面的能力。项目报告的题目选择范围比教育哲学博士要广得多，例如，还包括了新课程教学大纲、某个州或地区的课程开发、管理和组织改革的建议。哥伦比亚大学 Ed. D. 培养项目发展很快，到 1941 年为止，该校每年授予的教育博士学位数量已接近授予的教育哲学博士学位的数量。[①]

哥伦比亚大学师范学院的教育博士学位相比于其教育哲学博士学位，

---

① Cremin, L. A., The Eucation of the Educating Professions, Paper presented at the American Association of Colleges for Teacher Education, 1978：19.

在课程设置中增加了更多的专业实践的内容，比如：课程中增加了教育管理、教育督导、课程与教学；学位论文的要求改为就某教育活动和服务所做的项目报告。这些都说明，该学位的培养更强调专业知识在实践中的应用，因此更接近老罗素最初的改革意图。然而，其培养内容除了教育专业知识之外，老罗素所强调的其他三方面，仍然没有体现。

再将哥伦比亚大学的 Ed. D. 与哈佛的 Ed. D. 进行比较，可以发现哥伦比亚大学的 Ed. D. 教育更接近真正意义上的专业教育。然而，更关键的却是，美国最早出现的这两个名称相同，宣称的培养目标也一样，且都来自美国高等教育界举足轻重的顶尖大学的博士学位，培养的方式却不一致！可想而知，这对其他大学可能引发的误解以及对此后新设立的教育博士学位可能产生的负面影响是难以估量的。

四　大学的不同诉求增加了维持现状的筹码

事实也证明确实如此，1925—1940 年间，包括加州大学伯克利分校以及斯坦福大学在内的众多大学纷纷效仿哈佛和哥伦比亚建立教育学院，为教育从业者提供博士学位教育，有的授予教育博士学位，有的授予教育哲学博士学位。例如，斯坦福大学教育学院授予教育博士学位，并借此独立于文理学院研究生院，但其宣称的培养目标却是大学的研究人员。于是，教育博士学位被进一步混淆，培养目标从教育领导变成了大学的研究人员，而且这样一来与文理学院研究生院授予的教育哲学博士学位构成了直接的竞争，结果造成教育博士学位的知识体系受到质疑。[1] 这期间，密歇根大学也开始授予教育博士学位，并宣传是面向那些有抱负成为教育领导的教育从业者，作为"市、州及联邦政府教育机构越来越需要大学培养的教育领导人才的直接回应"。[2] 这使大批的年轻人涌入教育学院，教育博士学位又变成了谋求学校里更高管理职位的专业证书。到 1940 年为止，授予教育博士学位的大学达到 22 所，授予教育哲学博士学位的大学则有

① Perry，J. A.，Reclainming the Education Doctorate：Three Cases of Processes and Roles in Institutional Change，Doctoral Dissertation，University of Maryland，2010.

② Clifford，G. J.，& Guthrie，J. W.，*Ed School：A Brief for a Professional Education*，Chicago：University of Chicago Press，1988，p. 72.

55 所。①

到 20 世纪中期，教育博士学位教育已被赋予了众多的功能：摆脱文理学院控制、培养大学研究人员、专业教育证书、建立大学专业学院（教育学院）以跻身学术殿堂的途径。面对如此众多的诉求，教育博士学位教育的培养目标更为模糊，与教育哲学博士学位的区分变得更为困难，而各教育学院也无意区分这两个学位，它们更关注的是通过设立教育博士学位期望达成的那些众多现实诉求。

五　两种博士学位混淆的其他因素

教育同医学、法律一样，是重视实践和应用的领域，这是由教育本身的特点所决定的。哥伦比亚大学师范学院院长老罗素正是意识到这一点，才构建了他试图推行的教育类专业教育的改革模式。然而遗憾的是，从哥伦比亚大学诞生的美国第一个教育哲学博士学位，到哈佛诞生的美国第一个教育博士学位，再到后来哥伦比亚大学出现的教育博士学位，这三次尝试都未能走出一条老罗素所期望的、体现教育自身实践性的特点、且具深远影响的成功教育类专业教育之路。教育哲学博士学位也好，教育博士学位也好，两者名称不同，但本意都应该是指向同一个事物的，那就是：具备教育自身特点、注重教育专业实践的教育类专业教育。然而，这两个实质上为同一事物的博士学位，以看似不同的面貌示人，最终都未能形成独特的专业教育模式。

随后，其他因素更进一步强化了这一趋同性。首先，当时以学术研究为取向的其他领域的传统哲学博士学位，在大学里已经享有崇高声誉，想要在大学这样一个以研究高深学问为己任的地方获取合法地位，免不了向其已有的并且占统治地位的模式靠拢。其次，教育学院自身结构上的特殊性，不可能囊括 "教育" 这一广义术语包含的所有专门学科，决定了学科知识（special scholarship）的教育不可能在教育学院进行，只能在其他学科的研究生院进行，或协作培养。而其他学科的研究生院也提供自己领域内的研究生教育，与教育学院的研究生教育是实质上的竞争者，根本不可能协作，并且由于自己的先来者地位，会不遗余

---

① Hollis, E. V. , Toward Improving Ph. D. Programs, Washington D. C. : American Council on Education, 1945: 86, 96.

力地推崇自己传统哲学博士学位的人才培养模式为合法的正统模式。再者，攻读教育学院博士学位的学生主要有两类，即今后从事学术研究的人和其他教育从业人员，后者所占比例远远超过前者，这部分学生主要是为了职位的升迁而来拿文凭的在职人员，他们已有相当的专业知识和技能，对培养内容是否有实质性的实践内容并不在意。而且鉴于传统哲学博士学位已经享有的崇高声誉，他们更愿意获得的学位是传统哲学博士学位，[1] 这更进一步促使了教育类博士学位培养模式趋同于传统哲学博士的培养模式。

以上的因素最终使教育领域的这两种博士学位都惯性地趋同于其他学科领域的传统哲学博士学位的研究型培养模式，这种趋同性既没有带来期望的尊重，也失去了自身的特点，屡屡遭人诟病。

第三节 Ph. D. 与 Ed. D. 之争的现实解读

一 Ed. D. 与 Ph. D. 应该有哪些差别

既然美国大学教育学院的 Ed. D. 培养与 Ph. D. 没有实质性差别，那么它们应该有差别吗？该有哪些差别呢？下面从培养目标、培养对象、课程学习、教学方法和学习方式、实习内容以及毕业设计内容儿个方面对 Ph. D. 和 Ed. D. 应该有哪些差别进行一个对比。

（一）培养目标

一般认为，教育哲学博士学位是学术性学位，目的是发展学术，生产新知识，重在理论研究；而教育博士学位是专业性学位，目的是应用理论，以解决教育领域的实际问题，偏重的是专业实践。教育哲学博士学位培养的是高等教育领域中的理论研究人才，如大学教师、研究人员、政府教育部门或教育专业组织中的政策分析人员等。教育博士学位培养的是教育领域的实践人才，如学校教师、管理人员，教育行政部门、教育专业组织行政机构、董事会及委员会中从事高级行政管理的专业人士。因而，两者的培养目标是不同的。

---

① Levine, A., "Educating Researchers", *The Education Schools Project*, 2007：43.

（二）培养对象

教育哲学博士学位的培养对象，是那些想成为大学、教育研究机构或政府教育部门的教师、研究人员或政策分析人员的人，入学时注重的应该是申请者的学术研究潜质，通常要求申请者拥有硕士学位。教育博士学位的培养对象，则是那些想成为教育领域的管理领导人才的人，因此入学时注重的应该是申请者的领导潜质，通常要求申请者具备教育领域的教学或管理经验。

（三）课程学习

美国教育类博士生的课程主要有核心课程和选修课程两个部分，核心课程一般包括理论基础课程、专业基础课程以及研究方法课程，选修课程则通常包括专业选修课程、跨学科课程、与学生研究方向有关的课程或是学生感兴趣的其他课程。但也有不同的做法，如有些大学的研究方法课程未包含在核心课程之中，而是将其划归选修课程的范围，如哈佛 2009 年新设立的教育领导博士项目（Ed. L. D. 项目）。还有大学将跨学科内容的课程包含在核心课程之中，如南加州大学的 Ed. D. 项目。

教育哲学博士学位教育与教育博士专业学位教育在课程要求方面的差异主要体现在核心课程和研究方法课程上。

核心课程：在核心课程的内容上，哲学博士的核心课程比较注重教育史、心理学和教育学等理论基础课程，而教育博士学位教育由于培养的是高级管理人员，因此核心课程应该在理论基础课程之上，更注重管理应用的内容，如教育组织与管理、教育机构的财政管理、教育政策与目标等。

研究方法课程：美国教育类博士生的方法类课程一般包括定量研究课程、定性研究课程、教育评估和统计课程等，开设方法类课程主要是为了提高学生的研究能力、评估技巧和撰写论文的能力。由于教育哲学博士更偏重于理论课题的研究，所以哲学博士需要学习更多的研究方法课程。美国各大学 Ed. D. 项目也要求学习研究方法课程，但学习的侧重点与 Ph. D. 不同，Ed. D. 的研究方法课程应该注重项目评估与测量，旨在发现并解决实践中的问题，同时评估问题解决的效果。

（四）教学方法和学习方式

教学方法：教育哲学博士学位教育注重的是理论研究，因此相应地采用传统讲座式的教学方法，而教育博士专业学位教育注重的是理论应用于实践，因此其教学方法应该是指向实践的教学方法，如问题解决模式的教学方法。

学习方式：Ed. D. 项目的学生，其学习方式也应该反映教育专业实践的特性，简单地说，就是能够体现教育管理人员真实的工作情形，比如项目管理、决策制定、团队协作，等等。因此 Ed. D. 项目学生的学习方式，也不同于教育哲学博士学位的学生在导师学徒式的指导下独立从事理论研究的方式。

（五）实习内容

由于教育哲学博士日后从事的是大学教学和研究工作，所以实习内容应当是研究性质的，比如充当教学助理，或在导师的指导下，与导师一起进行研究工作。而教育博士的职业目标是教育领域的管理人员，如学区学监、中学校长、董事会及委员会的高级行政管理等，所以其实习应该是在实地的教育管理岗位上进行，让学生了解教育各部门的日常运作情况，培养学生运用所学知识和技能解决教育领域现实工作问题的能力。美国大学由于拥有较大的学术自主权，因此在 Ed. D. 项目实习内容方面，往往根据各校的学术资源、生源情况、培养侧重点的不同情况而采取不同的形式。

（六）毕业设计

教育哲学博士毕业设计的目的是进行原创性理论研究，展现运用理论增进学科知识的能力，采用撰写博士论文的形式。教育博士毕业设计的目的是运用理论知识进行对教育实践有意义的应用研究，以解决教育领域的实际问题，而传统的博士论文不一定能够满足这种要求，因此美国一些大学的教育学院正尝试采用非传统的毕业设计，如顶峰项目（capstone project）等形式。

总之，Ed. D. 与 Ph. D. 之间应该具有上述一些的差别，其中最为关键的在于两者的培养目标是不同的，一个是培养教育领域的管理者，一个则是培养教育领域的研究人员；一个是实践指向，一个是理论指向。正是由于培养目标的不同，才会有培养对象、培养方式、培养评价的差异。美国教育管理大学联合会（the University Council for Educational Administration，简称 UCEA）主席杨（Michelle. D. Young）博士曾对 Ed. D. 与 Ph. D. 应有的差别进行过概括，详见表 4 - 1。

表 4 – 1　　　　　　　杨博士对 Ed. D. 与 Ph. D. 应有差别的分析

	Ed. D.	Ph. D
职业指向	教育机构或相关组织的管理领导（如：学监，学监助理，人事主管，课程负责人）	大学、研究所、教育机构的教师、研究人员、政策分析员
培养目标	培养有思想，能反思的教育管理领导，使他们具备识别和解决教育领域复杂问题的能力	培养有能力从事学术研究、促进知识增长的专业研究人员和学者
知识体系	增进知识并应用于实践：以研究为基础的内容、理论与实践相结合，注重的是知识体系的应用	增加理论性和概念性知识：是探究性的内容，注重的是理解领导实践与政策的关系
研究方法	对研究有个宏观的认识，包括了解行动研究中的数据收集技能，项目测量，项目评估，也可能包括管理统计和分析	类似相关学科的博士课程中涉及的方法，掌握探究、定性和定量研究，培养研究设计、分析、综合、和写作的能力
实习	实地实习，或与要从事职业相关的实习，并在实习中展现项目评估的能力	在大学里从事教学和研究实习，参加学术会议
综合知识测试	采用口试和笔试（如，综合考试）。用知识和行动证明有能力通过理论联系实际从而解决实际问题	运用口试和笔试考察是否掌握了所学领域的理论和概念知识，以及是否已具备运用研究增进知识的能力
毕业设计	设计合理的应用研究，对教育实践有启发意义。运用理论和知识以期解决教育实践中的问题	原创性研究，展现运用理论增进学科知识的能力
毕业设计评审委员会	论文答辩委员会中包括至少一位与候选人专业相关的实践领域的专业人员，以及外校教师	论文答辩委员会多为候选人所在学科的研究人员，以及至少一位来自其他学院或大学的教师

资料来源：Young, M. D.，"The M. Ed.，Ed. D. and Ph. D. in Educational Leadership"，*UCEA Review*，Summer 2006，XLV（2）：6 – 9。

二　消除 Ed. D. 与 Ph. D. 混淆的现实阻力

尽管两个学位混淆的问题早在 20 世纪 30 年代就有学者指出，然而直到现在仍然没能解决：大多数的教育学院既授予 Ph. D. 也授予 Ed. D.，两种学位没有什么太大差别，且培养模式都是研究取向的；还有一些大学的教育学院只授予 Ph. D. 或 Ed. D. 一种学位，但这种学位既授予未来的教育研究人员，也授予未来的教育管理人员。

这种混淆带来了一系列的问题，如果继续给想获得 Ed. D. 的学生颁发 Ph. D.，或者名义上颁发的学位是 Ed. D.，但却仍按照 Ph. D. 的方式培养学生，由于 Ph. D. 的培养方式是培养研究人员的，这样做显然满足不了想在教育管理领域有一番作为的学生的现实需要。而如果根据教育管理者的现实需求对 Ph. D. 的培养内容，特别是有关研究方法的要求作相应的调整，又会招致学界特别是文理学院同僚的质疑，认为这是在放水，是在人为地降低学术标准，授予学生的学位也因此会被称为"缩水版"Ph. D.[①]。所有这些问题的关键都在于，Ed. D. 没有根据学生的实际需求设计具备自身特点的专业学位教育培养模式，而是一味模仿 Ph. D. 。这就如同进行足球比赛，但使用的比赛规则却是篮球的规则，这样的球赛谁都不会欣赏。

既然如此，那究竟为什么这一混淆在一百多年后的今天仍然未能解决呢？原因是多方面的，亚瑟·莱文（Arthur Levine）曾就此做过细致的分析。[②] 归纳起来，区分 Ed. D. 与 Ph. D. 的现实阻力主要来自以下六个方面。

（一）资金上的问题

目前美国教育劳动力市场对教育管理从业人员的需求是巨大的，而且从教育管理专业化发展的趋势看来，这一巨大需求在今后也会持续下去。这一需求使得对 Ed. D. 的需求远远超过了对研究型学位 Ph. D. 的需求，这种需求差异导致教育学院 Ed. D. 的入学人数远远多于 Ph. D. ，因此 Ed. D. 项目给教育学院带来的经济收益也远远超过 Ph. D. 项目。另一方面，研究人员的培养不是短时间就能完成的，这是一个学术渗透与潜移默化的过程，学生必须在跟随教授共同从事研究的过程中，逐渐地养成学者的素质，最终成为一个合格的研究者，因此 Ph. D. 的培养需要花费大量的时间、精力、财力、物力。所以，即使研究型大学教育学院的教师更倾心的是培养 Ph. D. ，往往也必须有来自 Ed. D. 培养获取的大量资金的支持，这使许多教育学院愿意维持两种学位教育同时存在的局面。

（二）可获得性的问题

高等教育的趋同使得靠近高等教育系统底部的大学，都向高等教育系统顶部的研究型大学看齐，这导致许多非研究型大学积极致力于研究，致力于最终能够获取 Ph. D. 的授予权。然而，一般来说，教育学院向州教育管理部门申请获得 Ed. D. 的授予权比获得 Ph. D. 的授予权要容易。因此那些雄心勃勃的硕士学位授予大学，为了提高自己的学术地位，会先争取 Ed. D. 的授予权，以此为基础再努力跻身博士学位授予大学的行列。

---

① Shulman, L. S., Golde, C. M., Bueschel, A. C. et al, "Reclaiming Education's Doctorates: A Critique and a Proposal", *Educational Researcher*, Vol. 35, No. 3, 2006.

② Levine, A., "Educating Researchers", *The Education Schools Project*, 2007: 43 – 45.

之后，这些大学的 Ed. D. 培养就被赋予了实践和研究的双重目的：一方面，运用 Ed. D. 项目培养未来的教育管理人员，以获得 Ed. D. 项目带来的资金；另一方面，运用获得的资金引进研究取向的教授，培养研究的氛围，促进教师的研究活动，再以此吸引更多来自外部的研究资金，最终的目标是赢得那仅一步之遥的 Ph. D. 授予权。

（三）自治权的问题

美国各大学教育学院之所以效仿哈佛和哥伦比亚大学，纷纷授予 Ed. D.，很大程度上是出于政治上的考虑，即摆脱文理学院的控制。Ph. D. 传统上是文理学院研究生院授予的，处于文理学院的管辖范围。如果教育学院向教育管理人员颁发 Ph. D.，由于想要获取博士学位的教育管理人员数量巨大，这便对文理学院构成了直接的竞争，自然会招致文理学院教师的不满和抵制，甚至质疑其 Ph. D. 学术含量下降。所以，授予自己的教育博士专业学位 Ed. D.，成为教育学院摆脱文理学院控制的政治途径，这自然使教育学院不会轻易放弃 Ed. D.。

（四）学术声望的问题

由于传统的哲学博士学位长久以来享有的崇高学术声望，使得大学和学生都更趋向于接受 Ph. D.，无论这种培养针对的是教育管理者还是教育研究人员。但是，即使教育学院愿意放弃 Ed. D.，以求得教育领域博士学位的统一，文理学院不会赞成让教育学院授予 Ph. D.，这一方面是由于文理学院教师对教育学院的偏见，另一方面则是由于他们认为授予 Ph. D. 是他们的特权。

（五）名校的示范作用

哈佛教育学院是研究生层次的专业学院，所有哈佛的专业学院都有自己的专业学位，所以哈佛教育学院也不应该例外，理所应当有自己的专业学位 Ed. D.。由于 2012 年之前，教育哲学博士学位一直是专属于哈佛文理学院的博士学位，[①] 所以哈佛教育学院只能授予 Ed. D.，然而其培养方式

---

① 见 http://gsas.harvard.edu/scholarly_ life/harvard_ to_ offer_ a_ new_ phd_ in_ education.php。

哈佛大学 2012 年 3 月宣布设立一个新的跨院系博士学位：教育哲学博士学位。该学位由哈佛教育学院和文理学院研究生院共同打造，是哈佛设立的第 54 个博士学位、第 17 个跨学院博士学位，也是哈佛教育学院授予的首个教育哲学博士学位。新学位将代替哈佛教育学院原来的教育博士学位，以培养教育研究人员，并于 2014 年秋季开始招生。原教育博士学位将于 2013 年秋季招收它的最后一届学生。

却是研究取向的。作为美国乃至世界高等教育界领军者的哈佛，其示范作用的威力可想而知，所以致使一些大学的教育学院也效仿哈佛，只授予研究取向的 Ed. D.，无论培养的对象是教育管理人员，还是教育研究人员。

（六）政治和惯性的问题

另外，关于 Ph. D. 与 Ed. D. 的争论，在美国教育界司空见惯，由来已久，但这种争论未必会引发相应的行动，毕竟维持现状比改变省力得多。

正是由于以上几方面的原因，致使 Ph. D. 与 Ed. D. 培养方式趋同问题的解决面临巨大的现实阻力，一直悬而未决。难怪通过以上分析，莱文得出的最后结论是：要让各大学教育学院采取实际行动，严格区分教育领域的两种博士学位，是一项不可能完成的任务。[①]

本章小结

本章从历史和现实的双重角度研究了美国教育博士专业学位教育所面临的问题。哈佛的教育博士诞生后，美国出现了两个教育类博士学位：传统的教育哲学博士学位（Ph. D. ）和哈佛的教育博士学位（Ed. D. ）。从教育博士诞生之初，这两个博士学位的异同就引起了研究者的兴趣，对此的争议也从未停止过。

首先需要明确的是教育类的这两种博士学位应该有差别吗？就此美国的研究者们进行了热烈的讨论。通常人们认为这两种学位培养的是不同的人才，Ph. D. 培养的是高等教育领域中的理论研究人才，而 Ed. D. 培养的是教育领域的实践人才，因此，二者的培养目标是不同的。Ph. D. 是学术性学位，目的是发展学术，生产新知识，重在理论研究；而 Ed. D. 是专业性学位，目的是应用理论，以解决教育领域的实际问题，偏重的是教育实践。正因为培养目标不同，势必应该有不同的培养对象、不同的培养方式以及不同的培养评价，对于这两种博士学位应该具有的差别，教育管理大学联合会的主席杨博士做过精辟的分析。[②]

---

① Levine, A., "Educating Researchers", *The Education Schools Project*, 2007：43.

② Young, M. D., "The M. Ed., Ed. D. and Ph. D. in Educational Leadership", *UCEA Review*, *Summer*, No. 2, 2006.

现实中的 Ph. D. 和 Ed. D. 究竟有没有实质性差别呢？对于这一问题，早在哈佛 Ed. D. 诞生之初，就有学者对此进行了研究。20 世纪 30—50 年代，经过研究学者们发现两种学位并没有实质性不同。然而在随后的 30 年里，美国高校并未在区分这两种博士学位上采取任何行动，两种博士学位教育继续按基本相同的模式进行人才培养。进入 20 世纪 90 年代，学者们的争论焦点从两种博士学位的异同转移到教育领域的这两种博士学位是否有必要同时存在。就此争论的看法主要分为两大阵营：主张废除其中一种博士学位的学者①和主张保留两种学位但必须对二者进行严格区分的学者②。

究竟是什么导致了 Ed. D. 和的 Ph. D. 趋同呢？原因是复杂的，既有历史的因素，也有现实的障碍。

从历史的角度来看，最先出现在哥伦比亚大学师范学院的教育哲学博士学位并不能满足培养一线教师的需要，于是，院长罗素决定对其进行改革。遗憾的是，改革并未获得成功，改革后的教育哲学博士学位延续了其他学科领域传统哲学博士学位的学术特征。而哈佛创设的新学位即教育博士专业学位在诞生初期，也打上了深深的学术烙印，为后来两种博士学位的混淆埋下了伏笔。最终，这两所美国最具影响的教育学院所授予的博士学位都遵循了传统哲学博士学位的学术型培养模式，并且因缺乏教育类专业教育的自身特色而趋于类似。随后在 20 世纪 30 年代，哥伦比亚大学师范学院也创设了自己的教育博士学位，这个学位与哈佛的教育博士学位名称相同，但培养内容里增加了更多的专业实践内容，更为接近专业教育的培养模式。到此时，哥伦比亚大学师范学院和哈佛大学教育学院已经为准备授予教育类博士学位的大学树立了多个相互混淆的榜样，于是各高校根据自身的实际需要进行了选择，最终的结果是，两种教育类博士学位的混淆被进一步扩大到更大的范围。

这种混淆无论对提供学位培养的教师还是接受学位培养的学生都带来

---

① Clifford, G. J. & Guthrie, J. W., *Ed School: A Brief for a Professional Education*, Chicago: University of Chicago Press, 1988.

Deering, T. E., "Eliminating the Doctor of Education Degree: It's the Right Thing to Do", *The Educational Forum*, Vol. 62, 1998.

② Shulman, L. S., Golde, C. M., Bueschel, A. C. & Garabedian, K. J., " Reclaiming Education's Doctorates: A Critique and a Proposal", *Educational Researcher*, Vol. 35, No. 3, 2006.

了困惑。那么，为什么这种混淆至今未能得以澄清？究其原因，在很大程度上来自现实的阻力：既有教育学院资金上的问题，也有教育类博士学位授予资格的因素；既涉及教育学院自治权的问题，也涉及其他学院学术声望的问题；既包含了名校的示范作用，也包含了学术界的政治和惯性作用。[1]

---

① Levine, A., "Educating Researchers", *The Education Schools Project*, 2007：43-45.

第五章

美国教育博士专业学位
教育的专业特征

医生、牧师、教师同为最古老的职业，且教育同医学和法律这两个领域一样注重实践。为什么医学和法律的专业教育能发展成为美国专业教育领域中最具影响的专业教育，而唯独教育的专业化道路困难重重？它们各自的专业教育都有什么特点？经历了怎样的发展路径？对比分析美国这三个领域的专业教育特征和发展历程，无疑能使我们对以上问题有更深入的认识。

第一节　美国法律专业教育的特征

在美国，律师被认为是法庭的官员，法律行业的控制主要由当地政府司法部门负责。一般来讲，州最高法院负责自己州的律师协会的准入，对律师的监督则是各地方法庭的职责，而联邦法庭则决定谁可以拥有联邦法庭的出庭执照。在某种程度上，对律师行业的监督管理实际上是由地方法庭委托当地律师协会进行的，因此，这一行业实行的基本上是行业自治，所以法律教育的问题也是当地律师协会规定的。当然，美国法律专业教育的历史还包括律师协会不存在之前的很长一段时间，总的来说，美国法律专业教育发展具有以下特征。

一　早期法律专业教育的特征

殖民地的移民来到美洲这块新大陆追求自由和新的机会，而殖民地无限广阔的土地资源，使人们可以按照自己的方式重塑自我，因此民主平等的观念在移民的思想中深深扎根。于是，各种行业几乎没有什么行业准入制，任何人都能够进入自己想从事的行业。任何具备"良好品行"的人，无论是否接受过专门的法律教育或训练都可以成为律师。[①]学徒式教育是这一时期进入法律行业的途径。

进入 19 世纪后，法律专业教育开始从学徒式教育向正规的学校教育过渡，这时出现了一些私立的法律职业学校，提供法律教育。相当一部分这类法律职业学校都是由以前的律师事务所发展而来的，律师事务所接受学徒式教育学生的增多，使律师们意识到进行法律教育本身就是一门行业。在法律职业学校，学生的学习内容主要包括听法律讲座，以及阅读当时为数不多的法律书籍，学习时间通常为 1—2 年，从法律职业学校毕业后，仍然需要进律师事务所做学徒。[②] 因此这一时期的法律专业教育是私立法律职业学校教育和学徒式教育的结合。

1878 年，作为全美律师行业组织的美国律师协会（the American Bar Association，ABA）成立。新成立的 ABA 对律师培养作了如下建议：学生先在法律职业学校学习法律原理，然后到律师事务所实习至少一年，最后还要通过考试才能进入律师行业，考试则由法院指定一个中立机构组织实施。[③] ABA 的这一建议只是一个参考，因为各个州对律师行业的准入制度有各自不同的具体规定。

二　案例教学法为核心的现代法律专业教育模式

（一）对法律学校的认证

到 19 世纪末，尽管对成为律师仍然没有什么正式的要求，但许多已经关注律师行业准入标准的州开始要求，成为律师要接受过学校的正式培训或律师事务所的学徒训练，并且通过书面的律师考试。鉴于当时的法律职业学校的不同培养要求，1889 年，ABA 呼吁成立一个法律学校组织，以规范法律教育的要求。1890 年，美国法律学校联合会（the American Association of Law Schools，AALS）成立，并对入会的法律学校制定了最低标准。这是向最终采用 ABA 的法律学校认证标准迈出的第一步。

---

① Special Committee for a Study of Legal Education. Law Schools and Professional Education. American Bar Association, 1980.

② Law Schools and Professional Education, by Special Committee for a Study of Legal Education, American Bar Association, 1980.

③ Stevens, R., *Law School Legal Education in America from the 1850s to the 1980s*, Chapel Hill: University of North Carolina Press, 1983.

20 世纪 20 年代，ABA 制定了法律学校的认证标准："律师协会的候选人必须是法律学校的毕业生，这些法律学校招收的学生入学前必须接受过两年的大学教育，他们在法律学校进行为期三年的学习。法律学校应配备合格的图书馆和足够数量的全职法律教师。"[1] 附属于 ABA 的法律教育和律师协会准入部（Section on Legal Education and Admissions to the Bar）被 ABA 授权，通过认证过程负责这些标准的实施。随后，经过 ABA 认证的法律学校迅速主导了初级法律教育。到 1992 年，美国所有的 50 个州都批准经过 ABA 认证的法律学校的毕业生可以申请进入律师协会，其中仅有 8 个州仍然允许只在律师事务所接受过学徒训练的人申请进入律师协会，另有 17 个州允许未经 ABA 认证的法律学校毕业生申请进入律师协会。[2]

二战之后，到法律学校就读的学生迅速增加，这引发了新一轮的提高法律专业教育标准的运动，于是从这时开始，许多的法律学校逐渐成为大学里的专业学院，提供学士后法律教育。

（二）哈佛法学院的案例教学法

克里斯多夫·兰德（Christopher Columbus Langdell）1870 年被聘为哈佛大学法学院法律教授，随后被任命为法学院院长。此时美国的法律专业教育是三方面的结合：在律师事务所接受的学徒式的教育、对当时出版的法律教材的学习以及正式的法律讲座。[3] 多数初进师事务所的新手进入法律行业，都是通过学徒式的专业教育和自己自学的方式，再加上一节课一节课购买的法律讲座。当时人们到法学院听讲座并不是认为它可以代替在律师事务所所接受的训练，而是认为法律讲座比起繁忙的律师偶然的指导来讲，是更有效的学习法律原理的途径。

兰德到哈佛任教之前，哈佛法律教学是一种被动的课程讲授，学生被动地听教授讲法律原理。兰德到哈佛之后，将实用主义原则引入哈佛的法律教学之中，他改革的核心是案例教授法，即学生在课堂上对上诉法庭的案例进行分析，并按法律原理的形式推导出自己的结论。在课堂上，学生

---

① Stevens, R., *Law School Legal Education in America from the 1850s to the 1980s*, Chapel Hill: University of North Carolina Press, 1983.

② American Bar Association, Conference on Legal Education in the 1980s, 1981.

③ Cremin, L. A., The Education of the Educating Professions, Paper presented at the American Association of Colleges for Teacher Education, 1978.

们听到的并不是就法律原则所做的讲座，而是苏格拉底式的对话，学生在法律教授的引导下，在对话中推导出法律原理，并在这一过程中掌握正确的法律推理模式。按照教授们的说法，就是通过案例教授法使学生能够像律师那样思考。

兰德认为法律是一门包含特定原理的科学，"律师所要做的就是准确无误地运用这些法律原理解决纷繁复杂的人类事务"。并且"即使不是唯一的方法，但通过学习这些包含法律原理的案例是有效掌握这些原理最迅速因而也是最好的方法"。[①] 兰德的理论是，法律系统由一系列逻辑上相一致的法律原理构成，这些原理可以通过分析上诉法庭的案例而推导得出，然后再将它们客观地运用到以后出现的新案例中。

案例教学法刚开始在哈佛实行时，并不为其他教师和学生接受，学生抱怨无法理解这样的教学方法，觉得这样学不到东西，甚至怀疑兰德作为法律教授的能力。直到 1890 年为止，除了哈佛，没有其他法学院采用案例教学法。但此时哈佛校长艾略特坚定地站在兰德的立场，支持他的改革。逐渐地，学生感受到了新教学方法的力量，并且对案例教学法中的师生互动推崇备至。到 20 世纪初，哈佛的案例教学法已经成为美国现代法学院的主要教学模式，而且案例教学法还逐渐地走进其他学科并发扬光大，如商业、管理、公共政策，等等。[②] 而且目前所有美国法学院第一年的课程内容与兰德当时制定的课程内容完全一致，包括：合同法，财产法，侵权法，刑法，民事诉讼法。

除此之外，为了避免学生因与教师认识或靠自己显赫的家族势力而获得学习上的高分，兰德还引入了"盲改"（blind grading）的做法，现在这一做法已经成为美国所有法学院的惯例。兰德还实行了一系列其他改革：他提高了法学院的入学标准，增加了课程学习的时间并使课程学习系统化，四处游说要求进入律师协会的律师必须接受过法律教育，并与在法院、司法机关、律师委员会供职的哈佛法学院校友以及其他法学院的教师建立起了强有力的同盟以推行自己的改革。兰德的改革使哈佛的法学院获得了巨大的成功，从此成为美国乃至全世界法律专业教育的领头人。对

---

① Langdell, *A Summary of the Law on Contracts*, Boston: Little Brown, 1980.

② Seligmen, J., *The High Citadel: The Influence of Harvard Law School*, Boston: Houghton Mifflin, 1978.

此，时任哈佛大学校长的艾略特在 1915 年 4 月 13 日的一封私人信件中写道："除了 1870—1871 年重建哈佛医学院以及为实行选修制所做的长期努力之外，聘请兰德做哈佛法学院院长，是我为哈佛所做的最漂亮的一件事。"①

三　二战后法律专业教育的变化

（一）对案例教学法的批评

20 世纪 60 年代末，美国法学院对案例教学法的严重依赖招致了强烈的批评，最终导致多数法学院对自己的法律教育进行反思，开始考虑教学中除案例法外，还应采用哪些其他教学方法，这便是美国教育史上的现实主义教育运动。运动的支持者抨击兰德的法律理念，兰德认为法律是一门实质性科学（独立于价值判断），建立在客观地运用法律规则的基础之上，而他们认为应从法律的实际运用来看待法律，在他们看来法律这门学问应被重新定义为程序性的，而非实质性的。

20 世纪 60 年代末、70 年代初兴起的现实主义教育运动，有其产生的社会因素。

首先，这一时期许多年轻学生参与到对当时美国社会价值、传统、机构（包括高等教育和法学院）的重新审视中。学生们要求法学院的教学应该紧密联系当时严重的社会问题，例如：贫困、环境恶化、妇女儿童以及历史上被忽视的弱势群体的权利。他们告诫法学院应认识到自己的责任不光是在教室里理论性地研究这些社会问题，敦促法学院应采取积极的行动直接参与问题的解决，这些行动包括改革法律行业，促进美国社会在更大层面上发生变化。学生们拟定的改革行动纲领包括：改革法学院的招生制度和教师聘用制度，让法律行业人员的特征更接近真实的大众；通过学分或其他激励机制鼓励学生和教师加入到解决法律问题的实际工作中去。②

其次，1972 年发生的政治丑闻"水门事件"中，好几个政府高级法

---

① Letter to Henry S. Pritchett, from Correspondence of Charles W. Eliot, Small Manuscript Collection, Harvard Law School Library.

② Stevens, R., *Law School Legal Education in America from the 1850s to the 1980s*, Chapel Hill: University of North Carolina Press, 1983.

律顾问也涉及非法和不道德的行为，极大地损害了公众对法律行业的信心和尊重，使美国法律界开始反思法律教育和法律实践中的道德要求。1974年，美国律师协会修订了它的认证标准，要求法律教育中包含法律职业责任的内容。

再者，1973年，美国最高法院大法官沃伦·伯格（Warren Burger）在一份报告中，措辞严厉地批评了联邦法庭出庭律师的表现，并呼吁加强法律教育，以使律师能够胜任诉讼的职责。报告中伯格认为律师不合格的表现是不合格的法律教育造成的，"法学院的教育没能让律师具备崇高的职业道德和礼仪，而这是律师行使职责的最基本要求。无一例外，法律教育也没能提供系统充分的培训，让学生专注于提高自己的基本辩护技能"。[1]

（二）现实主义教育运动

正是在上述社会政治背景下，美国的法律教育开始了一场轰轰烈烈的现实主义教育运动，对此，AALS的一个委员会是如此描述的："法律现实主义教育首先是一种教学方法，这一教学方法的原则包括：使学生们面临律师实际工作中的真实问题；让学生按相应的职业角色处理有关问题；使学生在与他人的互动中识别问题并解决问题；最关键的是，学生的表现要接受严格的评估。"[2] AALS中负责法律现实主义教育的部门概括了九条现实主义教育的目标[3]：建立计划和分析的教育模式；提供法律职业技能的讲授；传授从实践中学习的方法；进行法律职业责任的教育；学生必须了解不同法律职业角色的行为要求；提供合作型学习的机会；培养服务于公众利益的职业奉献精神；为学生了解特定的法律理论提供背景知识；法律教育中应包含评价律师和法律系统的内容。

与传统的案例法比较，法律现实主义教育更强调法律教育与法律实践的契合，关注学生对法律职业技能的掌握，但它也存在自身的局限。首先，由于它强调与法律实践的契合，注重法律职业技能的培养，这势必要求法学院聘任来自实际工作领域、有丰富实践经验的律师和法官为兼职教

---

① Stevens, R., *Law School Legal Education in America from the 1850s to the 1980s*, Chapel Hill: University of North Carolina Press, 1983.

② The American Association of Law Schools, Section on Clinical Legal Education, 1991: Final Report on the Future of the In-House Clinic.

③ Ibid. .

员，而这些律师和法官由于繁忙的法律事务在身，能够花在教学上的时间和精力是有限的，同时这也增加了教师管理工作的复杂性。其次，法律现实主义教育强调从经验中学习，因此要求较低的生师比，并且对教学辅助设施有较高的要求，如校内的法律事务所、影像设备、员工支持，等等，因此是教学成本较高的教学方法，在资金短缺的情况下是难以实施的。

随后，美国的法律专业教育尽管在发展过程中也出现了一些其他的改革尝试，但以哈佛法学院案例法为核心的法律专业教育模式仍然是现代美国法律教育的主流。

第二节　美国医学专业教育的特征

一　早期医学专业教育的特征

美国殖民地沿袭了许多英国的文化和习俗，然而有三个领域除外：宗教、法律和医学。[①] 这种例外对当时殖民地移民是一件幸运的事，至少在医学领域，这种例外使他们逃离了那些没有科学依据的治疗方法可能带来的厄运。例如曾经被认为可以包治百病的放血疗法和灌肠疗法，在英国被用于治疗包括休克和产后感染在内的所有疾病，因此而丧命的人远超过被拯救的人。因此，美国殖民地时期的医学教育便以一种极为不正式的、美国式的方式发生演化：任何人都可以进入医学这一行业。当时很常见的便是，种植庄园主的妻子实际上扮演了庄园主一家、庄园雇工、奴隶的非正式医生的角色[②]。少数人通过学徒的形式接受过一些医学专门训练。通常的情况是，年轻人成为一名开业医生的徒弟，从事包括家务活在内的一切协助医生的杂事，随着时间的推移，徒弟会承担责任越来越重大的辅助工作，他在这一过程中学到的主要是经验性的东西，师傅也会传授一些理论知识，并指定看一些医学书籍，但当时的医学理论知识是非常有限的。而且除了那些到欧洲接受过专门训练的人士，殖民地时期的医生都是全科医生。

到了 19 世纪，美国出现了众多的私立医学职业学校，这些学校提供

---

① Boorstin, D. J., *The New Americans: The Colonial Experience*, New York: Random House, 1958, p. 229.

② Ibid., pp. 209–239.

的医学教育成为这一时期医学专业教育的主要组成部分。第一所这类医学职业学校于 1810 年在巴尔的摩成立，在之后的 100 多年时间，共出现了 400 多所类似的私立医学职业学校，然而到了 1910 年，这些私立医学职业学校仅有很少一部分幸存了下来。[①] 私立医学职业学校都是商业性质的，目的就是盈利，教学质量极为糟糕，开办学校的为一个或几个开业医生，没有特殊的入学条件，只要具备读写能力、有支付能力就可以入学，学习时间通常是两年；教学往往是在私立医院进行的讲座，偶尔有一些教学演示，学习是被动的，甚至还不如学徒式教育，学徒式教育至少还提供实际的动手操作。[②]

尽管出现了如此多的私立医学职业学校，这时的学徒式专业教育仍然是专业教育的重要形式。到了 19 世纪中期，出现了一些与大学相联系的职业学校，然而这些学校往往是自治性质的，与大学的联系很松散，而且这些学校的临床教授基本上是成功的开业医生，而非大学的教授。[③]

二 临床教学法为核心的现代医学专业教育模式

(一) 霍普金斯大学医学院的临床教学法

1876 年，霍普金斯大学在巴尔的摩成立。此时美国的医学专业教育与法律类似，也是三方面的结合：学徒式的教育、对当时出版的医学教材的学习以及正式的医学讲座，此时刚进入医学行业的人大多数毕业于私立医学职业学校。[④] 私立学校在 19 世纪纷纷出现，由当地的开业医师组织并教授课程，与当地的医疗机构有紧密的联系，学校里所教的课程是颇为学究式的讲座，课程包括：解剖、生理、化学、外科、药理等，通常需要学习 1—2 年的时间，拿到学位后便可以行医。[⑤]

1884 年，威廉·亨利·威尔士（William Henry Welch）就任霍普金斯大学的病理学教授。1893 年霍普金斯大学成立医学院，威尔士担任第一

① Flexner, A. Medical Education: A Comparative Study, New York: Macmillan, 1925.

② Starr, P., The Social Transformation of American Medicine, New York: Basic Books, 1982, p. 102.

③ Ibid., p. 105.

④ Cremin, L. A., The Education of the Educating Professions, Paper presented at the American Association of Colleges for Teacher Education, 1978.

⑤ Becker, J. S., "The Evolution of Professional Education", Nelson, B. H. (Eds.), Education for the Professions, Chicago: University of Chicago Press, 1962.

任院长，他对医学院的医学课程进行了改革，改革的主要特点体现在课程和教学两个方面。

威尔士将医学课程分为临床前课程和临床课程。临床前课程为头两年的学习内容，是有关医学基础内容的课程，如解剖、生理、病理和药理，这些课程建立在实验室探究的基础之上。学生在接下来的两年学习临床课程，是以教学医院的日常工作为基础的课程，如内科、外科、妇科等，这两年学生的主要学习场地在教学医院，在医学专家的指导下见习或住院实习。通过临床前课程和临床课程的安排，威尔士试图使学生在医学专家的指导下将实验室探究和临床实践结合在一起。威尔士作这种课程安排的重大意义在于，将学生们学校里所学的内容与今后的实际工作内容结合起来，使学校所学切实地指向学生们今后的工作实践。

威尔士的改革还体现在教学方面，他在霍普金斯大学医学院推行临床教学法。该教学法要求学生在完成临床前的基础医学课程（如解剖、生理、病理、药理等）之后，进入教学医院，在医学专家的指导下，学习各临床课程（如内科、外科、妇科、儿科等），直接接触病人，积累临床治疗经验，为今后走上医疗岗位作准备。在教学上，威尔士还推行教学医院与医学院的协作教学，即通过相应的聘任体制，教学医院各科室的主任同时也是医学院的教授，这种双重身份有利于合理安排高年级的医科生，使他们既能有效地学习，也能在教学医院中最大限度地用所学专业知识和技能服务于医院。

（二）弗莱克斯纳报告

1847 年，美国成立了医学专业组织——美国医学协会（AMA），经过发展该专业组织影响逐渐增大，到 19 世纪末成为美国国内及世界医学领域的领军组织。1903 年，AMA 的医学教育委员会成立，这一委员会的永久性成员都是大名鼎鼎的医学教授，包括哈佛的康舍曼（Councilman），密歇根大学的韦恩（Vaughn），宾夕法尼亚大学的弗瑞泽（Frazier），芝加哥大学的比文（Bevan），范德比尔特大学的韦舍斯布（Witherspoon）。[1] 委员会成立后即号召对医学教育进行改革，提高医学专业教育的质量，该委员会的号召获得了当时卡内基基金会主席普里切特（Henry S. Prichett）

---

[1] Starr, P., *The Social Transformation of American Medicine*, New York: Basic Books, 1982, p. 106.

的支持，他很快被委员会说服，打算就美国当时的医学教育做一个调查。

普里切特委托弗莱克斯纳（Abraham Flexner）对美国大学的医学教育做一个调查。弗莱克斯纳是霍普金斯大学的毕业生，毕业后做了肯塔基州一所私立辅导学校的校长，该校许多毕业生进入哈佛并取得不凡的成绩，这得到当时哈佛校长艾略特的关注，随后两人成为好友，艾略特非常欣赏弗莱克斯纳的才华。在艾略特的建议下，弗莱克斯纳到欧洲旅行，拜访了许多著名大学，其中德国大学高水平的医学教育给他留下了深刻印象，并使他认为：大学才是提供医学教育的理想场所，临床医学应该在大学的教学医院中进行。弗莱克斯纳还是美国实用主义大师杜威的崇拜者，他推崇的教育哲学也受了杜威的极大影响。[①] 弗莱克斯纳认为学校教育应该是实践取向的，通过观察和动手学生能学得更好，而不是被动地听讲。他认为应该通过经验学习，但仅仅有经验是不够的，学生还必须学会对经验进行分析和理解，医学教育应该给学生提供医学行业的教育背景。正如他所说："现代医学的教学方法应该是建立在科学基础上的积极的方法，其特征是在做的过程中学。学生不再仅仅是看、听、记，他应该动手去做，通过实验室和临床诊所的活动学习和训练。"[②]

对美国大学医学教育做调查时，弗莱克斯纳没有采用成立一个调查委员会这一传统的做法，而是亲自拜访了美国和加拿大的 155 所医学院，并就每个医学院的情况写下简洁的评论，评论内容包括师资质量、教学设备、大学附属医学机构以及学院总体的教学质量。1910 年，弗莱克斯纳发表了他的调查报告，这便是著名的《弗莱克斯纳报告》。该报告对美国当时的医学院医学教育进行了猛烈的抨击，包括哈佛在内的一些声名显赫的医学院也未能幸免，在全国引起了轰动。报告指出："医学教育与医学科学存在巨大偏差，医学科学取得了巨大的进展，而医学教育却远远滞后于医学的发展。"并呼吁关闭所有的私立医学职业学校。[③] 在这份报告中，仅有极个别的医学院受到了赞扬，霍普金斯医学院的威尔士确立的以临床教学法为核心的医学专业教育模式被弗莱克斯纳作为优秀的医学专业教育

---

① Flexner, A., *A Modern College and a Modern School*, New York：Doubleday, 1923.

② Flexner, A., Medical Education in the United States and Canada：A Report to the Carnegie Foundation for the Advancement of Teaching, Bulletin No. 4, Boston：Updyke, 1910.

③ Starr, P., *The Social Transformation of American Medicine*, New York：Basic Books, 1982, p. 119.

典范进行了介绍。

历史上没有哪个报告像弗莱克斯纳的报告那样，对医学专业教育产生了如此巨大的影响：私立医学职业学校一所接一所地关门，州立法机构纷纷颁布新的行医执照条例，条例中基本都对医学教育做了具体的要求，大学里的医学院也参照报告里推荐的模式进行了改革。弗莱克斯纳的报告还使教育委员会（General Education Board）向医学教育提供了数以百万计的资金支持，并在全美推广霍普金斯医学院的教育模式，使之最终成为美国公认的医学专业教育模式。从此以后，医学行业再也不是一门随意的、非正式行业了，进入这一行业必须接受严格系统的专业训练，这大大提高了医疗行业从业者的地位，随之而来的是医生报酬的大幅增长。

三　二战后医学专业教育的变化

1910 年弗莱克斯纳的报告发表后，霍普金斯大学的医学教育模式成为美国公认的医学专业教育模式得以在全美推行，之后美国的医学专业教育发生了一些变化。

首先，大学的医学院获得政府大量的研究资金。二战期间，原子弹的成功研制使美国政府意识到了充足的资金支持加上科学团体的积极调动所能产生的巨大效应。二战后，美国政府决定将类似的效应重现于生化医学的研究，以找到解决癌症和心脏病的治疗方法，于是大量的资金由美国卫生研究院（National Institutes of Health，NIH）投向大学医学院，而不是投向研究机构，以支持医学尖端研究。这一时期被称为 NIH 资金支持的黄金时期。由于医学院获得 NIH 大笔研究资金支持，无论是基础学科还是临床教学的教师，都觉得自己应忠诚于 NIH，而不是大学，于是他们会抱怨教学占用了他们太多的时间，这些时间他们更愿意用于研究工作，这种情况在大型研究取向的医学院非常普遍。

其次，战后专科医生的培养受到了追捧。战争期间医科生到军队服役，他们发现持有文凭的专科医生很吃香，拥有更高的级别，更多的收入，更好的工作岗位。于是从部队退役后，很多原来打算做或是本来就是全科医生的，都改行成为专科医生。自此以后，几乎所有的医科生都趋向于做专科医生，为此都打算接受更长时间的住院实习训练以成为专科医生，于是研究生教育成为医学院教师更重要的教学活动。

再次，二战后的 60 年代至 70 年代，美国还颁布了一系列法案支持大学医学教育，加大医学人才的培养力度。如 1963 年通过的《医疗行业教育资助法案》，为医学院的设施建设以及医科生贷款提供资金支持；1968年的《医疗人才法案》，以及 1971 年的《综合医疗人才培养法案》，都是向医学院提供资金支持的法律依据，以激励医学院提高入学率。

最后，二战后医学专业教育也有医学课程方面的改革。最引人注目的是 20 世纪 40 年代末开始的凯斯西储大学（Case Western Reserve University）的课程改革，该课程改革是基于以下的重要原则：在理解疾病的各种情况之前应该掌握正常状态下机体的功能；对病人应尽早了解，对病人的治疗也应全面考虑，特别是要考虑到病人与其周围环境的相互作用，而且在四年的学习期间，应逐步增加学生与病人的接触，并强调治疗的持续性；生化研究和病人治疗都应该采取小组讨论的形式，经常与从事教学的临床医生接触有助于学生熟悉医生的职业角色；教学应该按主题进行，而不是按学科的划分进行，让不同学科的教师共同进行一个主题内容的教学，例如肾脏正常功能的教学就应涉及生理、解剖、生化、内科的教师共同参与；每个学生都应该能够使用多学科的综合实验室，让他们认识到综合研究方法对生化知识的重要性；学生应作为医学领域的共事者而受到尊敬，以对抗惧怕权威的心理。改革强调了对病人的早期干预，并强调了解人体正常功能与掌握发病机制同样重要。改革推出后受到了世界范围医学教育者的瞩目，改革后的课程受到学生极大欢迎，教学效果也很好，部分改革内容为很多医学院采纳，特别是对病人早期干预这一方面。

随后也一直有医学课程方面的一些改革，主要集中在医学院头两年的课程上，比如让医科生尽早地接触病人，医学基础课程采用多学科的综合教学方式，运用标准病人做诊断教学和病史记录，等等。但是直到今天，医学专业教育的总体模式仍是沿用霍普金斯大学医学院威尔士确立的、以临床教学法为核心的专业教育模式。

第三节　美国教育类专业教育的特征

一　早期教育类专业教育的特征

（一）教育类专业教育的缺失

殖民地时期的美国不存在什么教师教育，家庭教育是孩子教育的主要形式。这主要是由于殖民地地广人稀，许多人住在远离文明的边远地方，能够接触到的文字材料，除圣经之外非常少，他们的思想主要来自当地牧师和流动小贩的口头转述。在这种情形下，绝大多数孩子的教育主要来自家庭，由家里的长辈向他们传授社会习俗、道德以及行为的方式。

另一方面，殖民地时期为人们普遍接受的理念是：教师类似于牧师，是肩负着崇高责任与奉献精神的一项事业，只要有为事业奉献的决心即可，教学不需要任何的特殊训练，任何会读写的人都可以教别人如何读写，这期间大部分的教师也确是由当地牧师担任的。教书被认为是一种能与当地学院相联系的特权，同时也是一种荣誉，因此教师常被当作参与公共服务的志愿者。

（二）独立师范学校的繁荣

之后，随着美国经济的发展、人口的增加、财富的积累，学校的数量开始增加，所需教师的数量也随之增加，于是开始出现了专门培养教师的师范学校。这些私立专门学校，与其他领域的专门学校（如医学、法律、工程、建筑等）一样，都声称自己的教职人员是该专业领域的著名专业人士。直到19世纪，师范学校的教师教育仍然是实践导向的，提供示范课程的教学和到学校的教学实习，与学徒式专业教育仍保持紧密的联系，但其专业标准仍然很低，这与当时美国教育领域师资奇缺是分不开的。很多人小学毕业后就直接进小学教书了，另一些小学教师在专科学校或高中学习过，中学教师大多在师范学校学习过一到两年。当时师范学校的教师教育包括：教师今后要教的课程的学习，一或两门教学法的课程，教育史课程，再加上到师范学校附属小学或当地公立小学进行的实习教学。①

在私立师范学校之后，一些州也开始建立公立师范学校。1839年到美国内战爆发期间，美国东北部新英格兰地区包括马萨诸塞的十个州都建立了自己的公立师范学校，这些公立师范学校建立的目的是专门培养学校教师，力争提供最好的教师教育，以占领全美教师教育培训市场。② 而美国西部的州，如密歇根、明尼苏达和阿拉巴马，却无意从新英格兰地区的师范学校引进教师，而更愿意依靠自身的力量培养当地的教师，于是也纷纷建立了自己的公立师范学校。美国内战后，众多的师范学校已成为培养

---

① Herbst, J., "Nineteenth-century Normal Schools in the United States: A fresh look", *History of Education*, Vol. 9, No. 3, 1980.

② Ibid., p. 221.

小学教师的重要力量。到 1898 年，根据美国教育协会（the national educa-tion association）的统计，美国共有 331 所师范学校，在校学生大约为 7 万，其中由州府建立的公立师范学校 166 所。①

这期间，快速发展的美国高中也纷纷开设教学法课程，以培养小学教师。而此时美国的学院和大学对培养学校教师并不感兴趣，也有一些学院和大学提供了有关教学的单一课程，讲授教学的基本原则，但这些单一的课程对公立学校的广大教师而言并没有多大吸引力。美国学院和大学之所以对教师教育不感兴趣，一个原因是学院和大学的教师们认为教师的教学能力主要取决于教师所掌握的学科知识，而师范学校提供的有关教学法的实际训练并不重要。然而，事实却证明，当时师范学校提供的注重实际教学法的训练得到了广大公立学校教师的欢迎，到 1900 年左右，公立和私立的师范学校提供了约 75% 的教师教育，高中提供的教师教育占 16%，而学院和大学只占 8%。②

二　对法律与医学专业教育的借鉴：师范学校融入大学

19 世纪后半叶到 20 世纪初，美国进入工业腾飞期，随着经济的进步，社会财富的积累，人口的迅速增加，人们建立了以科学造福人类的信心，对推崇科学研究的大学也寄予厚望，高等教育获得前所未有的丰厚资助，规模迅速扩张。同时受德国大学的影响，这一时期的美国高等教育系统崇尚学术研究，重视研究生教育。逐渐地，这样一个理念开始为人们所接受：从事一门职业必须接受特殊的专门训练，这种训练要持续一段漫长的时间，同时要学习特定的专业知识。此时的专业教育也越来越重视理论层面，这是智力内容对专业教育不断渗透的必然结果，同时这种渗透带来的另一个结果则是专业教育学校很快意识到，自己的独立地位正变成进一步发展的障碍。随着专业教育中智力内容的不断增加，专业训练所需涵盖的范围也不断扩大，要想成功地实施这样的专业训练，离开大学这个知识的堡垒是不可能办到的。于是，专业学校逐渐附属于大学，成为其学术的

---

① Herbst, J., "Nineteenth-century Normal Schools in the United States: A fresh look", *History of Education*, Vol. 9, No. 3, 1980, p. 221.

② Hinsdale, B. A., "The Training of Teachers", *Monographs on Education in the United States no.* 8, Albany, N. Y.: J. B. Lyon, 1899: 21.

分支：医学、法律专业学校纷纷与大学融合，成为大学的专业学院，并取得了巨大的成功，赢得大学内部、专业领域及社会各界的尊重和赞誉。教育、工程、商业等领域的专门学校也积极效仿，希望通过进入大学来提升自己的专业水平和专业声誉，正如社会学家分析的那样："对那些新兴的、尚在建设中的专业来说，进入大学意味着建立了该专业的独特性：他们在大学这一坚实的学术基地上，发展自身的专业'理论知识'，并通过对该知识的运用在特定人群中获得专业权威。"①

现实中，美国的学院和大学向来不看重为学校培养中小学教师，认为这一领域不具备足够的高深学问以立足于大学这一研究高深学问的场所。那么为何教育类专业教育最终能够进入大学校园，并建立相应的教授职位、教育系甚而教育学院呢？有学者对此做过细致的分析，认为美国大学设立教学法的教授职位，并不是为了将教育作为一门学科进行建设，也不是模仿德国一些大学建立教育教授职位的先驱性做法，美国大学这么做是出于自身利益的考虑。②

第一，大学设立教育学院有利于建立良好的外部公共关系。美国大学由于早期精英教育的形象，常受到批评，特别是那些州立大学，被认为接受了政府的资助，却一门心思只做自己的学问，不关注公众的利益，甚至在有些地区，公众要求停止对大学的资助，撤销公立大学，而将这些资金用于资助当地的公立学校。例如，密歇根州百瑞恩县（Berrien County）的民众不断给州立法机关施压，要求撤销密歇根大学，变卖其资产，并将所得划给普通学校基金（the Common School Fund），用于资助该州的公立学校教育；迫于压力，1870年密歇根大学校长弗里茨（Frieze）承诺为该州公立学校提供支持，并使密歇根大学更积极地关注公众的利益。③ 再如加州大学，其建立从事专业教育的系和学院，并非出自大学的教授和执政者的想法，而是受当地公众倡议的推动；即便如此，其医学院和法学院也只是附属于旧金山分校，而非伯克利分校，这也反映出加州大学文理学院教师对专业教育的态度，尽管医学和法律这两个行业在社会上拥有极高的政

① Larson, M. S., *The Rise of Professionalism: A Sociological Analysis*, Berkeley: University of California Press, 1977, p. 201.

② Clifford, G. J., Guthrie, J. W., *Ed School: A Brief for Professional Education*, Chicago: the University of Chicago Press, 1988, p. 123.

③ Ibid., p. 124.

治和经济地位；加州大学后来建立教学法的教授职位，也是加州公立学校教师对该州公立教学学监不断施压的结果。① 类似的情况在当时的整个美国都较为普遍。因此，这时期大学允许医学、法律、工程、传媒、教育等专业教育进入大学校园是对公众要求的妥协，以修复自身形象、改善大学与外部的公共关系。

第二，大学设立教育学院有利于吸引更多学生到高校就读。19 世纪美国高等教育的大发展，使高校的数量迅速增加，这也加大了高校之间生源的竞争，为了能在竞争中幸存下来，进而能获得更繁荣的发展，各高校都被迫变得更趋向于以消费者为导向：通过增加新的培养项目和采用选修制，使更多的学生能进入高校学习，既满足了高校自身发展的需要，同时也满足了当地公众的子女接受高等教育的需求。仅从入学人数来看，从1870—1930 年，超过一半的高等教育增长要归功于教师教育。② 正如康奈尔大学的一位创立人所说的，康奈尔大学要建成"一所任何人都能找到自己想学习内容的大学"。③ 霍普金斯大学的第一任校长吉尔曼（Daniel Coit Gilman）的话也印证了这一观点，他认为"我们建立学院不是为了天才或笨蛋，而是为了那些具备普通才能的占大多数的中产阶级"。④

第三，大学设立教育学院有利于学院升格成为综合性大学。还有一些野心勃勃的学院，试图通过增加专业和研究生教育而使自己升格为综合性的大学。在这一目标的推动下，这些学院纷纷建立研究生院，引进专业教育，建立专业学院。因此，教育系或教育学院的建立如同其他专业系或学院的建立，满足了这些学院的学术野心。而且由于教师教育拥有巨大的生源市场，使这些学院的入学人数也有了保障。

---

① Clifford, G. J., Guthrie, J. W., *Ed School: A Brief for Professional Education*, Chicago: the University of Chicago Press, 1988, p. 124.

② Borrowman, M. L., "About Professors of Education", *The Professor of Education: An Assessment of Conditions*, Bagley, A. ed., Papers of the meeting of the Society of Professors of Education, College of Education, University of Minnesota, 1975: 58.

③ Cornell, E. quoted in Perkin, H. "The Historical Perspective" In Perspectives on Higher Education: Eight Disciplinary and Comparative Views, ed. Burton R. Clark (Berkeley: University of California Press), 1984, p37.

④ Burton, B., "The Culture of 'Professionalism'", *The Middle Class and the Development of Higher Education in America*, New York: W. W. Norton, 1976: 293.

第四，大学设立教育学院有利于解决迅速增加的女学生"带来的问题"。从 19 世纪末到 20 世纪初，美国高校中的女生人数迅速增加，这些进入高校的女学生不仅是为了向人们证明她们有能力完成高等教育的学业，同时也是为了接受专业训练以从事高中教学。泽默曼（Joan Zimmerman）对美国 1890—1930 年间中西部的学院进行了研究，发现即使来自中产阶级的女学生，她们接受高等教育的主要目的也是非常实际的，即获得比当地更好的教师教育。[①] 通过接纳女学生，大学可以使申请入学的学生储备翻一番还不止，因为当时（19 世纪末、20 世纪初）的女生数量占了高中毕业生的三分之二。[②]

高校中迅速增加的女生给美国高校，特别是那些老牌的名牌大学带来不小的烦恼。一方面，这一时期的美国高校正处于转型期，现代意义的大学模式正在形成过程中，大学开设了更广泛的课程，同时开始实行选修制，这使习惯于过去固定课程安排的教授和管理人员们由于对学生的学术进程的控制减少，而备感不适应。而且由于有了更多的选择，许多男学生选择了社会科学、理工科、商科的课程，而放弃了传统人文学科的学习，这使传统学科的教授们怪罪到人数迅速增加的女生头上，认为是人文学科领域越来越多的女学生将男学生挤到了其他学科。另一方面，大批涌入的女学生虽然保证了大学的生源，但也对大学的声誉带来双重影响：能吸引大量的学生对任何大学都是不容置疑的荣誉，但同时由于这些未来的教师无论在智力层面还是社会层面都缺乏训练，这又让那些希望跻身精英大学的高校感到是一种拖累。为了应对迅速增加的女学生带来的烦恼，大学采取了趋利避害的策略："建立教学系或教育学院，就像建立家庭经济系一样，目的是建立一个可以容纳女学生的机构，以防她们在大学里不受限制地到处游逛，干扰教师威胁男生。"[③]

第五，大学设立教育系或教育学院的另一目的是为本科毕业生提供专门训练，把他们培养成高中教师，通过培养高中教师，大学一方面是想增加对当地中等教育的影响，另一方面则是想保障从高中毕业而进入大学的

---

① Zimmerman, J. G., College Culture in the Midwest: 1890—1930, Doctoral Dissertation, University of Virginia, 1978: 176.

② Clifford, G. J., Guthrie, J. W., *Ed School: A Brief for Professional Education*, Chicago: the University of Chicago Press, 1988, p. 128.

③ Ibid. .

生源质量。

19 世纪末 20 世纪初，美国高中获得了迅速的发展，事实上大约 1880 年以后，公立高中就已经代替了对应的私立机构成为为美国年轻人提供中等教育的主要场所，到 1930 年为止，美国公立高中的教师与私立高中教师的比例为 8.5∶1。[1] 一方面美国高中发展壮大，另一方面到高中就读的学生也越来越多，这使那些著名大学的教授开始担心由这些迅速发展的公立高中培养出来的毕业生的质量。为了确保进入大学的一年级新生的质量，大学开始考虑设立教育系或教育学院，为高中培养师资，从而保障公立高中毕业生的质量。

1890 年至第一次世界大战爆发期间，高等教育通过向学校输送受过大学教育的教师，曾对美国的学校系统产生了前所未有的影响，然而一战后，高等教育对中等教育的总体影响力开始下降，而此时美国公立高中的飞速发展却为大学重获对中等教育的影响力提供了契机。为此，各大学采用了不同的方式，这些方式包括：在大学里建立教育系或教育学院为高中培养教师，大学教授和校长在美国教育协会担任重要领导职位，由学院和大学代表组成的地方高中认证组织以及以大学为主导的负责中等教育的各种委员会。例如由哈佛校长艾略特担任主席的"十人委员会"，该委员会于 1893 年做的报告巩固了大学在后来近 25 年对美国高中课程的影响，其远期影响效应甚至更长。[2]

第六，教育系教师还为大学提供了其他服务。在美国成立州教育部门以及认证组织前，一般由大学教授承担对高中的考核任务，通过考核的高中，其毕业生可以直接进入相应的大学，而无须其他考试，这不但简化了大学的招生程序，实际上，大学也通过实施这样的管理服务在本州获得了教育上的领导地位。大学成立了教育系后，这一任务便由教育系的教师承担了。例如，密歇根大学从 1871 年开始了高中考核这项任务，在其成立教学系之初，该系同时兼任高中督查部门，类似情况在衣阿华州立大学也存在。[3]

---

① National Survey of the Education of Teachers. Bulletin, 1933, No. 10（Volume 5）. Washington D. C.：U. S. Office of Education，1935：49.

② Herbst，J.，*Professionalization in Public Education，1890 - 1920：The American High School Teacher*，Stuttgart：Klett-Cotta，1985，p. 508.

③ Olin，H.，*The Women of a State University*，New York：G. P. Putnam's Sons，1909，p. 175.

另外，大学里设立教学法教授职位或成立教育系后，在暑期提供教育方面课程，使更广大的教师有机会接触到高等教育，扩大了大学的社会影响。同时，由于暑期提供的课程往往比大学正常学期提供的要广，内容更丰富，而且经过积累，暑期的课程很有可能成为正式学期的课程，暑期听课的学生也极有可能就成为今后的正式注册学生，这对大学、教育系、学生来讲，无疑都是一个多方共赢的结果，这还不包括暑期课程能给系和系里教授带来的经济上的收益。

正是基于以上多方面因素的考虑，最终促成大学接纳了教育类专业教育，使其得以进入大学校园，成为大学的教育系或教育学院。

于是，刚进入 20 世纪时数量众多的师范学校，逐渐变成了师范学院或大学里的教育学院。到了 20 世纪 20 年代，大部分的私立师范学校消失或并入大学成为大学的教育学院，而公立师范学校则保留下来并升格为公立师范学院。在 1910—1930 年间，共有 88 所州立师范学校升格为师范学院。[①] 到 1940 年为止，师范学校已经从现实中退位而成为了历史中的一个称谓。独立师范学校的消失，使建立独立的专业学校、专门从事教师培养这一专业理想也随之消失，同时消失的还有注重实际教学方法的专业培养模式。

三　借鉴受挫：学术型专业教育模式成形

专业教育进入大学，最初设想的理想状态是研究与实践能够完美地结合，使实践插上理论的翅膀，让专业教育获得飞跃性提升。例如，20 世纪初，富兰克林·摩尔（Franklin Mall）曾撰文谈论医学院进行研究的价值："人们总是讨论医生的训练究竟应该是科学的还是实践的，我认为必须包含这两个方面，因为如果学生只接受科学的训练，则无法成为一名医生，而只接受实践技能的训练学生也只能成为一名鞋匠式的医生，只会因循守旧，而无法创新。"[②] 早期提倡教育系统研究的人也持有类似的看法，他们认为学术追求能够与专业需要协调一致，而且对于专业需求也是必要的。

① Clifford, G. J., Guthrie, J. W., *Ed School: A Brief for Professional Education*, Chicago: the University of Chicago Press, 1988, p. 60.

② Cremin, L. A.. Education of the Educating Professions, the nineteenth Charles W. Hunt lecture, American Association of Colleges for Teacher Education Chicago, 21 Feb. 1978, p. 8.

　　然而在现实中，理论和实践并未自然地结合，融入大学的教育学院，特别是顶尖大学的教育学院，其专业教育越来越脱离教育实践。具体表现为以下几个方面。

　　（一）聘用教师的标准注重学术成就而非实际的教学经验

　　对于要聘任的教师，教育学院更看重的是学位证书、发表的文章、出版的学术专著等学术成就，教育经验显得越来越不重要，甚至是过时了。这对教育学院的学生也传达了这样的信息：教师要在事业上往上走，就应该在学术上有所建树，而继续任教的那些教师由于没有更多的时间精力从事科学研究而处于事业上不利的地位。因为如果教育学院的教授具备广泛而丰富的专业经验，就意味着与以研究为导向的大学背道而行，违背了大学所推崇的越来越高的学术期望：年纪尚轻时就获得博士学位；致力于研究，通过发表作品而获得的广泛的个人影响力，参加以大学为主导的专业或学术团体，拥有自己的学科专长等等。这一情况不光是存在于顶尖的教育学院，也普遍存在于其他大学的教育系和教育学院中。1931—1932 年对全美各类高校的教育系和教育学院所做的一项调查显示，教育系或学院教师的专业经历与他们所教学生（教师和教学管理人员）的专业经历，越来越不相同。[1]

　　（二）招收学生的标准也向学术性靠拢

　　当时大学建立教育系的其中一条理由就是能够招收更为优秀的学生，如果所招学生仍然如同以前师范学校的那样，不具备高级学位证书，这岂不表明是一种倒退？甚至连被公认为与专业领域联系紧密的哥伦比亚师范学院，其教育组织和管理分部（the Division of Organization and Administration of Education）在 20 世纪 30 年代也认为，"对于这种最高类型的专业训练来讲，招收刚从大学毕业的学生或是教学经验有限的学生将使该专业具备独特的优势"，[2] 至于解决教学及管理实际问题的经验则可以通过实习期到当地学校观察获得。为了吸引更多的没什么实际经验的全日制学生，哈佛教育学院曾做过不懈的努力，因为当时该院的全日制学生比例只有 6%，与其他专业学院比较太低；然而哈佛的努力注定是要失败的，因

―――――――――

　　[1]　Clifford, G. J., Guthrie, J. W., *Ed School: A Brief for Professional Education*, Chicago: the University of Chicago Press, 1988, p. 97.

　　[2]　Ibid., p. 99.

为当时美国的整个状况便是：在其他学科就读的学生，从获得学士学位到获得博士学位的时间间隔平均为 6.6 年，而教育学科则为 10 年。[1] 1933 年美国就全国教师教育做的一项调查表明：五分之一的教育学院学生的学业有过一次或以上的中断，40% 的中断原因是经济状况迫使他们暂时从大学抽身，到学校教书以赚取继续深造的学费。[2] 当时教育学院学生的出身和经济状况决定了他们不可能太早地进入研究生层次的学校，而且当他们最终进入研究生的行列后也主要是在职学习。

（三）由专注于教师教育转为更重视教育管理

正因为教育学院对刚毕业的全日制学生没有太大的吸引力，逐渐地教育学院便把培养重点从教师转向教育管理者。例如，哈佛教育学院的教师亚历山大·英格里斯最初负责学校教师的工作，后来他把该职责交给一位年资较浅的教师，自己则开发了有关中等教育政策的课程面向学校管理者；俄亥俄州立大学教育学院也终止了其"教学科学与艺术"的课程，取而代之的则是更为专业化，听上去也更学术的一些课程；就连教育学院出版物的名称也出现了微妙的改变，比如芝加哥大学教育学院的期刊《小学教师》，1915 年更名为《小学期刊》。[3] 该院院长裘德（Judd）曾就此做过说明，表示该期刊不会忽略课堂问题，但事实上在他的领导下，该期刊已经开始关注学校的组织问题了。对此，裘德的解释是，至少在当时，将注意力集中到建立有关学校管理的"普通科学"（general science）是明智的做法。[4] 细心的人会发现，"教学艺术或科学"与"教育科学"的含义是不同的，显然教育学院更愿意与后者联系起来。斯坦福教育学院的院长克伯利（Cubberley）认为，即使在把培养中学教师作为自己重要任务的州立大学教育学院，培养学校领导也是一项更为重要的服务。[5] 他这一

---

① Clifford, G. J., Guthrie, J. W., *Ed School*: *A Brief for Professional Education*, Chicago: the University of Chicago Press, 1988, p. 99.

② National Survey of the Education of Teachers. Bulletin, 1933, no. 10 (volume 2). Washington, D. C.: U. S. Officeof Education, 1935: 120.

③ Clifford, G. J., Guthrie, J. W., *Ed School*: *A Brief for Professional Education*, Chicago: the University of Chicago Press, 1988, p. 99.

④ Ibid..

⑤ Cubberley, E. P., "The College of Education and Superintendent of Schools", *School and Society*, 1923, 438 (17): 542、544.

观点的依据是，对比欧洲管理高度集中、学校官员由国务院系统产生的学校系统，美国的学校系统则是由外行董事会实施的非集中式管理（decen-tralized administration），美国应该让大学研究公立学校的组织、管理和监督，以提高公立学校系统的效率和进步。

（四）实验学校也逐渐消失

建立实验学校是受了医学院的教学医院的启发。现代医学专业教育的两大特点是临床教学法和教学医院，教学医院是进行实验性治疗方法探索和医学研究的场所，是医学专业教育的理论与实践完美结合的体现，它最大限度地促进了医学研究和临床实践。然而这一完美结合则未能在实验学校里出现，原因是复杂的、多方面的，对此，有美国学者曾做过归纳。[1]首先，即使当时确实出现了一些具示范作用的实验学校，这些实验学校也吸引了大量的参观者，然而它们的大多创新都很难推广到普通学校，原因是广大的普通学校缺乏革新做法推行所必须的条件，比如适合的教材、接受过专门培训的教师、来自校外的智力支持，等等。而且通常大学里的教育学院或教育系的教授们对中学的改革创新更感兴趣，因为对等级地位有特殊偏好的大学来说，中学的地位显然比小学要高，然而实际上，在小学开展教育研究的可行性更大，因为不存在为大学做准备的压力。再者，课堂是教育研究关注得最少的地方，原因很多：就课堂进行研究是极为复杂而难以控制的，而当时的教育研究也因有限的实证研究术语而受到限制，学校里的很多工作也缺乏明确的学术区分，与妇女儿童打交道在美国文化中的边缘地位，与学校教师、学校校长、学生家长打交道的敏感性等。另外，由大学校园教育诊所、心理学课堂、图书馆里所做的大量问卷、调查、访谈等使教育学院本身成为教育研究关注的焦点。因此，实验学校并未能起到人们期待的将大学教育学院理论和学校教学实践结合的作用，学校教师无法从教授们过于理论化的学术研究中获得实实在在的专业支持，大学教授们也对学校课堂的东西提不起研究的兴趣。再往后，实验学校由给未来教师提供实践的地方渐渐变成模范学校，并因此变成了正统的"安全"地方，成为大量教师的子女和中上阶层专业人士子女聚集的地方。[2]

---

① Clifford, G. J., Guthrie, J. W., *Ed School: A Brief for Professional Education*, Chicago: the University of Chicago Press, 1988, p. 120.

② Ibid., p. 114.

对这一变化，许多教育家认为实验学校已不能代表真实的教学环境，因而不适于继续给未来的教师提供职前培训，他们认为职前教学实习应放到当地的公立学校去。于是大学纷纷关闭了附属的实验学校，而教学实习则主要由当地的公立学校承担。这样一来，大学的教育学教授们更进一步地脱离了教育实践场所——广大的学校系统，从而也脱离了对学校教师的职前培训进行指导的职责，而将这一职责推给了公立学校的在职教师。

（五）教师教育越来越边缘化且与学校教师的关系越来越疏远

当大学教育学院为稳固大学里的地位，急于向更高层次的学科研究迈进，建立显得更专业化的学科，而将工作重点转向教育管理时，教师教育这一以前的主要任务被逐渐地边缘化了。1925 年，纽约大学的克里格（J. O. Creager）对 32 所州立大学教育学院院长进行了调查，发现只有六个州要求准备做教师的学生必须在教育学院学习过。[①] 而且他发现，甚至在一些情况下，文科专业的学生只需选修几门教育学院的课程，就可以直接申请州教育部门的教师执照。对此，他提醒各教育学院应关注他们的专业教育权威与承担的相应责任并不对等，并警告说，这种情况不做改观的话，意味着教育学院将同时对自己培养教师和大学其他部门培养教师的质量负责，这势必会影响教育学院的声誉。事实上，大学教育学院的教师意识到了不能全面掌控教师教育会带来的声誉上的威胁，这就像其他专业学院的教师也会努力确保自己对专业从业人员训练的专有权得到官方的认可一样。但同时他们也本能地意识到，过多地参与教师教育，无论是职前教师教育还是在职教师教育，也会对他们在大学里的学术声誉发生影响，因为这就意味着要承担当时专业水准很低的在职教师教育，其中包括绝大多数为女性的小学教师教育。例如，在克伯利就任斯坦福教育学院院长后，尽管他本人就是来自学校的一名专业人士，但在他的带领下，该院的工作重点转向了教育管理。对此克伯利解释道，应把方向瞄向未来目标的实现而非当下微小的实际结果。他所说的未来目标指的就是培养学校校长、学区学监，而不是学校的教师。1902 年后，斯坦福教育学院就只招收具备学校经验的教师或师范学校的毕业生了，这样既避免了与大学其他系的培养目标发生冲突，又减少了招生成本，因为有足够的教育专业人士期待进

---

① Creager, J. O., "The Professional Guidance of Students in Schools of Education in State Universities", *Educational Administration and Supervision*, Vol. 13, No. 3, 1927.

入大学深造以提升自己的事业。斯坦福教育学院到 20 世纪 30 年代时为止，所授予的博士学位就占了斯坦福大学所授博士学位的 13.75%，十年之后该比例增加为 17.7%，仅次于哥伦比亚大学的师范学院。[1] 类似做法在其他顶尖教育学院也很普遍。如哈佛教育学院，早在 20 世纪 20 年代期间，芝加哥大学教育学院的裘德就多次向哈佛教育学院的第一任院长霍尔姆斯建议，不要再把主要精力放在培养专业人士上，而应专注于研究训练，特别是教育心理学，以建设教育科学。1923 年，哈佛校长劳威尔就减少了本科层次的教师培养，到哈佛下任校长康纳特时，他取消了教育学院对中学教师的培养，而设立了新的教育文学硕士，由哈佛文理学院研究生院负责，教育学院参与共建。至此，哈佛教育学院被彻底剥夺了从事教师教育的工作。教育学院从教师教育的领域撤退，使教师教育在大学中日益边缘化，疏远了学校教师群体，也使教育学院远离了教育的现实领域，使教育学院在脱离教育实践的封闭环境中进行着它们所谓的科学研究，这对当时还是新兴领域的教育心理学产生了巨大的影响，其结果是使教育类专业教育这一新专业教育的理论基础，学习理论，被建立在实验室研究和动物研究的基础之上。[2] 也正是在这些顶尖教育学院的带领下，其他有远大抱负的公立大学也认为，教师教育不是他们的职责，而应交给州立师范学院的本科生教育负责。

　　如此一来，大学中教育学院进行的专业教育并未因与科学研究的联姻而取得质的飞跃，反而是抑制了专业教育的发展，同时其所从事的教育研究也未能获得大学传统学科的尊重。用有学者的话来讲，就是"插上翅膀的理论"与"瘸腿的实践"难以和谐共存。[3]

　　"二战"后到 80 年代，美国教育历经了一系列的外部和内部动荡：从外部来看，苏联人造卫星的发射，进步教育的冲击，以及随后与日本进行了 30 年的经济竞争导致的对学校教育的暂时偏离；从内部来看，在以上外部因素的推动之下，出现了一系列的教育改革运动。然而，顶尖大学里的教育研究生院（150 所，承担了全美 10% 的教师教育）并未过多地受

---

① Clifford, G. J., Guthrie, J. W., *Ed School: A Brief for Professional Education*, Chicago: the University of Chicago Press, 1988, p. 109.

② Ibid. .

③ Good, H. G., *The Rise of the College of Education of the Ohio State University*, Columbus: Ohio State University Press, 1960, p. 168.

到大学教育改革运动的影响，它们对这一时期教育改革运动的参与不过是为了争夺政府和基金会为推动学校教育而投入的大量研究资助，大学仍是它们的主要生态环境，大学内部的因素对它们产生了更重要的影响。同时这些研究型大学里的教育学院，其专业教育仍维持显著的学术倾向，而且它们在大学里的学术边缘地位也未获得明显改善。[①]

四　借鉴受挫的原因分析

医生、律师、教师都属于最古老的职业，这三种职业都注重实践，其专业教育发展在美国所经历的路径都是：从最初的学徒式专业教育模式，逐渐过渡到独立的专业学校教育模式，最后实现与大学的融合成为大学的专业学院。不同之处则在于，前两者都走出了成功的专业教育之路，形成独特的专业教育模式，在大学里赢得了崇高的地位，其专业学位与学术学位受到同样的尊重；而教育的专业化道路却走得非常艰难，尽管其专业教育发展的三个阶段与医学、法律类似，但当进入与大学融合的第三个阶段时却遭遇了似乎无法克服的困难，始终难以形成自身独特的专业教育模式，以至于在大学里始终处于边缘地位，其颁发的专业学位也被指不比学术性学位而不断遭受质疑。这究竟是什么原因导致的呢？如果分析原因，还得从教育行业自身和其外部环境中去寻找。

（一）教育行业自身的特点

美国教育类专业教育艰难的专业化道路有其重要的自身原因。

首先，教育类专业教育缺乏明确对应的专业知识和技能体系。教育是个极为宽泛的词，它囊括了各种各样的学科，像历史、地理、生物等，因此医学和法律专业教育有对应的明确的专业知识和技能体系，但教育却没有。这导致了教育专业教育不同于医学和法律专业教育的特点：（1）难以对学习效果进行评估，也难形成衡量其专业教育水平的统一标准。（2）难以形成自身的特色教学法，而医学专业教育和法律专业教育都有各自独特的教学法，分别是临床教学法和案例教学法。（3）教育学院虽为大学里的专业学院，却无法像医学院和法学院那样，为学生提供研究生层次的学科教育。

---

① Clifford, G. J., Guthrie, J. W., *Ed School: A Brief for Professional Education*, Chicago: the University of Chicago Press, 1988, p. 201.

其次，有关教育专业知识和专业技能方面的研究发展缓慢。如果说教育学院无法提供研究生层次的学科知识教育，这是难以改变的现实，但这也不意味着教育学院就完全无法有所作为，因为除了学科知识之外，还有一些领域的知识对于促进学生的成长和学习是至关重要的，比如关于教的过程和学的过程的知识、如何通过教来促进学的知识、学生个体发展过程的知识，等等。而且这些知识无论对哪个学科领域的教师和教育管理人员来讲，都是必不可少的，而且这些知识也正是一线教师和教育管理者迫切需要的。或许，这才是教育学院专业教育应该对应的核心专业知识和技能。因此大学教育学院是可以发挥大学理论研究的优势，对以上各领域进行深入探究的。然而，当时美国有关教育专业知识和专业技能方面的研究发展缓慢，特别是对教的过程的研究、学的过程的研究、如何通过教来促进学的研究以及学生个体发展过程的研究。一方面，这是由于当时美国的教育研究确实还处于低水平发展的阶段；另一方面，也是由于大学向来有重理论、轻实践的传统，造成对实践领域研究的轻视，因此大学教授们根本不乐意从事这方面的研究，教育学院也不例外。

再次，教育专业实践不同于医学和法律专业实践的特殊性。教育与医学和法律行业一样，都是非常注重实践的行业，但是，教育作为一项职业，在专业实践上与医学、法律也存在巨大的不同，具体来说就是：刚毕业的教师工作时面临更巨大的挑战，他们不可能像刚毕业的医生或律师那样，通过先在医院或律师事务所从事一些琐细的、责任不大的工作，逐渐获得足够的实际工作经验和工作技能之后，再承担重要的工作。教师工作没有琐细与否、责任大小之分，新教师走上讲台所面临的情况与资深教授所面临的情况是完全一样的。因此，专业实践应该在教育类专业教育中占有更为重要的地位。但现实中，美国大学教育学院的专业教育，特别是博士生层次的专业教育，所包含的专业实践的分量却非常有限，甚至完全没有。

从以上的分析可以看出，大学教育学院及其提供的专业教育与医学院和法学院及其提供的专业教育存在很多不同的特点，这些特点一方面使教育类专业教育难以形成自己特有的人才培养模式，另一方面也使教育学院及其专业教育在大学里显得非常另类，两方面都使教育学院及其专业教育更易遭受来自大学内部和来自外界的质疑，其专业化道路也因此变得异常艰难。

（二）教育学院所处环境的影响

1. 美国教育大环境的影响

首先，美国实用主义哲学的影响。因经济和社会发展的需要，美国上上下下十分重视教育，对教育进行了大量的政府和民间投资，推动了教育的普及，同时也强烈要求教育体现它应有的投资回报，于是形成了存在于美国社会的传统思维惯性：教育是一切社会、经济、政治问题的万能解药，也是所有这些问题无法解决时的替罪羊。这样的思维惯性导致了整个美国社会对教育行业的质疑与不信任。

其次，教育行业文化和社会影响的虚无。与教育事业在美国社会的崇高地位相对应的是，教师作为一种职业，在美国的社会、经济、政治的地位却不高。（1）由于拥有众多的女性从业者，教师这门职业始终遭受着来自性别主义者的歧视。（2）美国历史上经历的师资匮乏令教师的专业水平在相当长的时期里处于较低的水平。（3）数量巨大的教师却无法获得医生、律师那样强大的经济实力，因而难以形成强大的专业文化，导致其政治和社会影响的虚无。这一现实使教育行业更容易受到外部因素的影响和攻击，同时也使教育行业难以对大学教育学院的专业教育的形式和内容产生影响，这与美国医学和法律行业强大的专业文化和社会影响形成了巨大反差。

再次，高等教育领域自由竞争的推动。美国高等教育领域的自由竞争促进了美国高等教育的繁荣与多样化，同时它也会导致高等教育领域的趋同性。这是由于各类高校都期望跻身顶尖的研究型大学，获取更多的研究资金和更雄厚的研究实力，因此纷纷效仿顶尖研究型大学的做法。与此类似，各高校的教育系或教育学院也会效仿顶尖研究型大学教育学院的做法，最终它们的教育类专业教育模式越来越学术化。

2. 美国大学内部环境的影响

（1）大学对职业培训的偏见

大学的一个重要功能就是培养人才，使人们为今后从事的职业作好准备。中世纪大学是现代大学的雏形，其主要功能就是职业培训，为社会培养牧师、医生和政府官员，现代大学的创建也是处于职业化的背景之下的。尽管如此，进入美国大学的职业系和专业学院一直承受着传统看法带来的压力，这种传统看法认为：职业系和专业学院进入大学贬低了高等教育，因为他们从事的专业教育关心的是实际经验和技能的获得，而不是大学推崇的高深学问。尽管这种看法极为荒谬，但在它的影响之下，大学里的专业学院仍旧不断努力让自己的工作显得"更具学术性"。教育学院也是类似的情况，学院里的教师也因此分成两类：一类注重科学的学科方法，另一类则关注专业培训，而这两类教师都面临挑战：前者掌握了研究方法，但是除了大学的实验室和图书馆以外，他们缺乏实际环境以运用研究为教育带来启发；后者熟悉学校实际情况，但却不善于运用研究，组织和反思自己的经验，以产生新的理念。①

（2）大学传统学术文化的影响

1923 年，在衣阿华州立大学纪念该校教育系成立 50 周年的仪式上，詹姆斯·罗素就曾提醒听众："专业学院的职责就是尽可能为即将进入该专业的新手提供在专业实践中需要的东西。"② 他还说过一段著名的话："如果外科医生需要缝合技术，医学院就应该传授缝合技术，而不应该存在诸如毕业学分以及缝合究竟是不是一门通识教育学科这样的问题。"③ 尽管如此，当时美国顶尖教育学院随后的演变却被斯坦福大学教育学院的院长克伯利（Ellwood P. Cubberley）给不幸言中："大学最显著的功能不是行动，而是思想。"④ 而且鉴于真正的专业训练应该建立在事先存在的文化教育上，而在大学这个大环境中，占优势地位的不是专业文化而是专注学术研究的大学文化，因此罗素对于独立的师范学校融入大学这一趋势感到痛心，并认为这种融合是一种敌视专业教育的行动。⑤

---

①　See Sizer and Powell, "Changing Conceptions", page 67. See also Roemer and Martinello, "Divisions in theEducation Professoriate", page 203 – 223. Sizer, T. R., &Powell, A. G., "Changing Conceptions of the Professor of Education", Counelis, J. S. （Ed.）, *To be a Phoenix: The Education Professoriate*, Bloomington, Ind.: Phi Delta Kappa, 1969: 67. Roemer, R., &Martinello, M., "Divisions in the Educational Professoriate and the Future of Professional Education", *Educational Studies*, 1982, 13（2）: 203 – 223.

②　Russell, J. E., "Further Development of the School of Education", School and Society, Vol. 438, No. 17, 1923.

③　Cremin, L. A., Shannon, D. A., and Townsend, M. E., *A History of Teachers College*, New York: Columbia University Press, 1954.

④　Cubberley, E. P., "The College of Edcation and the Superintendent of Schools", *School and Society*, Vol. 438, No. 17, 1923.

⑤　Russell, J. E., "Further Development of the School of Education", *School and Society*, Vol. 438, No. 17, 1923.

　　二战中美国高校与政府的合作取得的巨大成功，使美国大学的科学研究得到前所未有的重视，对大学的财政支持尤其是来自政府的支持都无一例外地流向了科学研究项目，研究型大学因其卓越的研究能力而占据了绝对优势。如此一来，强调学术研究的传统学术文化始终是美国大学的主流，而拥有强大的学术研究能力成为衡量专业学院在大学里地位的黄金标准。而大学里的教育学院，特别是研究型大学里的教育学院，由于教育自身特点而在学术研究中处于弱势，为了确保在大学里的地位，它们开始一味地追求理论研究，最终的结果便是：教育类专业教育模式逐渐向传统的学术型专业教育模式靠拢，教授们的理论研究也逐渐从教师教育转向教育管理或教育心理，导致教育学院对教师行业和广大公立教育系统的进一步疏离，失去了原本就不强大的专业支持，同时也使其在大学中的地位更加边缘化。

　　3. 其他因素的影响

　　另外还存在一些因素，使这种融合对教育类专业教育更为不利。首先，受大学发展科学研究进而重视研究生教育的影响，大学里的专业学院都开始注重提供研究性学位，特别是哲学博士学位，而这方面既是大学文理学院教师们的职责，也是他们最擅长的专长。其次，教育类专业教育本身较弱的专业影响：培养对象是收入低、流动性大、大多数是女性教师；教师的服务对象则是学生，不像医生和律师那样具备强有力的政治和经济影响，这些都使教育学院无法像师范学校那样专注于以专业人员为中心的专业教育模式。再者，当时由于中小学师资极度匮乏而使教师的专业水平极低，连最基本的教学法技能也不具备，根本谈不上在课堂上运用创造性写作、角色扮演、实地考察等更高层次的教学法。然而荒谬的是，面对教师普遍缺乏而且亟须提高的教学技能的状况，教育学院不对其进行深入研究反而将其淡化，却急于建立教育学科以使自己在大学中的地位合法化，其开展的教育研究也转向易操作、量化的、边缘性的教学及管理问题的研究。[①]

---

　　① Clifford, G. J., Guthrie, J. W., *Ed School: A Brief for Professional Education*, Chicago: the University of Chicago Press, 1988, p. 93.

本章小结

医学和法律专业教育分别是美国最具影响的专业教育，二者的培养模式在 20 世纪初基本成型，并一直沿用到现在，它们各自的特点及卓有成效的人才培养模式获得了社会各界的高度赞扬，一直是美国高校其他专业学院学习的榜样，也是美国高校的骄傲。教师与医生、牧师同为最古老的职业，且教育与医学和法律这两个领域一样注重实践，为什么医学和法律的专业教育能发展成为美国专业教育领域中最具影响的专业教育，而唯独教育领域的专业教育发展困难重重？为搞清楚这些问题，本章对美国这三个领域的专业教育特征和发展历程进行了分析。

通过分析不难发现，这三个领域的专业化发展都经历了基本相同的发展路径：从最初没有专业教育、也不存在什么行业限制、任何人都可以从事自己想从事的行业，发展到学徒式专业教育；再从以学徒式专业教育为主，发展到学徒式教育与职业学校教育并存的局面；最后职业学校教育成为大学的专业学院，专业教育融入高等教育系统，同时学徒式专业教育并未彻底消失，而是作为专业教育的一种形式继续存在。

然而，这三种专业教育的差异就出现在专业教育与大学融合的这个阶段。在与大学融合之后，法律和医学专业教育都出现了质的飞跃，形成了自身独特的专业教育模式：运用独具特色的教学法，传授边界清晰的特定专业知识和技能，提供不可或缺的专业实践训练。随之，专业教育水准也大幅提高，在大学里赢得了崇高的地位，其专业学位也受到了同样的尊重，同时也得到社会的普遍认可。然而，唯独教育类专业教育在与大学融合的过程中遭遇了似乎无法克服的困难，始终难以形成自身独特的专业教育模式：缺乏特色教学法，没有公认的、边界清晰的核心专业知识和技能范围，专业实践训练从专业教育中被剥离。再加上教师教育成效评价的难以测量和滞后性，以至于专业教育水准也无从考量。缺乏独特、高水准的专业教育模式，又不具备强大的理论研究实力，导致教育学院在大学里始终处于边缘地位，其颁发的专业学位也因此被指不比传统学术性学位而不断遭受质疑。究其根源，既有教育行业自身特点因素，也有美国教育大环境的影响。

来自教育行业自身特点的因素包括：（1）教育类专业教育缺乏明确

对应的专业知识和技能体系；（2）有关教育专业知识和专业技能方面的研究也发展缓慢；（3）教育专业实践不同于医学和法律专业实践的特殊性。这些教育行业自身的特点都使美国大学教育学院提供的专业教育难以形成独具特色的专业人才培养模式。

另外，美国教育大环境的影响也使教育学院在专业化道路的进程中举步维艰。（1）实用主义哲学的影响下产生的思维惯性，导致了整个美国社会对教育行业的质疑与不信任。（2）教育行业文化和社会影响的虚无，使教育行业更容易受到外部因素的影响和攻击，同时也无法平衡大学里教育类专业教育的学术倾向。（3）迫于大学内部强大的学术传统，教育类专业教育与大学的融合并未取得质的飞跃。相反，由于一味地追求理论性，教育类专业教育最终形成了毫无自身特色的学术型专业培养模式，大学教育学院的理论研究也逐渐撇开教师教育，而将重点放在了教育管理或教育心理方面，教育学院在大学中也被边缘化。（4）美国高等教育领域的自由竞争而导致的高等教育的趋同性，使教育类专业教育的学术培养模式变得更为普遍。

美国医学和法律的专业教育之所以成功，关键在于二者的专业教育在与大学融合之后，都实现了科学研究与专业实践的完美结合，这种结合的前提是科学研究与专业实践二者力量上的平衡。然而，教育自身的特点以及外部大环境的特点，最终导致了教育类专业教育与大学融合的结果却是科学研究的独大和专业实践的萎缩：教育学院在大学里就如同一棵水土不服的果树，难以结出令人赞美的累累硕果。

第六章

美国教育博士专业学位教育的模式特征

目前美国超过 95% 的教育类博士学位都是研究型大学授予的,[①] 提供教育博士专业学位（Ed. D.）教育的大学可以分为两类，一类是只授予教育博士专业学位的大学，一类是既授予教育博士专业学位，又授予教育哲学博士学位（Ph. D.）的大学。前类大学的 Ed. D. 培养模式具有强烈的学术特性，以哈佛为代表的波士顿地区研究型大学就是典型的例子。后面一类大学授予两种教育类博士学位，在过去的发展历程中，这两种学位的培养往往因没有太大差别而不断遭受质疑。近年来在教育博士学位教育的改革浪潮推动下，有许多大学的教育学院已经开始致力于严格区分其 Ed. D. 和 Ph. D.，并取得了一定的改革成果，以范德比尔特大学为代表的 UCEA 组织的成员大学就是典型的例子。下面选取这两类大学中的代表性学校，就其 Ed. D. 的培养模式进行分析。

第一节　学术型的传统培养模式

波士顿地区以高等学府云集著称，有一百多所高校，按卡内基的大学分类，该地区的研究型大学共有八所。受该地区研究型大学浓厚学术氛围的影响，再加上哈佛教育学院的引领作用，波士顿地区的 Ed. D. 培养项目目前多数仍沿用学术型的培养模式。下面介绍波士顿地区三所有代表性的研究型大学的 Ed. D. 项目，它们是：哈佛大学、波士顿大学、麻省州立大学波士顿分校。前两所为私立研究型大学，其教育学院都有很强的实

[①] Levine, A., "Educating Researchers", *The Education Schools Project*, 2007: 43.

力：哈佛教育学院在《美国新闻和世界报道》2012 年美国最佳教育学院排名中列第 2 位，波士顿大学的教育学院列第 55 位。麻省州立大学是美国东部排名第三的公立大学，其波士顿分校是波士顿地区唯一的公立研究型大学，其教育学院的 Ed. D. 项目也有重要的研究价值。

一　哈佛大学

从 1920 年成立以来直到 2009 年，哈佛教育学院都只授予一个相关博士学位：教育博士学位（Ed. D. ）。哈佛的 Ed. D. 培养是典型的学术型培养模式，教育博士专业学位既颁发给从事教育管理领导工作的人，也颁发给从事教育理论研究工作的人。鉴于哈佛在美国教育界的崇高地位，有不少教育学院以哈佛为榜样，将自己的 Ed. D. 也打造成研究型的学位，并且无论对未来的研究人员还是专业人士都只授予 Ed. D. [①]。随着时间的推移，美国教育界呼吁区分教育博士学位与教育哲学博士学位的声音反复出现，但是，"Ph. D 是哈佛文理学院研究生院授予的学位，Ed. D. 是哈佛教育学院授予的学位"，"我们向来都是这么做的"，成为哈佛维持现状最强大的理论基础[②]。从诞生之初直到现在，哈佛教育学院的 Ed. D. 仍维持了学术型的培养模式。

（一）哈佛 Ed. D. 的五个专业方向

1. 教育政策、领导和教学实践

这一专业方向关注的是儿童、青少年、成人的学习，学习与学习发生的组织、机构和政策环境的关系。该专业的目标是培养具备扎实理论基础与方法论技能的教育研究人员和实际工作者，他们的主要兴趣在于发展促进教育组织中学习过程的知识。该专业毕业生的特点在于能够将研究和理论系统地运用于实践从而促进儿童、青少年、成人在教育组织中的学习。

2. 文化、社区和教育

该专业方向关注一系列日趋复杂的问题：从文化实践的改变，种族、道德、语言多元化的改变，到这些改变对人的发展、社会的发展以及教育的意义。该专业方向主要研究使儿童或青年处于不利地位的因素；研究支持高水平学术、社会和道德发展的资源，包括家庭的、社区的、文化的；

---

① Levine, A. , "Educating Researchers", *The Education Schools Project*, 2007：44.

② Ibid. , p. 45.

以及对健康个体、有效学校进行研究。该专业方向训练学生多层次地考察以上问题：个人层面的、学校层面的、学校所在社区层面的以及国家和国际层面的。

3. 高等教育

该专业方向面向期望更好地理解并影响美国高等教育的学生，其课程考察高等教育过去和现在存在的问题，特别是领导、管理和治理；政策制定和决策；规划与财政；多元化。毕业生担任的领导职位包括：学院和大学、研究机构、州及联邦政府机构里的研究人员、教师、行政人员和政策分析人员。

4. 人的发展与教育

该专业关注的是一个人从婴儿到成人的整个一生的发展，特别是一个人认知的、社会的、情感的发展，是如何与社区和文化背景相互作用的。该专业方向的教师和学生致力于以下广泛的专题：语言与文化；智力、大脑和教育；儿童早期发展；困境中的儿童。这一专业毕业生的特点在于能运用发展方面的研究解决教育政策和实践中的问题。

5. 教育政策定量分析

该专业方向为学术和研究机构培养研究人员。其培养结合了三方面的课程内容：严格的定量研究方法训练，深入的专业课程学习，大量的教育组织和政策研究；外加至少一年的强化研究学徒期。以上三方面的内容使学生在毕业后能够开展具备学术深度和广度的独立研究。

（二）哈佛 Ed. D. 项目具体内容

1. 培养目标

教育博士学位的培养目标是 21 世纪教育领域的学者和领导者，毕业后教育博士通常从事以下工作：大学教师，高层教育领导，政策制定者，研究人员。

2. 培养对象

（1）入学标准

哈佛 Ed. D. 的入学竞争非常激烈，2011 年的招生比例仅为 9%。录取时要综合考虑申请者的学术记录、考试成绩、推荐信、工作经历和学习目的，但对拥有硕士学位和工作经验没有硬性规定。

（2）招生方式

哈佛 Ed. D. 的招生方式为网上申请，并按规定递交以下材料：个人简历；大学课程成绩；GRE 成绩；三封推荐信；学习计划；其他可以反映申请者特殊经历的描述。其中学习计划是一篇不超过 1500 字的短文，内容包括：你的学习目标以及哈佛教育学院的 Ed. D. 项目如何有助于你目标的实现；谈谈在学习期间想从事哪方面的研究以及期望学院的哪位教师做自己的导师；介绍你的背景情况，重点陈述是什么样的经历促使你想在教育领域或教育相关领域工作。

3. 培养方式

（1）学习方式和学习时间

学生在导师的指导下，主要以个人学习和研究的方式完成教育博士培养项目的内容。培养时间总共 4—7 年，平均为 6 年，全日制学习（full-time），其中课程学习必须在哈佛教育学院住读。

（2）学位要求

哈佛 Ed. D. 的学位要求包括三项：完成规定的课程学习，获得博士候选人资格，撰写博士论文并通过答辩。其中，要获取博士候选人资格，学生必须完成一篇文章，其内容主要与博士论文有关，是就教育领域的一个问题或理念进行学术性的分析。这篇文章不要求发表，但完成后要由学生的导师组审核，审核合格后学生才能获得博士候选人资格。这篇文字类似于国内博士培养的论文开题报告。

（3）课程设置

学习者用 2—3 年的时间修完至少 16 门课程共 64 个学分，其中，核心课程 6 门 24 学分，选修课 10 门 40 学分。

核心课程包括一门 4 学分的综合基础课以及共 16 学分的五门研究方法课程。这门综合基础课由几位教师共同授课，所有专业方向的学生一起学习，内容涵盖历史、哲学、理论以及五个专业方向目前的争论话题。研究方法课程包括基础研究方法课程和高级研究方法课程。基础研究方法课程可以选择一门，即教育研究方法和数据分析（4 学分）；也可以选择两门课程，即定性研究中的观察和参与（2 学分）和定性研究中的访谈（2 学分）。除此之外，每位学生根据自己的具体情况，再选三门高级研究方法课程，不同专业方向，甚至同一专业方向的学生，这三门课程的选择都有可能不同。

选修课对不同专业的学生要求不同，其中，除"教育政策定量分析"外的其他四个专业方向的学生可以根据自己的论文方向和今后从事的职业确定选修课程，选修课可以是教育学院或整个哈佛提供的任何课程。"教育政策定量分析"的核心课程与其他专业方向相同，但它有特殊的选修课程，其选修课包含三方面的内容：严格的定量研究方法训练，专业学科学习，大量的教育机构与政策研究。该专业方向的学生，还必须有至少一年的研究学徒期，在此期间，学生和指导教师一起进行研究工作，学生在研究中学习研究技能。另外，所有该专业的学生还被要求进行定量课程的教学。

（4）教学方式

教育博士培养项目的内容主要分为两大块：课程学习和研究训练。

课程学习主要采用讲座的形式，其中穿插学生小组讨论、学生个人和小组的课堂演示等。研究训练主要是导师对学生"一对一"的研究指导，如学生带教、参与导师研究项目。

（5）实习要求

哈佛教育博士培养项目没有这方面的专门要求。

4. 培养评价

（1）过程评价

主要有两个方面，一是课程学习中对学生的要求，这方面考核主要取决于该门课程的任课教师；二是学生通过撰写合格的文章获得博士候选人资格。

（2）毕业设计

哈佛 Ed. D. 项目的毕业设计是就教育领域的某个重要问题进行独创性的研究，并就研究内容完成一篇博士论文。

（三）哈佛 Ed. D. 项目的特点

其一，哈佛 Ed. D. 项目的培养主要有两大块内容，一个是课程学习，另一个是研究工作。其二，在培养中注重研究训练，例如课程学习中研究方法课程所占的比重很大，而且学生的研究工作也是培养的两大内容之一。其三，整个项目的培养模式与传统哲学博士的培养模式很接近，都注重理论研究，是典型的学术型培养模式。

二　波士顿大学

波士顿大学创校于 1839 年，是一所著名研究型私立大学，是全美第三大私立大学。2010 年全校有学生 33480 人，其中本科生 16683 人，研究生 13956 人，国际生 5464 人，来自 140 多个国家；教职员工 1 万多人，其中教师 3936 人，生师比为 13∶1。波士顿大学拥有雄厚的学术实力，共有 15 个学院，250 多个培养项目，2010 年共授予学位 8944 个，其中博士学位 1049 个，2011 年的研究经费达 3 亿多。

波士顿大学教育学院建于 1918 年，学院致力于培养教育工作者和发展学术，并将这两方面工作紧密结合。学院认为这两方面相辅相成，丢弃任何一方都会使另一方遭受损害：学术研究使教育工作者的培养更丰富、更深入；而教育工作者的培养能使学术研究不脱离实际。强调理论联系实际是波士顿大学教育学院的重要特征。具体来讲，波士顿教育学院有三个使命：培养教师、教育管理人员、教育家；为在职教师、教育管理人员提供继续教育；发展学术研究以提高教育质量。

目前波士顿大学教育学院共有 900 多名学生，其中本科生 400 多名，研究生 500 多名。学院共提供 20 多个专业方向的培养项目，毕业生遍布全美和世界各地。学院只授予教育博士学位（Ed. D.），共有五个专业方向：咨询心理学、课程与教学、发展研究、教育领导与发展、特殊教育。

（一）Ed. D. 项目专业方向

1. 咨询心理学

该专业方向主要培养在教育领域工作的专业人员，如大学的咨询中心，公立和私立学校从事学生咨询工作的专业人员。该专业提供两种培养，一种可以获取心理医生执照，另一种则不提供执照培训。

2. 课程与教学

该专业方向培养具备深厚学科知识和专业技能，能够设计、实施、评估特定教育项目、有开展和评估研究能力的教师。具体包括五个领域的教师：早教，特殊教育，体育教育，教育传媒和技术，传统的学科教育（英语教育、历史和社会科学教育、数学教育、科学教育）。该项目培养还提供教师执照训练，供学生选择。

3. 发展研究

该专业方向针对的是对理论研究感兴趣的人，毕业生日后从事的职业包括：小学、中学、成人教育的领导职位，学院和大学的教师，政府、企业、服务机构的专业职位，私立和公立研究机构的研究人员，特定研究领域的专家。

4. 教育领导与发展

该专业方向培养学校管理、教育政策、高等教育管理、社区教育领导领域的教育管理专业人士。

5. 特殊教育

该专业方向的毕业生毕业后可能从事的职业包括：学院和大学的教师或学者，学校和政府机构的项目主管，社区组织的领导。

（二）Ed. D. 项目概况

1. 培养目标

从以上五个专业方向的培养目标来看，波士顿大学教育学院 Ed. D. 的项目培养目标既包括从事学术研究的研究人员，也包括学校和大学的教师，还包括政府部门、教育机构、企业和服务机构中从事管理或咨询的专业人员。

2. 培养对象

（1）入学标准

波士顿大学教育学院教育博士的申请者必须拥有学士学位和硕士学位。

（2）招生方式

申请者需要网上或书面提交入学申请，并递交完整的申请材料，等待通过招生委员会的审核。所需申请材料包括：个人简历，个人陈述，大学成绩单，GRE 成绩单，两封推荐信，就当前的教育或社会问题写一篇分析文章。

3. 培养方式

（1）学位要求

Ed. D. 学生必须达到以下要求才能获取学位：

第一，完成课程学习的要求：包括核心课程、选修课程、研究方法课程。第二，满足住读方面的要求：必须连续两个学期在波士顿大学修满至少 12 学分的课程。第三，成为博士学位候选人：必须通过综合考试，成为博士学位候选人，获得答辩资格。第四，撰写博士论文：完成博士论文的撰写，并通过答辩。

（2）课程学习

所有 Ed. D. 专业的学生必须完成包括核心课程、选修课程、研究方法课程在内的课程学习。其中核心课程是在入学第一年必须完成的学院规定的一门课程（教育思想史，4 学分）。而选修课程方面，各专业方向有不同的要求。另外，除了在硕士研究生期间所学研究方法课程外，学生还必须学习至少 4 门高级研究课程，共 16 学分，其中一门定量研究课程（教育探究和开题报告撰写）和一门定性研究课程（高级研究讲座）为必选课程。除此之外，不同专业在课程上还会有各自不同的额外要求。

（3）学习方式和学习时间

学习方式上，学生可以选择全日制学习或在职学习的方式。学习时间上，各专业要求不同：特殊教育的课程学习时间为 2 年，完成综合考试和论文的时间因学生不同而不相同；教育领导与发展一般 3—4 年；咨询心理学平均 5 年；课程与教学专业平均 5 年；发展研究最长不超过 7 年。

（4）教学方式

同哈佛大学类似，波士顿大学的 Ed. D. 培养也包括两大内容：课程学习和研究工作。课程内容的教学运用传统的讲座形式，研究指导为导师对学生进行的个别指导。

（5）实习要求

咨询心理学专业中，想获取心理医生执照的学生必须参加一年的临床实习，其他专业没有这方面的要求。

4. 培养评价

（1）过程评价

主要有两个方面：一是课程学习中对学生的要求，这方面的考核主要取决于该门课程的任课教师；二是学生通过综合考试获得博士候选人资格。

（2）毕业设计

波士顿大学 Ed. D. 项目的毕业设计也是就教育领域的某个重要问题进行独创性的研究，并就研究内容完成一篇博士论文。

（三）波士顿大学 Ed. D. 的培养特点

首先，波士顿大学 Ed. D. 的学位要求与传统哲学博士相同，其培养是研究取向的培养模式，注重研究能力的训练，所有五个专业方向的课程设置中都包括了相当的研究方法课程。

其次，不同专业方向的 Ed. D. 项目对研究训练的侧重又有所不同，有的专业特别注重研究能力训练，如发展研究，而有的专业则在研究能力的基础之上，注重专业实践能力的训练，如咨询心理学。

再次，在师资的配备上，非常注重教师的学术背景，所有专职教师都拥有学术性博士学位（Ph. D.），兼职教师都来自教育专业领域，都是拥有博士学位的教育专业人士。

另外，波士顿大学 Ed. D. 培养的另外一个特点是，将学位教育与获取执照的训练结合在一起，其 Ed. D. 项目五个专业方向中，除了发展研究这个专业方向不提供执照培训外，其他四个专业方向都提供获取执照的培养方案和没执照要求的培养方案。

三 麻省州立大学波士顿分校

美国麻省州立大学位于科教文化最发达的新英格兰地区的马萨诸塞州，140 年以来对美国东北部经济、文化和教育的发展起着举足轻重的影响。作为马萨诸塞州最大的公立大学，该校 6 万余在校学生分布在以波士顿为中心的 5 个校区：波士顿（Boston）、阿姆斯特（Amherst）、达特茅斯（Dartmouth）、罗威尔（Lowell）以及伍斯特（Worcester）。经过百年发展，麻省州立大学已可以颁发从学士学位到博士学位的 20 多种学位，拥有完备的教学和科研体系，目前该校在美国东部公立大学排名中位列第三。

麻省州立大学波士顿分校成立于 1964 年，是由当时的两所已经拥有百年历史的大学（麻省大学和波士顿州立学院）联合组建而成，是波士顿地区唯一的公立大学，也是美国知名的公立学府。学校有教育与人类发展学院、管理学院、护理与健康科学学院等 8 个学院，现有在读学生15000 多名，93% 的专职教师在自己的学科领域拥有最高学位。学校主要开设本科、硕士及博士学位课程，同时也通过继续教育、远程教育开展一些非学位的课程，学术课程涵盖范围多达 90 多个领域。目前，麻省大学波士顿分校有 65 个本科学位培养项目，39 个硕士学位培养项目，13 个博士学位培养项目。

麻省州立大学波士顿分校的教育与人类发展学院有三个系：教育领导系、课程与教学系、辅导和学校心理学系，目前只授予教育博士学位（Ed. D.）。

（一）项目的内容

教育与人类发展学院的教育领导系有两个 Ed. D. 培养项目，分别是教育领导方向的城市学校领导 Ed. D. 项目和高等教育方向的高等教育管理 Ed. D. 项目。

1. 城市学校领导项目

（1）培养目标

城市学校领导 Ed. D. 项目的培养目标是培养城市学校系统的教育领导，提升他们的领导力和研究能力。

（2）培养对象

学生来自公立和私立学校，学区办公室，教育组织，马萨诸塞州中小学教育部门，包括学校教师、教练、校长、委员、学区管理人员、顾问、州教育政策制定者。

（3）入学标准与招生方式

入学标准包括：拥有硕士学位；有领导的潜质；具备一定的实际工作经验，在城市教育领域工作至少 3 年以上；具备相当的写作和研究能力（主要从个人陈述判断），能够完成博士培养项目。

招生方式为网上申请并递交申请资料，然后等候申请材料审核，材料审核通过后接受面试。递交的申请材料包括：个人简历，个人陈述，硕士研究生阶段的成绩单，3 封推荐信。

（4）培养方式

①学位要求：城市学校领导 Ed. D. 项目的学生完成课程学习后，必须完成资格文章以获得博士学位候选人资格，最后完成博士论文并通过答辩才能获得学位。

②课程设置：整个项目，学生必须完成 65 个学分的课程，包括 16 门核心课程和 3 门选修课程。表 6－1 是城市学校领导专业的培养方案。

③学习方式和时间：在职攻读，小组学习方式，学制 4 年，多数学生用 4—6 年的时间完成了项目。

④教学方式：教学以课堂讲座为主。课前要求学生就课堂讨论的主题做大量阅读，课堂上开展广泛的讨论，教师就讨论情况做点评和总结分析，其间穿插学生的课堂演示，在学期课程进行过程中，每位学生都要做一次课堂演示。前三年，学生的指导工作由教师指导委员会承担，对学生进行集体指导。当学生获博士学位候选人资格，进入博士论文阶段后，则会由一名论文指导教师负责指导学生的论文。

⑤实习要求：学生要完成 3 学分的实习活动，实习活动由学生自行设计，并将实习设计在第三学年秋季学期的实习研讨课上进行讨论。设计的实习活动必须满足以下要求：强调活动；学生在实习期间能够接受实习指导；在学

生本职工作以外的教育背景中实施；必须有书面的实习报告，用以记录实习者的反思。

城市学校领导项目的学生可以选择考取教育管理（校长/学监/主管）证书，选择考证书的学生要多修6门课程，并完成300小时的实习。

表6-1　麻省州立大学波士顿分校 Ed. D. 培养方案（城市学校领导专业）

学年	夏学期	秋学期	春学期
1	教育领导工作室Ⅰ；重要的教育问题Ⅰ	重要的教育问题Ⅱ；综合研讨Ⅰ；城市学校的文化	教育机构的组织和领导；综合研讨Ⅱ；当代城市教育的历史发展
2	教育领导工作室Ⅱ；教育领导研究方法Ⅰ	教育领导研究方法Ⅱ；城市背景下的教、学与课程；综合研讨Ⅲ	团体研究项目；选修课；综合研讨Ⅵ
3	选修课；选修课	实习研讨课；资格文章专题	博士论文专题Ⅰ
4		博士论文专题Ⅱ；博士论文研究	博士论文专题Ⅲ；博士论文研究

（5）培养评价

①过程评价，包括课程考核与候选人资格获得。

课程的考核：由任课教师决定考核方式，通常是完成课程论文，同时参考课堂讨论的参与、课堂个人演示完成情况、规定阅读任务的完成情况、到课率等。

候选人资格：学生必须撰写合格的文章以获取候选人资格，文章内容有关博士论文要研究的问题，文章质量由该项目委员会审核。

②毕业设计：毕业设计为完成博士论文的撰写，并通过答辩。

2. 高等教育管理项目

（1）培养目标

培养高等教育机构的教育领导，能在不同环境中引发、促进和管理变革。

（2）培养对象

几乎所有学生都是在高校全职工作的教育专业人员，他们从事的工作可能是学生管理、学术管理、招生录取、经济援助、人力资源等管理工作。教师、系主任、学术主管也可以接受这个项目的训练，以发展他们的组织领导能力和观点。大部分学生来自高校，包括公立高校和私立高校。也有一部分学生来自其他高等教育机构，或是从事高等教育研究，还有部分学生来自 K－12 学习系统、从事学生的大学教育准备工作。

①入学标准：申请者必须拥有硕士学位，有高等教育领域的全职工作经验和一定的领导潜质，并具备相当的写作和研究能力。申请者的写作和研究能力主要从其个人陈述进行判断。

②招生方式：网上申请并递交以下证明材料：个人简历，个人陈述，推荐信 3 封，雇主同意深造的书面陈述。申请材料通过审核后接受面试。

（3）培养方式

①学位要求：学位要求分为两个方面，一个是课程学习要求，要求完成总共 69 学分的课程学习内容，另一个则是研究方面的要求，要求撰写资格文章提纲、资格文章、博士论文。

②学习方式和时间：学生为在职攻读学位，以学习小组的形式进行课程学习。学制 4 年，平均学习时间为 5—6 年，最长不超过 7 年。

③课程设置：课程包括 14 门核心课程，3 门选修课程，3 门论文专题讨论课。详见表 6－2。

④教学方式，包括课堂教学和教师指导

课堂教学：高等教育管理专业的课堂教学同城市学校领导专业。

教师指导：不同于城市学校领导专业，高等教育管理项目的学生在入学第一年就将确定一位指导教师，对其学业和论文进行指导。

⑤实习要求：没有实习方面的要求。

（4）培养评价

过程考核与毕业设计同城市学校领导专业。

表 6－2　麻省州立大学波士顿分校 Ed. D. 培养方案（高等教育管理专业）

学年	夏学期	秋学期	春学期
1	高等教育专题；教育领导	美国高等教育史；高等教育公共政策问题和结构	高等教育入学机会与公平；教育结构的组织分析
2	大学对学生的影响；选修课	城市背景下的教、学与课程；高等教育研究方法Ⅰ：定量研究方法	高等教育的有效变革；高等教育案例研究；定性研究方法
3	高等教育管理的毕业设计：领导理论和实践；资格文章提纲专题讨论	高等教育研究方法Ⅱ：研究设计；论文专题讨论Ⅰ；论文研究	论文专题讨论Ⅱ；论文研究
4	选修课	论文专题讨论Ⅲ；论文研究	选修课

（二）麻省州立大学波士顿分校 Ed. D. 项目的特点

其一，培养过程包括课程学习和研究训练两个部分，特别注重对学生研究能力的培养。例如，学生进入论文写作之前，必须完成资格论文提纲（the qualifying paper proposal，简称 QPP）、资格论文（the qualified paper，简称 QP）、开题报告。资格论文提纲是 8—10 页的一篇短文，就某一研究领域进行阐述，阐述应集中于一个特定的研究问题，这一特定问题必须是城市学校教育或高等教育的重大问题。要求学生写 QP 的目的是评估其运用已有的实证性和理论性文献形成并分析城市教育和高等教育研究问题的能力。而 QP 中的研究问题多数情况下都会是学生以后写博士论文的研究问题。当然，也有一些学生在完成 QP 的过程中发现了另外的问题，并准备在博士论文中予以研究。QP 是教育博士候选人资格的评定方式，QP 通过审核，学生才能进入博士论文程序。QP 未获通过的学生，还有两次修改的机会，如再递交两次后仍未能通过，将无法继续 Ed. D. 的学习。

其二，麻省州立大学波士顿分校的 Ed. D. 项目还提倡小组学习的模式，同一届 Ed. D. 学生一起修课、集体讨论，这样的模式可以促进以合作方式完成学习、决策、促进问题解决。

其三，培养项目关注城市教育，集中研究其面临的机遇、挑战和问题，特别是那些非主流群体的大学入学率和公平性问题。

其四，该校的 Ed. D. 项目以服务教育专业人士为宗旨，培养学者型专业人士，拓展和增强他们领导力的同时，使他们通过研究发展对城市教育的新见解，并且能够运用研究和理论解决城市教育问题，促进教育实践和教育政策的制定。

其五，麻省州立大学波士顿分校的两个 Ed. D. 项目都是培养教育领导的，培养方式也比较接近，但也有一定的差别，如培养对象不同，一个是针对城市学校系统的教师和专业人员，另一个则针对高等教育领域的教师、研究人员和管理人员的；一个项目有实习要求，而另一个却没有实习要求；但总的来讲都注重研究训练，仍然是学术型的培养模式。

第二节　二元区分型的培养模式

许多美国大学同时授予教育博士专业学位和教育哲学博士学位，其中不少已经开始致力于严格区分这两种博士学位教育的培养模式，比较有影响力的要数教育管理大学联合会（the University Council for Educational Administration，简称 UCEA）的成员大学。教育管理大学联合会是一个由 92 所大学组成的非营利性学术组织，该组织自成立已有 50 多年的历史，其宗旨有三个：（1）促进、赞助、推广就教育和领导实践中的重要问题所做的研究。（2）完善教育领导和教授的培养并促进其专业发展。（3）积极影响成员大学所在地、州及全美的教育政策。UCEA 成员多来自美国和加拿大的研究型大学，成员中不乏在全美教育学院排名中稳居前列的著名大学，如范德比尔特大学、纽约大学、弗吉尼亚大学等。近年来，UCEA 积极响应卡内基基金会教育博士研究项目的号召，大力推行教育博士学位教育改革，取得了引人瞩目的改革成效。本研究选取了 UCEA 的三位成员大学，对其教育学院的 Ed. D. 教育进行案例研究，以分析二元区分型的教育博士培养模式的特点。

选取的三所大学分别是范德比尔特大学、圣路易斯大学和弗吉尼亚大学，这三所大学都是美国著名的研究型大学，都同时授予教育博士专业学位和教育哲学博士学位。之所以选择这三所大学进行研究，主要是出于以下因素的考虑：（1）依据大学的公立或私立性质，其中弗吉尼亚大学为美国著名的公立研究型大学，其余两所为私立研究型大学。（2）依据其教育博士的培养规模，范德比尔特大学和弗吉尼亚大学的教育博士生人数，相对于其教育哲学博士生人数来讲比较少，都是五六十人的规模；而圣路易斯大学的教育博士生规模比较大，人数为三百多人，而其教育哲学博士生人数则比较少，只有五六十人。（3）依据其教育博士培养改革举措，最近几年，这三所大学都积极致力于教育博士培养的改革，特别是对两种教育类博士学位教育进行严格区分；而且三所大学的改革举措各具特色。（4）依据其教育博士培养的具体改革成效，范德比尔特大学的皮博迪教育学院截至 2012 年，在过去三年连续排名美国最佳教育学院第一，其教育博士的培养模式也被公认是优秀的典范；弗吉尼亚大学教育学院则是在近几年美国最佳教育学院排名中上升最快的，其教育博士教育改革也取得了令人瞩目的成效。因此，所选的这三所大学，其教育博士教育在同时授予两种教育博士学位的大学中具有典型意义。

一　范德比尔特大学

范德比尔特大学（Vanderbilt University）位于田纳西州的纳什维尔

（Nashville）市，是一所建于 1873 年的私立大学，有 4 个本科生院，6 个研究生院。每年录取的学生有 11000 多人，遍及美国 50 个州以及 90 多个其他国家，其中 55% 的学生来自美国东南部以外的其他州，8% 的学生来自美国以外。《美国新闻和世界报道》（*U. S. News and World Report*）2012 年的大学排名榜上，该大学本科教育位列全美第 17 名。

皮博迪教育学院（Peabody College）的前身是有百年历史的乔治·皮博迪师范学院（George Peabody），该学院 1979 年成为范德比尔特大学的一个学院。皮博迪教育学院的师生组成了活跃的学术团体，致力于解决教育难题和扩展教育领域知识，该学院所涉及的教育领域包括：特殊教育；心理学（特别关注家庭和孩子）；个体、组织和社区发展；教育管理、领导和政策。2009 年该院的研究生人数为 684 人，本科生 1202 人；该院毕业生中有 10000 名是现任教师，175 人为现任学监，50 多人是现任或前任大学校长。皮博迪教育学院在《美国新闻和世界报道》2012 年全美最佳教育学院排名中位列第一，并且是连续三年获此殊荣；而且在全美最佳教育学院前五名中，该学院拥有最多进入了最佳专业排名的专业：教育管理和督导专业排名第一，特殊教育专业排名第一，教育心理学专业排名第四，初等教育专业排名第四，教育政策专业排名第五，课程与教学专业排名第八，高等教育管理专业排名第九。[①]

皮博迪学院的领导、政策和组织系的使命是理解并改善学习发生的社会和组织环境；"理解"的使命由该系的研究活动和 Ph. D. 培养项目完成，而"改善"的使命则由 M. Ed. 、Ed. D. 培养项目和专业发展项目完成。2009 年该学院共招收 215 名专业学生，其中 44 名 Ph. D. 学生，56 名 Ed. D. 学生。

（一）改革背景

2002—2003 年，范德比尔特大学在全校范围对 Ph. D. 培养项目进行了审视。在这轮改革浪潮中，皮博迪教育学院的领导、政策和组织系（LPO 系）首先对其 Ph. D. 项目进行了大刀阔斧的改革。改革之后，LPO 系的 Ph. D. 项目只培养两类人员：未来大学教师中的研究 I 类人员和政府、非政府组织中的高级政策分析人员。改革使 Ph. D. 学生从那些既面

---

① 顾建民、王霁云：《创建新型毕业环节——美国教育博士学位论文革新的个案分析》，《高等工程教育研究》2012 年第 2 期。

向 M. Ed. 和 Ed. D. ，又面向 Ph. D. 的课程中分流了出来。另外，改革也让一部分全日制的 Ed. D. 学生转成了 Ph. D. 的学生，这部分学生数量不多，但印证了布朗（Brown）1990 年调查的看法：Ph. D. 和 Ed. D. 的地位差别使一些全日制 Ed. D. 学生想转入 Ph. D. 项目。①

在完成 Ph. D. 项目的改革后，皮博迪教育学院的 LPO 系开始着手 Ed. D. 的改革，并于 2003 年夏天就此召开了第一次会议，到会的 24 位 LPO 系教师就改革的规划进行了讨论。类似的 Ed. D. 项目改革的筹备规划活动一直持续了一年，直到 2004 年春季，学院教师委员会（the Peabody College Faculty Council）批准了 Ed. D. 项目最终改革方案，新项目的第一批学生于 2004 年秋季入学。

（二）改革的理论基础

1. 改革要解决的核心问题

Ed. D. 与 Ph. D. 培养的是不同的人才，Ed. D. 培养的是 K - 12 和大学的管理人员，他们是熟悉理论的教育实践领域专业人士；而 Ph. D. 培养的是大学教师和研究人员②。理想的情况是，鉴于不同的培养目标，两者的培养方式不同，但培养过程都是严格的，培养水准都是高标准的。然而，现实的情况却是大多数教育学院的 Ed. D. 培养方式与 Ph. D. 雷同③，而且这一问题早在 20 世纪 30 年代就已存在，并且一直延续到 21 世纪。在许多同时提供 Ed. D. 和 Ph. D. 的教育学院中，两种学位的

---

① Brown, L. D. (1990, April), A Perspective on the Ph. D. -Ed. D. Discussion in Schools of Education. Paper presented at the meeting of the American Educational Research Association, Boston.

② Watts, C. , "Issues of Professionalism in Higher Education", T. Bourner, T. Katz, & D. Watson (Eds.), *New Directions in Professional Higher Education*, Buckingham, England: Open University Press, 2000: 11—18.

Weidman, J. C. , Twale, D. J. & Stein, E. L. , Socialization of Graduate and Professional Students in Higher Education: A Perilous Passage?, ASHE-ERIC Higher Education Report, 2001, 28 (3).

③ Levine, A. , "Educating Researchers", *The Education Schools Project*, 2007.

Clifford, G. J. & Guthrie, J. W. , *Ed School: A Brief for Professional Education*. Chicago: University of Chicago Press, 1988.

Cremin, L. A. , The Education of the Educating Professions, Charles W. Hunt, Lecture presented at the meeting of the American Association of Colleges of Teacher Education, Chicago, IL. (ERIC document EJ181489), 1978.

培养内容在很多方面是重合的，甚至有许多教育学院 Ed. D. 和 Ph. D. 学生上相同的研究方法课程①。因此，Ed. D. 教育改革要解决的核心问题便是 Ed. D. 与 Ph. D. 培养模式趋同这一问题。

在重新设计其 Ed. D. 项目之前，皮博迪教育学院也面临同样的问题。如果不严格区分两种学位的培养目标、课程内容、职业路径以及学生的学习成效，那么 Ed. D. 会继续面临质疑，难以被广泛接受为面向教育专业人士、以实践为取向的最高专业学位。皮博迪教育学院希望通过他们的努力，将改革后的 Ed. D. 项目打造成全新的培养模式，对其他教育学院起到示范的作用。鉴于教育学院的同质性②，那些想提高自己全国性影响的学院，会跟随皮博迪的改革脚步重塑 Ed. D. 培养项目，从而推动整个国家的教育专业学位教育的改革步伐。

2. 改革的理论依据

解决 Ed. D. 项目面临问题的关键是要使其培养方式区别于 Ph. D.。那么应该如何区分呢？皮博迪教育学院的教师认为，Ed. D. 与 Ph. D. 的关键区别在于 Ed. D. 的实践性，也只有突出了 Ed. D. 培养项目的实践性，才能体现培养学校和大学管理领导人才的特点。而以往大学的教育学院，特别是研究型大学的教育学院，其 Ed. D. 项目主要为理论性的，学生写研究性文章，学习传统统计课程，撰写传统博士论文，然而这些训练内容对今后有效从事教育管理工作的促进作用有限。

如何才能在培养项目中体现 Ed. D. 的实践性呢？这涉及如何使课堂上所学内容指向实践，将其有效地转化成现实世界中的应用这一问题，这

---

① Osguthorpe, R. T. &Wong, M. J., "The Ph. D. versus the Ed. D.: Time for a Decision", *Innovative Higher Education*, 1993, 18 (1), 47 – 63.

Richardson, R. C., Jr. & Walsh, R. T., *Differences and Similarities in the Practices of Institutions Offering the Ph. D. and Ed. D. Programs in Higher Education*, Tempe, AZ: Arizona State University-Tempe, 1978.

Shulman, L. S., Golde, C. M., Bueschel, A. C. & Gorabedian, K. J., "Reclaiming Education's Doctorate: A Critique and a Proposal", *Educational Researcher*, 2006, 35 (2), 28 – 31.

② DiMaggio, P. J. & Powell, W. W., "Iron Cage Revisited: Institutional Isomorphism and Collective Rationality in Organizational Fields", *American Sociological Review*, Vol. 48, 1983.

Toma, J. D., Legitimacy, Differentiation, and the Promise of the Ed. D. in Higher Education, Paper presented at the meeting of the Association for the Study of Higher Education, Sacramento, CA: 2002.

对学生来说一直是个难点①。如果教学能采取这样的方式，即让学生设法解决现实中学校和大学所面临的实际问题，并且解决问题时使用的工具也是实际中会用到的，这样最终产生的结果也是与问题出现的具体环境相关的、有用的，在这种情况下，学生才更有可能将课堂所学的内容转化为现实中所要用的内容②。这就要求教师在教学中注重知识的可用性和适切性，以此为据，皮博迪教育学院建立了自己的理论架构，以指导 Ed. D. 项目的重新设计（见图 6 - 1）。

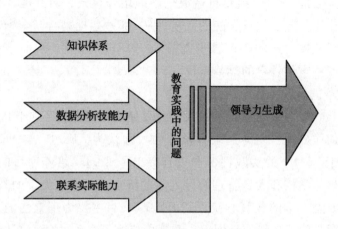

图 6 - 1 范德比尔特大学 Ed. D. 项目的理论架构③

如图 6 - 1 所示，学生通过学习有关的理论文献，建立扎实的可以指导今后管理实践的知识基础；同时学生还应接受数据分析技能的训练，以解决现实中学校和大学面临的问题；另外学生还要学会具体情况具体分析的技能，使问题的解决办法确实适合出现问题的学校或大学。根据以上的理论架构，皮博迪教育学院建立了新的实践型的 Ed. D. 培养模式。

---

① Butterfield, E. & Nelson, G., "Theory and Practice of Teaching for Transfer", *Educational Technology Research and Development*, Vol. 37, No. 3, 1989.

② Brown, J., Collins, A. & Duguid, P., "Situated Cognition and the Culture of Learning", *Educational Researcher*, Vol. 18, 1989.

③ Caboni, T. C., Proper, E., "Re-envisioning the Professional Doctorate for Educational Leadership and Higher Education Leadership: Vanderbilt University's Peabody College Ed. D. Program", *Peabody Journal of education*, 2009, 84 (1): 61 - 68.

（三）改革后 Ed. D. 项目的具体内容

1. 培养目标

皮博迪教育学院的 Ed. D. 项目是为了满足那些专注于组织运作的在职教育专业人士的需求。该项目有两个专业方向：K－12 教育领导和政策，高等教育领导和政策。K－12 教育领导和政策项目培养 K－12 教育组织和机构的领导人、管理者、协会主管、政府官员、私立部门顾问，高等教育领导和政策项目培养能指导学院和大学、政府机构、专业协会、咨询公司运作的专业人士。

2. 培养对象

（1）入学标准

改革后 Ed. D. 项目的入学标准为：拥有硕士学位，具备教育领域的工作经验，入学考试成绩达标。

（2）招生方式

入学申请者递交申请材料，并通过招生部门的审核。申请材料包括：个人简历，个人陈述，三封推荐信，GRE 成绩，本科和研究生学习期间成绩单，成功专业经历的证明材料，其他材料（如代表作、文章等）。

3. 培养方式

（1）学习时间和学习方式

改革后 Ed. D. 项目的学习时间总共为 3 年，学生以小组学习的方式在职学习，周末上课。

（2）学位要求

前两年是课程学习阶段，完成课程学习后通过综合考试获得学位候选人资格，最后一年完成毕业设计后获得 Ed. D. 博士学位。

（3）课程设置

逆向思维的课程设计原则。在设计课程时，皮博迪教育学院的教师采用的是逆向的思维方式：首先思考一个成功教育管理专业人士在实际工作中应具备哪些能力，以此为基础，再确定新设计 Ed. D. 项目的毕业设计应该是什么样的，通过怎样的毕业设计才能检验学生是否具备了这些能力，最后再从毕业设计的体验往回推导得出课程应该向学生传授的能力。

根据以上的设计原则，新的 Ed. D. 项目提供的训练应该让学生能够胜任教育管理专业人士的实际工作，而撰写传统博士论文对学生运用掌握的能力解决管理者面临的实际问题帮助不大。因此新的 Ed. D. 项目的毕业设计放弃了传统论文的撰写，而让学生做基于问题的项目设计，以解决教育实践中的现实问题。于是，新 Ed. D. 项目的课程有四个层次的结构。首先，以学习为中心是新项目课程设计的逻辑起点。其次，课程内容还应包括教育发生的社会和政策背景、复杂机构中的组织动力学以及考察组织改变需要运用的领导理论，重点是组织领导如何团结组织成员共同推动组织变革。再次，课程还应有研究方法的内容，使学生能设计组织方面的研究问题，这不同于传统研究方法的训练，因为重点在于如何界定并解决问题。最后，课程内容还包括学生今后所在教育组织的专业知识：K－12 或中学后教育的专业知识。

改革后的课程内容和安排。Ed. D. 项目的课程总共为 17 门，其中所有 Ed. D. 学生都要学习的课程有：核心课程（5 门），研究方法课程（4 门），毕业设计课程（1 门）。专业课程 7 门，同一专业的 Ed. D. 学生同时学习相同的专业课程。具体课程安排见表 6－3 和表 6－4。

表 6－3　范德比尔特大学 Ed. D. 培养方案（K－12 教育领导和政策专业）

	第 1 学年	第 2 学年	第 3 学年
夏学期	学与教—领导理论和行为	决策分析Ⅱ：定量分析—资源分配与部署 —决策分析Ⅲ：定性分析	决策分析Ⅳ：教育政策与项目评估—多元化学习者和高危学生
秋学期	组织理论和行为—教学领导和教育改革	教育问责制和学生测评	国际/比较教育问题—毕业设计
春学期	决策分析Ⅰ：系统探究的逻辑—教育领导和政策背景	K—12 法律—政治和治理	教师与教学—毕业设计

表 6－4　范德比尔特大学 Ed. D. 培养方案（高等教育领导和政策专业）

	第 1 学年	第 2 学年	第 3 学年
夏学期	学与教—领导理论和行为	决策分析Ⅱ：定量分析—学院和大学管理	学院和大学财政—决策分析Ⅳ：教育政策与项目评估
秋学期	组织理论和行为—学术职业：结构和角色	决策分析Ⅲ：定性分析—公共政策和高等教育	国际/比较教育问题—毕业设计
春学期	决策分析Ⅰ：系统探究的逻辑—教育领导和政策背景	高等教育的性质和功能—大学生	院校研究 —毕业设计

（4）教学方法

皮博迪教育学院改革后的 Ed. D. 项目采用了体现教育专业特点的教学法，即基于实际问题解决的教学法。

（5）实习要求

未见有关内容。

4. 培养评价

对学生学习成效评价主要通过三方面进行：课程分数，综合考试，毕业设计项目。

（1）课程分数

除了传统的课程学习成绩（如课程分数）之外，每年 Ed. D. 项目的教师还要对学生取得的学习进展情况进行评估，对评估获得的信息向学生反馈，对需要改进的学生给予建议。

（2）综合考试

按照 Ed. D. 项目安排的课程顺序，学生完成前 12 门课程的学习后，于第二年的 5 月参加综合考试。综合考试为六个小时的书面闭卷资格考，只有通过考试才有可能成为学位候选人。考试内容是前面所学的课程内容，考试目的是检验学生对课程内容的掌握情况，以及综合、应用的能力。如果考试未能通过，在教师的认可下，三个月后可以再参加一次考试。

（3）毕业设计

学生通过综合考试，并且修完 4 门研究方法课程后获得博士学位候选人资格。候选人资格有效期只持续一年，在这一年里学生必须顺利完成毕业设计项目才能取得 Ed. D. 博士学位。毕业设计项目是对学生在整个 Ed. D. 培养项目中所学知识技能及其运用的一次综合检验。

以下是毕业设计的具体安排[1]：

Ed. D. 项目的学生在第三年完成毕业设计（a capstone experience），这个长达一年的任务包括独立的研究和分析活动，采取群体项目的形式。学生在项目策划和执行中需要综合运用所学的理论和工具，以检验学生是否掌握了关键的概念和方法。

---

[1] Smrekar, C. McGraner, K., "From Curricular Alignment to the Culminating Project: The Peabody College Ed. D. Capstone", *Peabody Journal of Education*, Vol. 84, No. 1, 2009.

a. 毕业设计的目的

毕业设计为 Ed. D. 项目学生提供了一个机会，让他们充分展示其在整个培养项目中所掌握的知识和技能，包括背景知识、分析能力、专业理解、团队技能，并且运用这些知识和技能为现实世界的真实客户提供管理咨询服务。

b. 毕业设计针对的问题

来自校外的教育专业人士和政策制定者会提供一些教育领域的实际问题，这些问题提出时考虑了皮博迪教育学院的领导、政策和组织系（LPO）教师的建议，最终再由 LPO 的教师选择其中一些问题作为学生毕业设计要解决的问题。每个问题都对应 Ed. D. 项目的两个专业方向以及毕业设计指导教师的专长，例如：教育社会学/高等教育；教育治理和政治/高等教育；教育经济学/高等教育。每个专业方向选择 3—4 个问题，每个问题由不超过 4 个学生共同进行研究和分析。问题确定以后，学生会制定一份备忘录，分配每个学生具体任务，这份备忘录会作为完成毕业设计后的评价依据。

c. 毕业设计的完成步骤

在 Ed. D. 学习的第三年，学生要修一门毕业设计的课程，该课程从第三学年的秋学期持续到春学期，其中秋学期上一次课，春学期上两次课；学分为 3 分。第一次课安排在秋学期的第一个周末，3—4 人的学生团队接受任务，并对要解决的问题进行讨论，明确项目预期的最终结果。第二次课安排在春学期初，为项目工作会议。第三次课安排在春学期末，此时项目已完成，学生就项目内容作汇报，毕业设计委员会就项目完成情况作口头评价。

d. 毕业设计的最终成果

学生完成的毕业设计的最终成果是一份 50—75 页（包括附录）的项目报告，内容包括以下几个部分：背景分析，数据分析，项目建议，实施策略，结论，附录，参考文献。毕业设计委员会将对每个项目组成员的工作以及最终的项目报告作出评价，以确定最终的项目报告能否通过审核，审核评价是针对整个项目组的，而不是针对单个成员。如果项目报告未获得通过，需要修改的话，所有项目组的成员都应参加修改工作。

e. 毕业设计的审核

每个毕业设计的项目组都会对应一个毕业设计委员会，委员会通常有三位成员：一位是毕业设计指导老师（讲授毕业设计课程的教师），外加另两位教师；其中一位必须是 LPO 系以外的教师，他负责对项目质量作同行评审。除此之外，也可以增加与项目直接相关的校外专业人士为委员会成员。毕业设计委员会负责在整个毕业设计期间，对学生的工作进行评价、提供反馈信息并提出建议，以保障毕业设计项目的质量。

（四）皮博迪教育学院新 Ed. D. 培养项目的特点

1. 与 Ph. D. 项目严格区分

皮博迪教育学院的 Ed. D. 项目与 Ph. D. 项目有着显著的不同。该学院的领导、政策和组织系既有 Ph. D. 培养项目，也有 Ed. D. 培养项目，经过重新设计的 Ed. D. 培养项目与 Ph. D. 项目有明显差别。之所以要对两个学位培养项目做严格的区分，用该系系主任的话来说："全系教师达成了共识，认为这两个学位培养项目的知识基础和专业特长不同，职业指向也不同。"[1] "Ph. D. 项目训练和培养的是高质量的研究人员，他们在大学里工作，或者在学术团体里工作，或者在政府机构工作，无论在什么机构，他们从事的都是研究性工作。而一位顶尖的研究人员，他们所要掌握的知识和专业特长与学校校长、教育组织机构中的专业管理人员是不一样的。例如大学政策研究中心的研究人员，需要掌握和熟练运用高难度的研究方法，如分层线性模型、计量经济学，而这些对于教育管理人员却是不需要的。所以，我们的 Ph. D. 学生比 Ed. D. 学生要学更多的研究方法课。""要区分这两个项目，首先要问的问题是：我们的目标是什么？"在明确了目标之后，"接下来第二个关键问题便是：如何才能高质量地达到这一目标？我认为应该根据学生的职业目标对学生进行培养。显然，专业管理人员记录和使用数据的方式与研究人员有着极大差别，但是数据和分析对两个培养项目都是重要的。只是在有些情况下，两个项目的学生所学的研究方法的课程内容有不同的侧重，在另一些情况下，一个项目学生要学的研究方法，而另一个项目的学生不用学"。[2] 皮博迪育学院改革后的 Ed. D. 项目与 Ph. D. 项目的区别见表 6-5。

---

① Caboni, T. C., Proper, E., "Re-envisioning the Pofessional Doctorate for Educational Leadership and Higher Education Leadership: Vanderbilt University's Peabody College Ed. D. Program", *Peabody Journal of Education*, Vol. 84, No. 1, 2009.

② Ibid. .

表 6 – 5　　　　　范德比尔特大学 Ed. D. 项目与 Ph. D. 项目的区别

不同之处	Ed. D. 项目	Ph. D. 项目
培养目标	高水平的教育管理领导	高质量的教育研究人员
课程设置	结构性课程设置：核心课程所有 Ed. D. 学生都要学，相同专业方向的学生、在相同学习阶段学习的课程相同。研究方法课程没有 Ph. D. 的多，内容的侧重也不同	课程选择在导师指导下完成，每个学生的课程学习和培养过程都比较个性化。注重研究能力的培养，有更多的研究方法课程
学习方式	学生周末上课，以学习小组形式共同学习	全日制在校住读，学生根据自己的需求和步骤学习
学习时间	3 年	4—6 年
教学方法	注重解决实际问题	注重基础理论研究以促进知识的增长
毕业设计	放弃传统博士论文的撰写，采用咨询模式的项目工作，以解决真实客户的现实问题	撰写传统的博士论文，进行理论研究

2. 注重与专业团体的联系

（1）专业团体的营造。首先，Ed. D. 学生是以学习小组的形式完成整个项目阶段的学习，小组内的成员就组成了一个小型的专业人员团体，学生来自不同的工作单位，相互间不但可以进行学术和专业交流，还可以共享各自的专业资源。其次，该学院的领导、政策和组织系也积极支持这种专业团体的营造，他们于 2009 年建立了"Ed. D. 同学和校友辅助网络"（the Ed. D. Peer and Alumni Mentoring Networks）。其中"同学辅助网络"会给所有 Ed. D. 项目的新生安排一位学生指导，安排学生指导会考虑新生的职业兴趣和背景，这位学生指导会与新生分享学术体验、专业经验，并帮助新生建立新的关系。事实上，"同学辅助网络"为 Ed. D. 新生提供了友好和支持性的资源，帮助新生解决课程学习、综合考试、毕业设计等问题，协助新生保持工作—学习—生活的平衡。"校友辅助网络"则是获得已经走上专业管理领导岗位的 Ed. D. 毕业生对 Ed. D. 项目的支持，指导在校的 Ed. D. 学生，为他们提供宝贵的专业发展方面的建议和支持。

（2）专业团体的维护。Ed. D. 项目的学生群体是在职的专业人员，他们利用周末的时间攻读专业学位，在学习过程中会面临许多挑战，为了支持他们的学业，皮博迪教育学院和范德比尔特大学在管理上提供了许多的便利。例如学院为所有 Ed. D. 学生提供自动注册服务，领导、政策和组织系提前一年向学生提供周末的课程安排，图书馆专门为 Ed. D. 学生提供 24 小时借阅服务，等等。另外，系里为了促进 Ed. D. 学生与教师、员工、校友的联系，还出版了 *Ed. D. Newsletter*，该出版物每年出版三期

（配合每个学年的秋学期、春学期、夏学期），为 Ed. D. 学生提供有关
Ed. D. 项目以及范德比尔特大学的相关信息。

（3）专业团体的拓展。皮博迪教育学院 Ed. D. 项目的培养目标是教
育管理领导，"学者型的专业人士"①，因此其 Ed. D. 项目应体现学术专长
和专业洞察力的结合。如在课程教学方面，尽管多数课程由领导、政策和
组织系有终身教职的教师（tenured and tenure-track faculty members）讲授，
也有一部分课程是请兼职教师讲授的，这些兼职教师都是优秀的专业人
士。例如，K－12 Education 专业方向的课程——K－12 法律，就是由一位
出色的律师来讲授，该律师在以下领域有突出的专长：特殊教育、宗教事
务、性骚扰、教师终身教职、学生违纪、学生权利；高等教育方向的课
程——学院和大学财政，是由田纳西州教育委员会的执行主管讲授，从州
的层面向学生介绍预算和战略规划。通过聘请专业人士为学生授课，不但
让学生接触到当代教育背景中的实际问题，还可以帮助学生直面专业人士
看待问题的视角、分析和解决问题的方法、管理和领导的策略。

除此之外，皮博迪教育学院 LPO 系还建立了 Ed. D. 全国顾问委员会，
该委员会由来自小学教育、中学教育、中学后教育的学者和资深专业人士
组成。该顾问委员会积极参与 Ed. D. 项目的整个运作过程，负责确保项
目设置严格遵从实践的导向，对项目运行情况进行评估和指导，为项目提
供最新的学术和专业信息，为学生毕业设计项目要解决的教育实际问题选
择提供建议。此外，作为教育领域的领军人物，委员会的成员还有助于为
Ed. D. 学生拓宽专业联系提供机会。

3. 咨询模式的毕业设计

皮博迪教育学院新 Ed. D. 项目最重要的特点就是抛弃了由单个学生
完成的、五个章节组成的传统博士论文撰写，采用了以客户为中心、基于
团队协作的咨询模式毕业设计项目。② 这种大胆的改革，反映了严格区分
Ed. D. 和 Ph. D. 这两种学位的迫切要求。③ 改革后的 Ed. D. 毕业设计，以

① Loss, C. G. , "Building, Sustaining, and Expanding the Education Doctorate at Peabody College: An Administrative View", *Peabody Journal of Education*, Vol. 84, No. 1, 2009.

② Smrekar, C. McGraner, K. , "From Curricular Alignment to the Culminating Project: The Peabody College Ed. D. Capstone", *Peabody Journal of Education*, No. 1, 2009.

③ Guthrie, J. , "The Case for a Modern Doctor of Education Degree (Ed. D): Multipurpose Education Doctorates No Longer Appropriate", *Peabody Journal of Education*, Vol. 84, No. 1, 2009.

实践为导向，更符合 21 世纪教育领导的期望和需求，这种模式注重的是为教育领导提供专门的训练，使他们能够理解和改善当今复杂社会和政治背景下的学校教育成效，提高学校问责和数据收集系统，创建高效率的学校治理结构。LPO 系的 Ed. D. 毕业设计项目与传统的 Ph. D. 论文的区别见表 6 - 6。

表 6 - 6　　　　　　　教育博士毕业设计与传统哲学博士论文的比较

Peabody 学院传统 Ph. D. 论文	Peabody 学院 Ed. D. 毕业设计项目
源自或致力于理论研究，关注学校、州、国家的重要政策问题	源自客户的利益，致力于解决运作问题
论文需要获得论文委员会的认可，委员会由 4 位教师组成，其中的一位来自其他系	毕业设计项目需要获得项目指导教师和客户的认可
建立在前人研究和相关文献的基础之上，旨在促进知识的增加	联系相关文献，旨在对当今现实问题进行分析
Vanderbilt 大学研究生院主管	Peabody 教育学院主管
内容结构五或三章，可发表文章的形式	管理咨询报告的形式
学术的取向和模式	实践的取向，客户为中心
作为专业工作的代表性内容，有助于今后的职业发展	作为专业工作的代表性内容，有助于今后的职业发展

资料来源：Smrekar, C. McGraner, K. , "From Curricular Alignment to the Culminating Project: The Peabody College Ed. D. Capstone", *Peabody Journal of Education*, Vol. 84, No. 1, 2009.

（1）咨询模式毕业设计的设计理念

皮博迪教育学院的教师在设计新 Ed. D. 培养项目的毕业设计时达成了共识，认为学生在新的毕业设计中积累的分析经验应该有助于加强教育领导的专业技能体系，包括对探究知识更深入的理解，掌握组织理论、资源分配、领导力研究以及与教育政策和实践问题相关的社会背景知识。他们将改革后 Ed. D. 的课程设置和毕业设计项目紧密结合，打造以问题为中心、以实践为导向的教育领导专业博士学位。而 Ed. D. 的毕业设计项目则作为一个关键支点，引导学生从博士生的培训逐步过渡到成功实施高效率的教育管理专业实践活动。

（2）咨询模式毕业设计的组织管理

皮博迪教育学院领导、政策和组织系专门设置了两位毕业设计主管，一位是 K‑12 教育领导和政策专业方向的教师，另一位是高等教育领导和政策专业方向的教师。两位主管负责协调整个毕业设计的进展，并监督本专业的毕业设计完成情况。两位主管的具体活动包括：初步接洽未来的咨询客户；与客户沟通，建立特定的毕业设计项目；制定三年级学生毕业设计项目演示时间表，协调项目组成员分配；协助项目组成员与咨询客户的接触；监督项目完成情况，并共同讲授毕业设计课程。

（3）咨询模式毕业设计的客户选定

毕业设计潜在咨询客户的积累主要通过专业接触、以前的工作联系、教师的推荐以及毕业设计主管的客户开发活动。也有一小部分客户主动与皮博迪教育学院联系，期望建立合作关系。这些客户包括：学区、州教育部门、州教育委员会或其他州级教育机构、代表某类学校的教育协会和组织、高等教育系统和高校、国际教育/经济发展组织。

曾经与皮博迪教育学院有过毕业设计项目合作的客户有：田纳西州奥斯汀（Austin）学区，南部独立学校协会（the Southern Association of Independent Schools），独立学院和大学联合会（Independent Colleges and Universities Association），田纳西州高等教育委员会（the Tennessee Higher Education Commission），田纳西州教育董事会（Tennessee Board of Education），罗德斯学院（Rhodes College），中田纳西州立大学（Middle Tennessee State University），范德比尔特大学（Vanderbilt University），等等。

不少客户在首次合作后继续保留合作关系，每年也不断有新的客户出现。学院对于客户的选择也有一定的标准，会考虑项目涉及的范围、严格程度、与 Ed. D. 项目的相关性等。领导、政策和组织系还设计了一份咨询请求表（Request for Assistance），需要咨询服务的客户可以将咨询服务的具体要求填入表中，便于沟通。表里的内容包括：项目范围，服务要求，咨询和沟通程序，最终的报告指南。项目确定之前，在与毕业设计主管协商之后，客户会拟定一份最后的咨询建议。所有确定要做的项目由客户向三年级的项目小组展示，然后通过学生演示最终确定咨询服务的合作双方。每年 Ed. D. 学生承接的项目数在6—7个，具体数目根据 Ed. D. 的实际学生人数确定，每年可供选择的项目都比实际能承接的项目多。每个项目小组通常为2—3个学生组成，具体到哪个项目小组主要是根据学生的个人兴趣，学生将自己最感兴趣的三个项目排列好，再由毕业设计主管根据学生的第一或第二选择，将他们分配到相应的项目组。

（4）咨询模式毕业设计的项目实施

①制定项目实施备忘录

要做的项目定下来后，接下来的一月内，学生要完成项目小组成员的确定，并制定项目实施备忘录（Scope of Work Memo，SWM），这份4—5页文件的内容包括：界定项目实施的范围，包括主要的研究问题和研究背景，明确分析重点和数据收集方法，制定工作时间表和任务完成进度表，小组成员进行任务分配。

完成的SOW经毕业设计主管审核通过后，学生开始着手项目的实施，查询相关档案、报告、研究文献，确定研究方法（调查、访谈等），明确关键利益相关者和有关的研究对象，开始数据收集。

②项目报告

咨询项目完成过程中共涉及三种报告，一是项目成员的个人报告，一是项目组的进度报告，一是为咨询客户完成的项目咨询报告。

成员个人报告。在整个项目实施过程中，项目小组的每位成员都将上交三份个人报告，目的是确保每个成员都积极地参与了项目的实施工作，如果项目小组反映有成员的工作完成情况不好，毕业设计主管和LPO的系主任会联系该学生，督促其改进。

项目组进度报告。每个项目小组要就项目进度递交两份报告，一份报告Ⅰ汇报使用的研究方法和已经收集的数据，另一份报告Ⅱ汇报就现有数据进行的初步分析，两份报告都在第三学年秋学期递交，以保证每个项目小组最后能按时完成毕业设计。

项目咨询报告。最终提供给咨询客户的咨询报告是通过以下的步骤形成的：中期报告→报告初稿→汇报演示→报告定稿。

中期报告在第三学年的1月，由各项目小组递交，报告内容包括：已经收集的数据类型，初步分析的结果，对结果的讨论以及该结果与现有文献的联系，明确还有待完成的工作。在这次中期报告的汇报会上，学生们还可以相互交流报告的书写形式和演示形式。

报告初稿由项目小组于2月底递交，初稿会根据项目的分析和结果对客户提出建议。学生们会被提醒：客户有权对研究结果提出异议，也有权拒绝采纳项目建议。所有的报告初稿经毕业设计主管审核后，于3月初再返回给项目小组，并附上反馈意见。已经完成的报告在返还学生后将公示6周。

汇报演示指 4 月中旬，项目小组就完成的毕业设计项目向全体 LPO 博士生和教师做公开汇报和演示。在这之前或随后，项目小组应当就项目概况向客户做不公开的汇报，汇报形式可能是电话会议或面对面的演示。在公开演示之后，项目小组会根据教师的反馈建议对报告做相应修改，最终的报告定稿必须于 5 月 1 日以前上交毕业设计主管。

报告定稿是咨询报告的最后定稿，其长短根据各项目的具体情况而不同，最多为 75 页（单页，不包括附录），鼓励学生采用专业咨询报告的模式，报告的内容包括：研究问题的界定，问题的背景分析，研究结果（财政方面的、执行方面的、统计上的、评估方面的、定性的、人口特征方面的），对关键结果的讨论，问题解决的建议，实施方案的建议，研究结论，附录，参考文献。

（5）咨询报告的实例

下面是皮博迪教育学院 Ed. D. 毕业设计项目的一个实例：

项目名称：调查现场协调员和学校辅导员在项目开发和初步实施期间的作用

项目背景：该项目是想调查现场协调员和学校辅导员在田纳西提升项目（GEAR UP Tennessee）的开发和初步实施期间所起的作用。田纳西提升项目是个大胆的尝试，该项目采用各式各样的干预手段支持田纳西州的农村地区学术培养和大学升学。项目实施过程中，9 个参与项目的学区在项目的设计和初步实施阶段拥有一定的自主权。学区一级的项目实施主要由现场协调员负责；而在学校内部则主要由辅导员负责与学生进行有意义的交流以促进学生发展和学术培养。尽管该项目已收集了有关项目对学校、教师、学生家长影响的资料，但对现场协调员和学校辅导员的作用，却在很大程度上被忽略了，于是，田纳西州高等教育委员会（the Tennessee Higher Education Commission）委托 Peabody 教育学院 Ed. D. 项目小组对此进行研究。

研究问题：Ed. D. 项目小组拟定的研究问题是：第一，项目结构和学区背景是如何影响现场协调员对 GEAR UP 项目的实施的；第二，什么因素会影响学校辅导员对 GEAR UP 项目的实施。

研究方法：项目小组针对 GEAR UP 的现场协调员、学区领导、学校校长、学校辅导员做了 63 个访谈，访谈的目的是收集信息：了解学区在帮助学生为中学后教育做准备方面都做了哪些工作，被调查人员对 GEAR UP 项目的了解以及在该项目中的作用，学区和学校对项目实施的支持和妨碍（在个人和组织能力和意愿方面的），项目信息的一致性以及对受访人决定参与项目和项目实施的影响，受访人对项目效果的认识。

研究发现：第一，参与 GEAR UP 项目的学区，由于要符合 NCLB（No Child Left Behind）的要求而备感压力，这使这些学区无法完全地贯彻 GEAR UP 项目的要求。第二，学区领导和学校领导对 GEAR UP 项目本身、它的实施以及现场协调员和学区学校人员的作用都了解甚少。第三，多数现场协调员没把 GEAR UP 项目当作系统变革的契机；现场协调员和学校辅导员在实施项目干预措施以促进大学升学上也未获得州以及当地领导的实质性支持；现场协调员在项目中的工作主要体现在计划、资源分配、符合项目资金要求的活动上。第四，社区文化，特别是"福利国家的心态"被所有受访者认为是提高学生受教育程度的障碍。第五，对现场协调员的培训和专业发展活动也主要侧重于遵守项目资金要求和项目汇报机制，受访的现场协调员表示几乎没有机会加深他们对于如何提高学生培养和大学升学的知识，而这一点正是对 GEAR UP 项目实施结果、项目可持续性以及系统变革至关重要的因素。第六，缺乏对学区和学校人员的项目培训，在多数情况下，根本就没有这种培训。第七，学校辅导员的工作由于以下因素而受到影响：缺乏统一的辅导课程、辅导时间受限以及辅导员模糊的角色定位。结果便是，在 GEAR UP 项目的实施过程中，辅导员对项目的支持和领导作用是微乎其微的。鉴于以上发现，Ed. D. 项目小组针对如何彻底贯彻实施 GEAR UP 项目，最终达到项目目标给出了咨询建议。

咨询建议：第一，通过建立现场协调员与学校和学区人员的沟通交流网络，增加现场协调员工作的透明度和有效性。制定协调员项目综合手册。为协调员提供培训，培训内容是关于影响学生学术培养和大学升学的因素以及支持 GEAR UP 项目目标实现的项目实施策略。第二，为学区和学校领导提供 GEAR UP 项目培训和项目指南，使他们与现场协调员共同合作，实施 GEAR UP 项目干预，促进学区和学校的改进计划。第三，为学校辅导员提供项目指南和辅导培训，帮助他们实施大学准备辅导课程，建立辅导员之间的沟通交流网络，并促进他们与现场协调员的协作。第四，综合制定一个项目可持续性发展计划，以便有效地传播项目数据，有利于学校辅导员和学区学校领导的项目培训，促进州一级的政策改变以有助于 GEAR UP 项目培训的目标实现。

（6）咨询模式毕业设计建设中积累的经验

皮博迪教育学院 Ed. D. 项目的新型毕业设计（咨询模式）以实践为导向，更注重满足 Ed. D. 学生的实际期望和需求，通过引入专业实践中的真实问题，借助教育、管理和政策的相关知识和技能，对这些教育问题加以系统的分析和解决，培养学生能够胜任高效率的教育管理活动，最终将学生训练成熟悉组织背景、能批判性地看待复杂的教育问题并能够创造性地解决这些问题的教育领导。该新型的毕业设计在改革实施过程中积累了以下经验和教训：

①课程设置配合毕业设计

在实施这一新型的咨询模式毕业设计项目时，学院也非常注重 Ed. D. 项目课程的设计和传授与实施新型毕业设计项目的紧密联系。例如前面介绍的 Ed. D. 的三门课程（教育领导与政策背景、定性研究方法、教师与教学）都是"专业导向的"①，也就是说，都是基于教育领导在专业背景下面临的真实的政策与实践难题的，这些课程的目标和学习成果在几个关键的地方都反映了毕业设计项目的要求。

首先，在整个课程学习的过程中，学生们被摆在了教育领导和数据以及研究消费者的位置上。他们学习如何形成研究问题，收集什么类型的数据才能帮助领导明智地决策。例如在教师与教学课程中，学生被要求收集资料和访谈数据，并运用专业发展的相关文献更好地设计教师专业发展的路径。实际上，当学生在运用自己的学术敏感性解决教育实践中的政策和实施问题时，就充当了评估者和理智的研究消费者的角色。这样培养出来

①　Murphy, J. &Vriesenga, M., "Developing Professionally Anchored Dissertations: Lessons from Innovative Programs", *School Leadership Review*, Vol. 1, No. 1, 2005.

的学生就不会陷入"既不是专业人员,也不是研究人员的困境"。①

其次,与毕业设计项目的核心特征相一致,Ed. D. 的课程都要求学生能够综合运用多个学科领域的知识,为理解和解决实践问题构建合理的、基于研究的框架,制定可操作的改革建议。例如,教育领导与政策背景这门课程要求学生分析反种族隔离后的学生分配计划,分析其理论基础,更重要的是构建解决这一困境的策略和政策建议。

再次,定性研究方法课程要求学生综合运用以下领域的知识研究助学金和奖学金项目中出现的问题:教育的社会背景,教育治理,资源分配和部署,领导理论和行为。这样一来,学生在设计政策、反思政策实施及效果时势必就会应用到跨学科的知识。

②紧密联系专业实践

学院在实施这一新型的咨询模式毕业设计项目时,非常重视与教育专业实践的紧密联系。首先,所有的毕业设计项目都是教育管理领域亟待解决的真实问题;其次,问题的分析解决过程中,非常重视接受咨询的教育组织和机构的具体要求和需要:项目开展前委托咨询的组织机构明确咨询的任务和要求,项目完成后的咨询结果接受委托单位的审核与评价。

③协调与客户的关系

由于是给教育组织或机构提供咨询,所以毕业设计项目在实施前特别要注意明确一些与客户有关的事项,比如,客户以什么方式参与项目的合作,明确项目小组与客户的关系,客户资料数据的使用,客户信息是否需要保密,项目研究的具体范围和程度,研究结果的使用、传播、发表,等等。

④指定项目指导教师

Ed. D. 的毕业设计工作主要由项目主管负责,同时另外还会指定一位项目指导教师,该指导老师主要负责给学生提供支持和指导,确保项目的分析具有一定深度和严密性。鉴于这位指导教师的作用,在选择人选时应考虑毕业设计项目涉及的具体领域及系里教师的专长,通常该指导教师的专业特长应不同于两位项目主管。

⑤不合格项目的处理

---

① Shulman, L. S., Golde, C. M., Bueschel, A. C. & Gorabedian, K. J., "Reclaiming Education's Doctorate: A Critique and a Proposal", *Educational Researcher*, Vol. 35, No. 2, 2006.

学院严格把关毕业设计项目的质量，项目质量主要由项目主管负责，学生完成了项目任务，不一定代表就能通过审核。如果在咨询报告演示结束后，项目主管或客户对项目完成情况不满意，经整改后仍未达到要求，则毕业设计项目会被评为"未完成"，项目组学生需要推迟毕业时间，直到项目经补充修订达到可接受的水平。

二 圣路易斯大学

圣路易斯大学位于密苏里州的圣路易斯市，是一所天主教大学，该校建于1818年，是密西西比以西最古老的大学，也是全美第二古老的教会大学。按照卡内基的大学分类，圣路易斯大学是研究型大学，其研究实力在美国大学中名列前茅。该校有两个校区，一个在密苏里州的圣路易斯市，一个在西班牙的马德里，在校学生总共有14000多人，美国本土校区的学生来自全美50个州，有80多个国家的留学生。2009—2010年该校共授予学士学位1771个，硕士学位381个，博士学位166个。

教育领导和高等教育系是圣路易斯大学教育和公共服务学院的一个系，该系只提供研究生教育，其研究生教育规模是圣路易斯大学最大的。该系既授予教育哲学博士学位（Ph. D.）又授予教育博士学位（Ed. D.），2009年该系攻读教育哲学博士学位（Ph. D.）的学生有28人，攻读教育博士学位（Ed. D.）的学生有242名；2011年攻读教育博士学位（Ed. D.）的学生有300多人。教育领导和高等教育系的宗旨是为教育领导和高等教育领域的领导岗位输送人才。

（一）设计新 Ed. D. 项目的背景情况①

圣路易斯大学教育博士学位（Ed. D.）教育始于20世纪70年代，最初设计时也是为培养教育领导提供注重实践的专业教育，针对特定年龄、特定职业背景的学习者，以区别于教育哲学博士学位（Ph. D.）的培养。然而随着时间的推移，教育博士学位教育与教育哲学博士学位教育越来越相似，特别是 Ed. D. 的毕业设计项目，基本上与 Ph. D. 的传统博士论文没有什么实质性的差别。早在2001年，圣路易斯大学教育领导和高等教育系的教师就意识到 Ed. D. 培养项目偏离项目设计的初衷，培养方式并

---

① Susan Toft Everson，"A Professional Doctorate in Educational Leadership：Saint Louis University's Ed. D. Program"，*Peabody Journal of Education*，Vol. 84，No. 1，2009.

不是基于实际问题的解决，而这正是领导力训练的关键所在。于是 2002年，该系教师开始着手于重新设计 Ed. D. 项目，着重使培养建立在解决实际问题的模式上，并且从一开始就留意 Ed. D. 项目与 Ph. D. 项目的区别。

在重新设计 Ed. D. 项目时，圣路易斯大学教育领导和高等教育系的教师主要采用复制和模拟学生在今后的教育领导岗位上经历的方法。新 Ed. D. 项目的重塑内容主要有：鼓励学生相互协作、重视实践和问题解决的教学策略；建立在有效领导实践的文献基础之上的课程设计；关注教育领导领域重大问题的毕业设计项目。同时，在设计过程中，教育领导和高等教育系的教师还做了以下对新 Ed. D. 项目意义重大的决定：

第一，确定了项目培养目标：教育行政领导。他们是学区级的教育领导，如学监、助理学监、特殊教育主管。目标确定对接下来的每一步设计都会产生影响。

第二，明确区分 Ed. D. 项目与 Ph. D. 项目的区别，并对有关人员和未来的学生进行宣传，使 Ed. D. 的培养成效与学生入读时的期望相一致。

第三，将 Ed. D. 的学习体验与教育领导的实践相联系。把项目培养的内容和要求与学生今后要面临的专业角色相结合。在培养过程中为学生提供各种各样的机会，使他们能在类似的专业环境中运用所学的知识和技能。

第四，运用专业文献构建概念框架，使 Ed. D. 项目有其自身的特点。主要体现在四方面：复杂的教育问题，团队协作，项目管理，学校完善与教育改革。

（二）新 Ed. D. 项目设计的理论基础

圣路易斯大学新 Ed. D. 项目的设计以四个主题为核心：复杂的教育问题，团队合作，项目管理，学校完善与教育改革。这样的设计是建立在有效行政领导的文献基础之上的。由于在学区行政领导领域的实证研究很有限，所以在 Ed. D. 项目的设计中参照了来自其他领域的文献，这些领域包括：成人学习研究，学校领导培养，行政领导力，商业领导力，变革领导力，组织学习，有效的学校层面的领导力。

1. 复杂的教育问题

圣路易斯大学新 Ed. D. 项目最突出的变化就是以团队项目取代传统的博士论文，这种团队项目整合了新项目基于问题的学习模式（PBL），并注重重大教育问题的解决。基于问题的学习模式运用于许多其他领域，比如医学和商业，这种学习模式能提高学生批判性思考的能力，尽管这种能力对教育领导的意义与其对医生和商务主管的意义同样重大，但这种学习模式并未广泛地应用于教育领导的培养。有学者对学监解决问题的行为做过研究并发现，"总体来说，本研究的结果表明高层学校管理人员的工作模式更接近其他职业领域的高级经理"。① 大量有关领导力培养的文献指出，基于问题的学习模式是特别管用的方法，因为它培养的是发现问题并管理问题的特长。在基于问题的学习模式中，学生学习如何在决策制定过程前和过程后进行反思②，而且基于问题的学习模式还能帮助学习者建立一个知识库，因为它会传授合作、时间管理、灵活应变、研究的技能③。

圣路易斯大学新 Ed. D. 项目要求学生在团队项目完成过程中运用 PBL，而且项目完成工作贯穿了整个 Ed. D. 培养过程，因此在整个 Ed. D. 项目的学习过程中，学生都在运用 PBL 的学习模式。

2. 团队合作

实践中的教育领导不是独自开展工作的，他们是相互依赖、相互合作系统中的一部分。拉森和拉法斯托（Larson and LaFasto）关于工作团队有效运行的著名研究给圣路易斯大学新的 Ed. D. 项目提供了理论基础，他们把团队定义为"两个以上的人；具有特定的行动目标或要达到的可识别目标；为了团队目标的达成，团队成员在行动上互相配合"。④ 这一定义指导着圣路易斯大学为期三年的 Ed. D. 培养过程中团队建立过程的学习和使用。

① Leithwood, K. & Steinbach, R., *Expert Problem Solving Processes: Evidence from Principals and Superintendents*, Albany, NY: State University of New York, 1995, p. 91.

② Schon, D., Educating the Reflective Practitioner, Paper Presented at the Annual Meeting of the American Educational Research Association, Washington, DC: 1987.

③ Palmer, B., & Major, C., "Learning Leadership through Collaboration: The Intersection of Leadership and Group Dynamics in Problem-based Learning", M. Savin-Baden & K. Wilkie (Eds.), *Challenging Research in Problem-based Learning*, Buckingham, UK: Open University Press, 2004: 120 – 132.

④ Larson, C. E. & LaFasto, F. M. J., *TeamWork: What must Go Right/What can Go Wrong*, Newbury Park, CA: Sage, 1989, p. 19.

有许多文献都支持团队合作在教育领导领域的价值，例如，沃特斯（Waters）就指出，教育领导在"培养能力"、"制定团体目标"、"创造条件分散领导力"时就成了团队的一名成员。① 凯瑟琳·考滕（Kathleen Cotton）研究了校长的工作方式与学生成绩的关系，该研究发现学生表现出色的学校领导都积极建立和维护合作性文化：加强学校和学生家长与其他社区成员的联系，与学校成员共同决策、分享领导力，重视教师的专业发展。② 路易斯（Karen Seashore Louis）和莱斯伍德（Kenneth Leithwood）的研究指出，越来越多的研究表明，除了改进教学方式和教学内容外，强调学生学习的集体责任与提高学生学习成绩之间有着根本的联系。③ 这些研究都表明，教育领导应该具备知识和能力以创造集体责任的文化。

正是基于以上的理论基础，圣路易斯大学的 Ed. D. 学生在开展项目时采用的都是团队模式：3—4 个学生组成一个项目小组，选定感兴趣的教育领导领域，查阅该领域的文献，确定要研究的问题。这种团队项目模式有利于促进专业学习与合作，为学生模拟真实的教育领导体验。

3. 项目管理

有关组织的研究表明，项目管理已经构成组织核心能力的一部分④，包括商业组织、政府组织和教育组织。在过去的 20 年里，对项目管理进行了大量的研究，积累了大量的项目管理知识和实际操作经验。所谓项目管理，就是在项目开展过程中运用知识、技能、方法满足项目要求。项目管理的过程包括：项目启动、项目规划、项目执行、项目控制、项目完成。⑤

那么，在教育领导领域的项目管理应该是怎样的呢？这就意味着如何将教育改进过程转化为可以管理的项目，这一转化过程不是那么容易完成

---

① Waters, T., Balanced Leadership, Lecture presented at the Gateway Leadership Institute, Saint Louis University, St. Louis, MO: 2004.

② Cotton, K., *Principals and Student Achievement: What Research Says*, Alexandria, VA: Association for Supervision and Curriculum Development, 2003.

③ Louis, K. S. & Leithwood, K., "From Organizational Learning to Professional Learning Communities", K. S. Louis & K. Leithwood (Eds.), *Organizational Learning in Schools*, Lisse, The Netherlands: Swets & Zeitlinger, 2000, pp. 275 – 285.

④ Cooke, H. S. & Tate, K., *Project Management*, New York: McGraw-Hill, 2005, p. 5.

⑤ Ibid. .

的，但它对于成功的教育领导又是至关重要的。正如迈特·迈尔斯（Matt Miles）在研究教育变化时指出的，有效的教育领导就是能够"在遇到重大、困难的问题时采取深层次的、结构导向的解决办法，而对于小问题则能够灵活地运用表层的、创可贴式的解决办法"。[①]

教育改革的举措往往是复杂的，而且会出现相互间的作用，因此持续的、长期的学校改进在学区这一层面是很难管理和监督的。项目管理的技能就是帮助教育行政领导把一所综合的学校改进过程分解成若干个更小的便于管理的短期项目，如莱韦斯（Lewis）所说，这些更小的项目包含了工作成效、时间、成本、范围等具体的要求，[②] 而且一次只完成一个这样的小项目。这些分解后的短期项目的变化过程简单明确，便于精确管理，通过对这些短期项目的管理来完成长期的综合改进。

正是由于成功的项目管理能力对学区领导的日常工作是如此重要，因此项目管理自然应该成为 Ed. D. 项目的重要内容，然而现实中的教育领导培养项目中几乎没有包含这一内容。圣路易斯大学的 Ed. D. 项目则会为学生提供项目管理的训练，在训练过程中学生不断接受来自教师和项目组其他成员的信息反馈，不断积累项目有效管理的经验和技能。

4. 学校完善与教育改革

圣路易斯大学教育领导和高等教育系的教师在重新设计 Ed. D. 项目时的假设是，有效的教育行政领导是促使学校改进得以发生的领导，而学校改进只有当更好的教的过程和学的过程出现时才会得以实现。对于教育改进，在过去的几十年里有许多学者、理论家做过研究（Crandall et al. , 1982；Creemers & Reynolds, 1989；Cuban, 1990；Datnow, 2006；Fullan, 2001；D. Levine, 2004；Louis & Miles, 1990），研究者们认为影响教育改进的主要有两大因素，一个是特定的教育背景，另一个则是教育领导的有效推动。

任何组织改进都不是发生在真空中的，教育组织的改进也是如此。教育领导实施改革的组织背景和特征对于改革的成效具有重要的影响。对此

---

① Miles, M. B. , "40 years of Change in Schools: Some Personal Reflections", *Educational Administration Quarterly*, Vol. 29, No. 2, 1993.

② Lewis, J. P. , *Fundamentals of Project Management: Developing Core Competencies to Help Outperform the Competition* (3rd ed.), New York: Amoco, American Management Association, 2007.

霍尔和斯维特兰德（Hoy and Sweetland）在研究促进学校发展的组织结构中，对相关文献进行了回顾。而另一些研究者如包曼和迪尔（Bolman and Deal），则对教育组织的结构及如何利用这些结构促进教育组织改进做了论述。[①]

尽管教育组织的背景和特征对于教育改革的成效具有重要的影响，但教育领导的有效推动也是至关重要的。例如班尼斯和兰莱斯（Bennis and Nanus）认为，能通过榜样的力量实现组织学习的能力是教育领导最重要的作用之一。[②] 兰莱斯认为在复杂的、持续变化的环境中，组织要想生存必须在该组织领导的指引下采取灵活、主动适应和创造性学习的方式应对各种问题。[③] 简而言之，在复杂的教育背景下，有效的行政领导对于有效维持持续的教育改进是必不可少的。总之，有效的学区领导会依据学生的需求，面对系统层面的问题，建立制度并实施指导，支持教育组织的持续改进。

在重新设计 Ed. D. 项目时，圣路易斯大学教育领导和高等教育系的教师考虑的以上四个方面是互相作用、互相强化的：有效的学区领导解决复杂问题时，必须支持团队协作，建立项目管理框架，改进学校运行以满足学生的需求。

（三）新 Ed. D. 项目的具体内容[④]

圣路易斯大学新打造的 Ed. D. 项目从 2004 年开始招生，一开始只有教育领导一个专业方向，2006 年设置了另一个专业方向——高等教育，以下是项目的具体内容。

1. 培养目标

新打造的 Ed. D. 项目的培养目标是有效的学区领导和高等教育机构领导。教育领导方向：培养学区的教育领导，如学监、助理学监、特殊教育主管。高等教育方向：高等教育机构中的管理领导。

---

① Bolman, L. G. & Deal, T. E., *Reframing Organizations: Artistry, Choice, and Leadership* (4th ed.), San Francisco: Jossey-Bass, 2008.

② Bennis, W. G. & Nanus, B., *Leaders: Strategies for Taking Charge*, New York: Harper & Row, 1985.

③ Nanus, B., *Visionary Leadership*, San Francisco: Jossey-Bass, 1992.

④ From Ed. D. Program Student Handbook 2010, Department of Educational Leadership and Higher Education, Saint Louis University.

2. 培养对象

Ed. D. 项目于每学年的三个学期（秋学期、春学期、夏学期）滚动招生。大部分学生为在职的教育专业人员，平均年龄为 35 周岁。招生方式为递交规定申请材料，并接受面试（校园或电话面试）。申请入学需递交以下材料：成绩单（GRE，或 GMAT，或 LSAT，或 MAT 成绩）；个人简历；专业目标陈述；三封推荐信。

3. 培养方式

（1）学习时间和学习方式

Ed. D. 项目的学习时间为 3 年，学习方式为在职攻读，学生以学习小组形式完成学业。

（2）学位要求

学位要求有四个方面：完成课程学习，通过综合考试（书面），实施项目工作，通过项目工作答辩。

（3）课程设置

课程主要包括两大块：研究方法课和专业课。具体培养方案见表6 - 7。

表6 - 7　　　　圣路易斯大学 Ed. D. 培养方案（教育领导专业）

第一学年	第二学年	第三学年
秋学期 8 月—12 月学习课程《教育管理的研究选题》，使学生了解 Ed. D. 培养的全过程	秋学期 9 月选定完成项目的方法，指定充当"阅读者"的教师。10 月初制定一个综合项目管理计划。10 月—12 月实施项目计划	秋学期 8 月—9 月项目报告初稿交指导老师和阅读老师审核。9 月—12 月项目成员完成自己的项目分析报告。10 月参加书面的综合考试。11 月对报告进行修改，完成项目团体报告和个人报告
春学期 1 月—3 月继续课程学习，4 月组成项目组，指定项目组指导教师。5 月拟定项目组协议	春学期 1 月—5 月继续实施项目计划，直到项目完成	春学期 1 月初上交团体报告和个人报告。2 月准备个人报告答辩；项目组上交团体报告，书面版式合格后申请毕业。3 月—4 月个人报告答辩。5 月举行学位授予仪式
夏学期查阅项目选题的相关文献；完成问题陈述，并通过指导教师的审核	夏学期完成项目工作，并撰写项目报告初稿	

研究方法课程：统计推断入门，一般研究方法，定性研究，高级定性研究。

专业课程有 15 门（以教育领导专业为例）：

EDL - 520 学校与社区关系（School Community Relations）

EDL - 573 员工发展和评价（Staff Development and Evaluation）

EDL - 584 实习：学监（Internship：Superintendent）

EDL - 601 博士现场实习（Doctoral Residency）

EDL - 611 学区管理（School District Administration）

EDL - 614 教育政治（Politics of Education）

EDL - 620 教育领导职业道德（Ethics of School Leadership）

EDL - 630 高级学校法律（Advanced School Law）

EDL - 639 首脑会议入门（Gateway Leadership Conference）

EDL - 640 人事（Personnel）

EDL - 647 学校设施规划（Planning School Facilities）

EDL - 669 学校商业管理（School Business Management）

EDL - 645 课程管理（Curriculum Management）

EDL - 696 项目指导（Project Guidance）

EDL - 697 教育管理的研究选题（Research：Topics in Educational Administration）

规定阅读内容：除了课程外，圣路易斯大学的 Ed. D 学生还必须阅读规定的文献。这些阅读的内容集中在三个方面：领导、教育、社会公正。这些阅读所涉及的内容，在最后学生的项目答辩时会有体现。

4. 培养评价

（1）学习成效评价标准

圣路易斯大学的 Ed. D 项目培养出的学生应该具备深入分析的能力，丰富的专业知识，以及将知识转化为行动的能力。具体来讲，Ed. D 项目的毕业生应该：能够提供卓越服务的反思性专业人员；具备服务的习惯、探究和研究的习惯、自省和反思的习惯、领导学者团体的习惯；注重把专业教育建立在扎实的通才教育基础之上；致力于对社会的服务。

圣路易斯大学对 Ed. D 学生的学习成效评价是按照博士水平的标准进行的。评价标准的依据为卡内基基金会主席博耶（Ernest Boyer）1995 年提出的标准，该标准包括六个维度：明确的目标，充分的准备，恰当的方法，有价值的结果，有效的演示，反思性批判。

（2）过程评价

圣路易斯大学 Ed. D 项目的过程评价主要有两种方式：课程考核和综合考试。

（3）结果评价

圣路易斯大学的 Ed. D 培养放弃了传统的博士论文，采用了项目管理式的毕业设计，其主要内容是完成团队项目。团队项目的训练目标是提高学生解决问题的能力、沟通的能力，扩充学生的专业知识，使他们能胜任教育领导的工作，改善教育实践。

5. 项目管理式毕业设计

（1）项目管理的理论基础

根据莱韦斯的理论，项目即："……一个项目包含了多种任务，并且有工作表现、时间、成本和工作范围的要求。这些任务是逐个完成的，一次完成一个。"[①] 项目管理即："项目管理就是为了实现项目目标，对需要完成的活动进行计划、安排和控制。"[②] 项目管理的内容包括：问题陈述，项目宗旨，项目目标，项目工作要求，工作完成标准（每个工作阶段都应具备明确的标准，该标准有助于说明某一阶段的工作已经完成），必须达到的规格（如项目要求），工作分解结构（工作分解后的任务，范围等），项目进度，项目所需资源，项目控制系统，主要责任者（责任图表）风险领域（可能出现的突发事件），并制定一份综合的项目管理计划以指导整个项目工作的进行。[③]

（2）项目管理式毕业设计的要求

想要项目组的团队工作开展顺利，项目组成员应就相互间如何分工合作达成共识，所以项目组的第一个工作就是制定团队指南（team guidelines），其内容包括：如何决策，如何沟通，参与方式，管理与协助，问题与冲突解决办法，保密条款。除此之外，团队指南还可能包含其他内容，当项目组成员完成团队指南的制定后，他们会将其以书面形式记录下

---

① Lewis, J. P., *Fundamentals of Project Management* (2nd edition), New York：Amoco, American Management Association, 2002：2.

② Ibid., p. 4.

③ Ibid., pp. 26 – 27.

来，所有成员签名，并复印一份交给指导教师。

（3）项目管理式毕业设计的进程安排

表6-7圣路易斯大学秋学期入学的 Ed. D 培养进度列了出来，表中所示学习安排是三年内完成 Ed. D. 培养并获得学位的进度安排，学生要想在三年内按时拿到学位必须严格遵守其学习进度，未能按时达到各学习阶段的要求将会延长获得学位的时间。

（4）项目管理式毕业设计采用的方法

确定了项目管理计划后，项目组还要根据要解决的问题从以下三种方法中选择一种相应的完成项目工作的方法：

①基于问题的学习

基于问题的学习是一种自我定向的群体活动，它主要使用的是建构主义的学习策略，是一种建构主义的学习活动。学生在团队工作中充当合作者、问题解决者、设计者、信息收集者的角色，最终产生可以反映其学习情况的作品。学生是项目工作的执行者，而指导教师则充当了协助者/教练的角色。项目组通过阅读确定有待解决的问题，该问题涉及的情况往往是学生不知如何应对的。项目组在解决问题的过程中会不断循环往复地回答以下问题："关于该问题，目前我们都知道些什么？""要解决该问题，还需要知道些什么？""目前已有哪些可供选择的解决方法？"

②政策分析

政策分析是对影响小学、中学、大学教育质量的政策进行分析，了解该政策在文化、经济、历史、法律、政治以及社会方面的内容。采用政策分析方法的项目组通过团队工作系统地、有步骤地分析现有政策或替代政策的性质、理论基础、影响、有效性、和/或启示。学生分析的政策应该是具备实质性和广泛性、足以影响教育实践的政策，或与当前复杂的教育问题有关的政策。政策分析的目标是为教育改进提供新的模式、建议和策略。所有的分析必须依据规范性的标准，分析的范围应该广泛，提出的政策建议应有充分的理论和事实依据。

③产品开发

产品开发项目是运用研究和开发的过程生产出教育领域需要的"产品"。这一产品应该是对教育专业人员有实际意义和价值的。产品开发的过程包括：需求分析，产品计划和设计，有关的概念分析，模型构建，初步实地测试，产品改进，最终产品测试，操作中的产品改进。

（四）圣路易斯大学 Ed. D. 项目的特点

1. 围绕项目管理的 Ed. D. 培养

圣路易斯大学的 Ed. D. 培养的最大特点就是它不以课程学习为主，而是以完成项目工作（project）为核心，课程学习在整个 Ed. D. 培养中所占比重很小。整个 Ed. D. 培养过程分为六个阶段，在这六个阶段里，学生启动、实施、完成项目工作。

第一阶段：基础构建。这一阶段的任务是学习基础知识和技能，以便学生能够顺利地计划、实施和完成项目工作。在入学后的第一年，所有学生都要学习基础课程——教育管理的研究选题（EDL - 697）；该课程的内容包括：项目开展的组织背景，团队协作，项目管理。另外，该课程的另一个任务是使学生熟悉圣路易斯大学 Ed. D. 培养的要求。

第二阶段：项目选题。这一阶段的任务是向学生介绍识别问题的概念，运用的是基于问题的学习方法。学生选择一个感兴趣的教育主题，并由 3—4 个学生组成一个项目组。项目组成员的第一个工作便是拟定一个项目组协议，着手最初的项目规划。接着，项目组查阅与选定主题相关的文献，一般来说，这个文献查阅的过程会持续 4—6 个月。在这一阶段，每个项目组都会配备一位指导老师。

第三阶段：问题确定和方法选择。这一阶段的任务是通过问题陈述来明确项目要解决的问题，并选定完成项目的方法。项目组根据要解决的问题从以下三种方法中选择其一：基于问题的学习、政策分析、产品开发。在这一阶段，另一位教师会作为"阅读者"，加入项目组的工作。

第四阶段：项目计划。这一阶段的任务是制定一个综合项目管理计划，该计划将指导整个项目完成过程，而且在项目完成过程中可以根据需要调整该计划。

第五阶段：项目实施。这一阶段的任务是实施项目计划，整个项目实施阶段，每个项目组成员都有责任确保项目组的团队工作是有效的。

第六阶段：项目分析和报告。这一阶段的任务是完成项目工作，项目组成员就完成的项目工作撰写团体项目报告，另外每个成员还必须完成自己的项目分析报告。两个报告都必须获得项目组指导老师和"阅读者"的认可，之后才能进入报告答辩阶段。

2. 强调团队合作

圣路易斯大学的 Ed. D. 项目是培养学区和高等教育机构的领导，其项目设计围绕四个主题：复杂的教育问题，团队合作，项目管理，学校完善与教育改革。在这四个主题中，团队合作对教育领导具有特别的挑战性，因而在项目设计中，学院教师特别重视团队合作在项目中的体现，例如在项目初期（第一学年的第二学期）就组建项目小组，开始 Ed. D. 项目工作。开展团队合作的目的是使 Ed. D. 的培养能反映教育领导真实的工作环境：不同的观点、利益、能力和工作投入程度，使 Ed. D. 学生实实在在地接触并解决团队合作中可能出现的问题，以此培养他们的团队协调能力。理想的项目组成员关系应该是：平等、独立且相互依赖的，但在组建团队的实际操作中有许多需要考虑的问题，例如：感兴趣的问题、成员的多样性（性别、种族）、地源差异、角色差异，等等。因此，为了减少冲突，建立良好的合作氛围，SLU 的教师们在项目组的建立过程中做了细致周密的考虑。例如，他们事先识别出可能引发冲突的团队组合，并因此制定系里统一的项目组建规定，如避免把有直接个人和职业关系的学生安排在同一个项目组，成员间如果具有以下关系的，则该项目组的成员组成不能通过审核：直接上下级关系（同一学区的学监和助理学监，同一学校的校长和教师），亲属关系（夫妻关系，兄弟姊妹关系）。

3. 项目的双导师指导

学生不但可以与同一项目组的成员相互学习和相互指导，他们还能从项目指导教师获得充分的支持。在项目小组成立后，会为他们指定一位指导老师；在确定了要解决的问题和采用的方法之后，项目组成员和指导教师再选择一位教师做"阅读者"，该教师与项目组指导教师一起指导和评估项目组的工作。

4. 重视学习成效评价

圣路易斯大学的 Ed. D. 培养也非常重视对学生学习成效的评价。首先，制定了清晰的 Ed. D. 培养目标，学生申请前可以清楚了解自己能从培养过程中获得哪些知识和技能，毕业后可以达到何种专业水平。其次，针对不同的培养阶段有不同的评价方式：课程学习的评价主要是通过综合考试的方法；项目完成阶段的评价则来自多个方面，包括项目组成员间互相的评价、指导教师的评价、阅读教师的评价，另外，团队项目报告要公布并接受全系教师和学生的评价，个人项目报告要通过答辩审核。再者，对学生学习成效的评价是建立在坚实的理论基础之上的，并且制定了系统规范的评价标准。如，学生学习成效评价的依据为卡内基基金会博耶提出的六个维度的评价标准。①

5. 与 Ph. D. 的培养有显著不同

圣路易斯大学的 Ed. D. 培养非常注重与 Ph. D. 培养的区别。首先，圣路易斯大学的 Ed. D. 项目放弃了传统的博士论文要求，取而代之的是完成团队项目，项目的成果为团队项目报告和个人项目报告。其次，圣路易斯大学的 Ed. D. 项目注重培养学生的专业技能，使他们今后能胜任教育领导的管理工作，强调的是将理论知识有效地应用到教育实践，而 Ph. D. 培养的是研究人员，强调的是理论研究以促进新知识的增加。再次，圣路易斯大学的 Ed. D. 项目重视团队合作，这是模拟教育专业人员真实工作环境的必然要求。Ph. D. 学生主要是个人的独立研究，接受指导教师的学徒式的学术指导。另外，圣路易斯大学的 Ed. D. 培养始终贯彻的是基于问题的学习模式，并且引入了其他领域的教学方法，如管理领域的项目管理，商业领域的产品开发，政治领域的政策分析。

三　弗吉尼亚大学

1905 年，弗吉尼亚大学获得洛克菲勒（John D. Rockefeller）捐赠的 10 万美元教育资金，以及弗吉尼亚州教育基金（the State General Education Fund）提供的 5 万美元，成立了卡瑞教育学院（The Curry School of Education），以此纪念卡瑞教授（Dr. J. L. M. Curry）。卡瑞教授出生在乔治亚州，毕业于哈佛法学院，曾任美国国会议员和外交大使，是美国内战前至南部重建过程中一位极负盛名的人物。作为历史学家、作家和大学教授，卡瑞教授是公立教育的积极支持者，大力提倡教育普及。弗吉尼亚大学卡瑞教育学院刚成立时，只有两个教授席位，1919 年被赋予类似法学院、医学院、工程学院的专业学院地位。1950 年，教育学院成立了研究生部，提供教育硕士和教育博士两种专业学位。1968 年，教育学院进入快速发展期，到 20 世纪 70 年代中期，师资规模已经达到目前的规模。

卡瑞教育学院在 2011 年《美国新闻和世界报道》全美教育学院排名中位列第 22 位，2009 年的排名为第 32 位，两年时间共提升了 10 位。目前该学院共提供 21 个专业方向的课程，通过培养教育人才、提供有价值

---

① Boyer, E. L. , *Scholarship Assessed*, Princeton, NJ: Carnegie Foundation for the Advancement of Teaching, 1995.

的专业经历、发展学术服务于更广大的教育领域，成为弗吉尼亚州教育领域的领军者。目前学院教师 99 人，学生总人数 1109 人，来自弗吉尼亚州以外的学生人数为 294 人，其中本科生 137 人，攻读教育哲学博士学位的人数为 255 人，攻读教育博士学位的人数为 65 人；该学院每年授予的学位数为 676 个，其中授予的教育哲学博士学位为 74 个，教育博士学位为 18 个。卡瑞教育学院致力于提供最优秀的本科生和研究生教育，其总体目标是：培养教育专业人才，使他们成长为各相关领域的领袖。为实现这一总体目标，学院致力于发现教育领域的新挑战，创造应对挑战的新途径，改善当地、全国乃至全世界的教育现状。

卡瑞教育学院提供两种博士学位，教育哲学博士学位（Ph. D.）和教育博士学位（Ed. D.）。教育哲学博士学位有 20 个专业方向，其培养目标是学术研究人员和大学教师。教育博士学位有六个专业方向：教育管理和督导，高等教育，资优教育，课程与教学法，学校心理学，教学技术。Ed. D. 的培养目标是有实践经验的教育专业人员，他们对教育系统有深入和系统的了解，掌握特定教育领域的理论和实践知识，有能力开展学术研究和评估，能将研究结果应用于教育实践。教育学院从 2011 年开始进行了新的尝试，取消了原来教育管理和督导方向的 Ed. D. 项目，设立了新的 Ed. D. 项目，即教育领导行政研究 Ed. D. 项目，简称 ExSEl 项目。以下对教育学院的传统 Ed. D. 项目和新打造的 ExSEl 项目进行详细介绍。

（一）Ed. D. 项目的具体内容[1]

卡瑞教育学院的教育博士学位现有五个专业方向：高等教育，资优教育，课程与教学法，学校心理学，教学技术。

1. 培养目标

Ed. D. 项目培养担任教育专业组织领导者的专业型学者（practitioner scholars）。学生通过课程学习、研究和实地工作，致力于解决学校和其他教育机构出现的实际问题。

2. 培养对象

入学标准：除了学术上的要求外，Ed. D. 项目的候选人还必须已获得硕士学位，并且具备在相关专业领域的工作经验。

---

① 见卡瑞教育学院网页：http：//www. curry. virginia. edu/academics/degrees/doctoral-links。

3. 培养方式

（1）学习时间和学习方式

Ed. D. 的学习可以是三年全日制的学习，也可以是在职学习。学习年限为通过综合考试后 4 年之内拿到学位，同时从入学时起，总共学习时间不得超过 7 年。

（2）学位要求

学位要求共有三项。其一，总共完成 72 学分，其中课程学习 54 学分，实习 6 学分，论文 12 学分。其二，通过书面的综合考试，成为博士学位候选人。其三，完成博士论文撰写，通过博士论文答辩。

（3）课程设置

Ed. D. 的课程安排主要分三大部分：专业核心课程，研究方法课程，选修课程。选修课程的内容通常是与学生论文相关的内容，或学生较为欠缺的知识和技能，选修课程可以来自本专业，也可以来自学院其他专业，或者来自其他学院。

以高等教育专业方向的课程设置为例：

核心课程（8 门课，共 21 学分）

EDLF 8649 高等教育基础（Introduction to Higher Education）

EDLF 8651 高等教育史（History of Higher Education）

EDLF 8652 大学生体验（College Student Experience）

EDLF 8654 高等教育的组织和治理（Organization and Governance in Higher Education）EDLF 8655 差异政治学（Politics of Difference）

EDLF 8662 教育与政策（Education and Politics）

EDLF 8657 高等教育经济与财务（Economics and Finance of Higher Education）

或：EDLF 8680 经济学与教育政治（Economics and Education Policy）

研究方法课程

EDLF 7300 教育研究基础（Foundations of Educational Research）

EDLF 7310 统计 I：教育统计（Educational Statistics：Stat I）

EDLF 8300 统计 II：实验设计（Experimental Design：Stat II）

EDLF 7404 定性分析（Qualitative Analysis）

EDLF 9810 开题报告写作

外加一门研究方法选修课

选修课程

EDLF 5500 高等教育专题（Selected Topics）

EDLF 8648 大学生发展（College Student Development）

EDLF 8653 高等教育课程（Curriculum in Higher Education）

EDLF 8647 高校学生工作（Student Affairs in Colleges and Universities）

EDLF 8657 高等教育经济与财务（Economics and Finance of Higher Education）（未作为核心课程时：if not taken for the core requirement）

EDLF 8658 高等教育管理和规划（Management and Planning in Higher Education）

EDLF 8664 社区大学（The Community College）

EDLF 8665 高等教育当代问题：高等教育的创业（Contemporary Issues：Entrepreneurship in Higher Education）

EDLF 8663 美国教授职位（The American Professoriate）

EDLF 8680 经济学与教育政治（Economics and Education Policy）（未作为核心课程时：if not taken for the core requirement）

其他选修课程包括与学生论文相关的、需要学习的课程。

（4）实习要求

Ed. D. 的学生必须参加实习，实习占用的时间最多为每周 20 小时，持续两年时间。学生最少应获得 6 个实习学分；最多可获得的实习分数为 12 学分，一般建议在头两年的四个学期中，每学期获取 3 个实习学分，这 12 个实习分数中，6 学分可算作课程学习分数，条件是实习的经历被理论概括，如写成了文章，能够被专业方向的教师评价。

在学校或其他实践场所从事的获取报酬的工作，经审批后也可算作实习经历，但整个过程中必须有专业训练并接受卡瑞教育学院教师的指导和监督。

4. 培养评价

Ed. D. 项目对学生学习效果的评估主要有两种方式：过程评估和结果评估。

（1）过程评估

各个专业方向每学年都会就博士生应该掌握的关键能力进行评估，评估方式可能是采用评审或认证。学生必须用材料证明其每年的能力发展，并取得书面或口头的反馈。

（2）结果评估

主要是采用书面综合考试的形式，考试内容包括专业知识体系和方法，以证明学生已经准备好可以从事毕业设计研究了。综合考试一般在整个 Ed. D. 项目快要结束时进行，并且必须得到学生导师的同意。考试的具体时间、地点、内容、形式以及评阅都由博士指导委员会决定。综合考试的试卷至少由两位博士指导委员会成员独立批阅。如果未能通过综合考试，考生可以请求补考一次；如果还是未通过，考生将不能继续博士学习。

（3）毕业设计

Ed. D. 的毕业设计是完成博士论文的撰写并通过答辩。

（二）打造全新的教育领导行政研究项目①

1. 改革动因

卡瑞教育学院的教育管理和督导专业成立于 1932 年，是致力于教学、研究及社会服务的学术单位，最初成立的宗旨是为弗吉尼亚州乃至全美国的公立学校培养教育领导。该专业在 2011 年《美国新闻和世界报道》的全美排名中，列全美最好教育管理和督导专业第 16 名。该专业的毕业生在学校（包括私立和公立）、学区、州教育部门以及专业组织等各种教育机构中工作，担任如校长助理、校长、助理学监、学监等领导职位。全弗吉尼亚州 134 名学监中，有近一半（56 人）是该教育学院的毕业生。

卡瑞教育学院教育管理和督导专业的博士生培养层次有两个学位，教育哲学博士学位和教育博士学位。该专业方向的教育哲学博士学位的培养目标是通过严格的学术性课程和学徒式研究训练，使毕业生能够就教育领导的相关主题开展研究，能够分析学校和学区的运行情况，能够培养未来的教育领导方向的教授。教育博士学位于 2011 年进行了重新打造，取消了原先的教育管理和督导方向的 Ed. D. 项目，新设立了教育领导行政研究 Ed. D. 项目，即 ExSEl 项目，培养目标为中小学学校系统的教育领导。ExSEl 项目于 2011 年夏天开始招生，首批招收了十名学生。

卡瑞教育学院领导系设立这个全新的 Ed. D. 项目，是出于以下几个原因：

---

① 见卡瑞教育学院网页：http://www.curry.virginia.edu/academics/degrees/doctor-of-educa-tion/ed.d.-in-as-executive-studies-in-educational-leadership-exsel/。

　　首先，由于教育领导培养项目招致的普遍批评，特别是对 Ed. D. 项目培养方式与哲学博士培养方式类似的批评。

　　其次，专业人士和组织对提升 Ed. D. 项目的呼吁，包括李·舒尔曼（Lee Shulman），卡内基的 Ed. D. 研究项目，以及美国教育管理大学联合会（UCEA）对 Ed. D. 应扮演角色的讨论的积极推动。

　　再次，该学院院长的支持，也是一个重要原因。院长皮恩塔教授（Robert Pianta）鼓励全院教师对该院现有的 Ed. D. 项目和 Ph. D. 项目展开讨论，鼓励教师对两者的培养目标进行清楚的划分，并根据各自的培养目标设计相应的课程。

　　所有这一切都促使学院领导系的教师重新审视他们的 Ed. D. 项目是否真正满足了学生的需求，是否更好地促进了学校的领导。经过领导系全体教师的共同讨论，他们决定取消原来的教育管理和督导 Ed. D. 项目，重新打造全新的 ExSEl 项目，经过一年的准备，他们于 2011 年夏季首次招生。

　　2. ExSEl 项目内容

　　（1）培养目标

　　领导系的全体教师认为成为 21 世纪有效的教育领导，必须拥有卓越的知识、技能和奉献精神，因此新的 ExSEl 项目的总体目标就是通过研究、教学和服务培养能应对教育领域挑战的教育领导。该项目整合了相关学科的知识和技能，通过精心设计的学习经历将学生培养成以事实为决策依据的领导（evidence-based leaders）。该项目的毕业生日后担任的是各种各样组织机构的学校领导工作、包括公立学校、私立学校、州政府联邦政府教育机构及其他专业教育机构。

　　（2）培养对象

　　该项目的入学条件主要有四个：候选人必须拥有硕士学位，必须具备教育领域成功的管理和领导经验，必须具备扎实的文字功底，合格的研究生入学考试成绩。对于必须具备教育领域成功的管理和领导经验，是从四个方面来衡量的，第一，在目前领导岗位上取得的创新和改革成就。第二，展现调动他人改进教育的能力。第三，具备反思和探究的兴趣。第四，致力于教学上的不断改进。

　　该项目的招生方式为网上申请并递交规定材料，审核通过后接受面试。递交的材料有：本科生和研究生成绩，研究生入学考试成绩，具备教育领域成功的管理和领导经验的证明材料，一篇关于教育领导经历的文章，博士研究计划，两封推荐信。

（3）培养方式

①学习时间和学习方式

该项目的学习时间为 3 年，由于招收的是现任工作岗位上的教育领导，因此课程安排是针对兼职学生的灵活安排，平时上课安排在周末，暑期集中学习。学习方式以小组学习为核心，除了上课，平时学员们还通过网络以及每月的定期见面相互联系。

②学位要求

a. 总共完成 72 学分的学习，其中 12 学分为毕业设计学分；60 学分是课程学习学分，其中包括 12 学分的研究方法课。

b. 通过书面的综合考试，才能成为博士学位候选人。

c. 完成专业领域的研究并完成毕业设计论文（不同于传统博士论文），通过答辩后获得教育博士学位。

③课程设置

该项目的课程设置有其特色，由于该项目的招生对象是想对自己的专业工作有所反思并使其更上一层楼的中层领导，他们大多为年级组长、系主任、教师骨干、校长助理、校长等，这些学员本身已具备一定的教育和领导工作经验，因此没有必要再在课程设置中包含初级的领导培训内容。因此在课程设置上没有采用传统的研究课程安排，如，先介绍教育研究，然后依次讲解定性研究、统计、定量研究等，而是依据教育领导最需要的研究知识和技能来设计课程内容。他们的课程模式是以项目评估为中心的行动研究模式。在 60 学分的课程学习中，领导核心课程为 6 门（18 学分），以小组学习的形式进行，4 门研究方法课程（12 学分），10 门选修课（30 学分）。

核心领导课程具体为：领导理论基础，认知维度的领导力，成功的远景规划和战略实施，学习环境设计，组织中人力资源优化，提升组织实力。这六门核心课程的安排遵循特定的顺序，以逐步培养学生解决教育实际问题的能力：在反思所学领导理论的基础上，对面临的问题进行界定，围绕要解决的问题设计新的学习环境，运用所学领导规划和实施策略改造学习环境。

研究方法课程包括四门，目的是通过学术探究的训练将学生培养成学者型教育管理人员，他们能够对传统的研究进行客观评价并予以合理运用，即：有能力运用学术探究来解决教育实践中的问题。

选修课程。开设选修课程是为了让学生接触一些特定的领域，如教育创业、教育政策、教育技术、课程与教学革新，以拓宽学生的知识面和技能基础。

④课程安排

头两门核心课程在第一年的夏季进行集中学习，剩下的四门核心课程与四门研究方法课程进行组对讲授。在头两年的四个学期中，每个学期学员上一门核心课程和一门研究方法课程，并且每学期要求学生根据这组领导核心课和研究方法课中所学内容，完成一个实践项目。这一实践项目可以是改进该学员所在学校的某一方面，也可以是解决其学校目前正面临的问题。这种独特的课程安排，是该 ExSEl 项目的一大特点。作为 ExSEl 的项目主管，塔克教授（Pamela Tucker）说："设计这些项目的目的就是使学生掌握相应的技能，这些技能可以运用到学生目前工作的学校，让他们对自己在学校开展的革新工作进行评估，了解对学生产生了多大的影响。"他们希望，通过让学生做这样的实践项目，例如通过重新设计文化课程、辅导课程、特殊教育服务等，来真正改进他们所在学校的学习环境。课程安排见表 6 - 8。

表 6 - 8   弗吉尼亚大学 Ed. D. 培养方案（ExSEl 项目）

学期/学年	核心领导课程（每门课程 3 学分）	研究方法课程（每门课程 3 学分）	网上授课内容
夏/第一年	1. 领导理论基础		教学核心内容
	2. 认知维度的领导力		领导相关知识（1 学分）
秋/第一年	3. 成功的远景规划和战略实施	1. 应用研究 I	选修课：特殊教育（2 学分）
春/第一年	4. 学习环境设计	2. 应用研究 II（实践项目：需求评估和课程设计）	创业核心内容：预算/融资；预算/财政
夏/第二年			选修课
秋/第二年	5. 组织中人力资源优化	3. 应用研究 III（实践项目：流程分析）	

续表

学期/学年	核心领导课程 （每门课程 3 学分）	研究方法课程 （每门课程 3 学分）	网上授课内容
春/第二年	6. 提升组织实力	4. 应用研究Ⅵ（实践项目：影响效益和成本分析）	
夏/第三年	毕业设计		选修课
秋/第三年	毕业设计		
春/第三年	毕业设计		

（4）培养评价

除毕业设计外，ExSEl 项目评价同卡瑞教育学院其他专业方向的 Ed. D. 项目。

（三）卡瑞教育学院 Ed. D. 项目改革后的特点

卡瑞教育学院的传统 Ed. D. 项目，在培养方式上与传统哲学博士的培养方式没有太大的差别，例如学位要求、课程设置、毕业设计及学习成效的评估方面都与传统哲学博士的培养类似。也正是由于这一原因，使传统 Ed. D. 项目招致了学者的批评，以至于最终促使学院对其实施改革，并设计实施了新的 ExSEl 项目。新项目致力于与传统哲学博士培养方式的区别，从培养目标、学习方式、课程设置、毕业设计方面打造自己的特色，见表 6-9。

表 6-9　　弗吉尼亚大学 Ed. D. 培养方案与 Ph. D. 培养方案的对比

ExSEl 项目	传统哲学博士培养项目
培养目标：学校系统教育领导	培养目标：大学教师和研究人员
学习方式：在职学习，小组学习方式	学习方式：全日制学习，导师与学生一对一的学徒式指导
学习时间：项目完成时间为 3 年，学习时间针对在职教育专业人员，主要安排在周末和暑期	学习时间：项目完成时间不超过 7 年
课程设置：课程学习结合实际问题解决课程模式是以项目评估为中心的行动研究模式	课程设置：课程学习结合研究训练，研究方法课程所占比重大
毕业设计：围绕问题解决的毕业设计论文，如为校董事会或其他咨询委员会写的白皮书或研究概要	毕业设计：传统博士论文，以理论研究为主
从事研究：应用研究	从事研究：理论研究

ExSEl 项目的另一个特点是，放弃传统的博士论文撰写，而让学生写毕业设计论文。传统的博士论文以研究为基础，而 ExSEl 项目的毕业设计论文是以实践为基础的。学生被期望从某一个学期的实践项目引申开来，在这个实践项目的基础之上，最后形成一个完整的、有资源支持的、能改进学生所在学校学习环境的行动计划，以此作为他们最后的毕业设计论文。该毕业设计论文的形式多数是为校董事会或其他咨询委员会写的白皮书或研究概要。卡瑞教育学院领导系的教师认为这样的围绕问题解决的毕业设计论文，能够更好地展示学生已经掌握了教育领导者应该具备的知识和技能，并且这种形式的论文鼓励学生为改进自己的学校做点实实在在的贡献。

本章小结

本章通过案例研究，对提供教育博士专业学位教育的两类美国大学进行了分析：一类是只授予教育博士专业学位的大学，另一类是既授予教育博士专业学位、也授予传统教育哲学博士学位的大学。由于这两类大学的数量很多，因此本研究只选取了具有代表性的大学进行案例分析。在只授予教育博士专业学位的大学中，选取了波士顿地区的三所研究型大学：哈佛大学、波士顿大学、马萨诸塞州立大学波士顿分校；授予两种教育类博士学位的大学则选取了范德比尔特大学、圣路易斯大学、弗吉尼亚大学。选择的六所大学具备了满足本研究需要的代表性。首先，六所大学都是研究型大学，具有很强的研究实力，这符合本研究在研究对象选择方面的要求。其次，所选择的六所大学中，既有私立大学、也有公立大学，既有教会大学、也有非教会大学，既有古老的名牌大学、也有 20 世纪后发展起来的新大学。此外，六所大学的教育学院中，有名列全美教育学院排名前茅的大学，也有居中和较为靠后的；有教育博士培养规模较大的大学，也有居中和规模较小的。

研究依据了系统论的理论基础，对教育博士培养这一系统工程进行了分析，对六所大学教育学院的案例研究中，分别提取了教育博士培养这一系统中的关键要素进行分析研究，这些要素包括：教育博士的培养目标、培养对象、培养方式和培养评价。其中培养方式这一要素细化为以下几个方面：学习方式和学习时间、学位要求、课程设置、实习要求；其中重点关注的是学位要求和课程设置。在培养评价这方面则重点关注毕业设计这一环节是否要求学生撰写博士论文：如果要求，该论文与传统哲学博士学位论文有何不同；如果不要求，那么采用的是其他什么形式，为什么采用这种形式。另外，在对各大学教育博士培养方式进行分析时，特别关注了其培养方式的特点以及该培养方式设计时依据的理论基础或假设。

研究发现，仅授予 Ed. D. 的这三所波士顿地区研究型大学的 Ed. D. 培养，尽管都面向在职教育专业人士，也各自有其特点，但都基本延续了传统 Ph. D. 的学术培养模式，有明显的研究取向：（1）学位要求与传统哲学博士学位 Ph. D. 的学位要求类似，都是课程学习、综合考试，再加博士论文。（2）培养内容以理论为主，包括两大块，一是课程学习，另一个则是研究训练。（3）培养方式方面，在教学方法上都以课堂讲座形式为主，在学业指导上，基本仍是导师一对一的指导，对实习没有要求或要求很少。

研究还发现，同时授予两种教育类博士学位的三所大学的 Ed. D. 培养虽然各具特色，也都具备了以下的共同特点：（1）都高度重视教育博士的培养质量，认为教育博士学位教育作为教育类专业教育的最高层次应该具备与传统哲学博士学位教育同样的严格程度；（2）都严格区分传统教育哲学博士学位和教育博士专业学位，并致力于建立凸显教育类专业教育特色的学位培养模式；（3）都认同教育类专业教育的特色应该体现在专业教育的专业实践上，因此，在设计教育博士的培养项目时特别关注培养对象的实际专业需求，并将这种关注体现在培养方式和培养评价的各个环节；（4）都非常注重与专业领域的有效合作，在教育博士培养的整个过程中都积极邀请专业人士参与培养项目的设计、实施和评价。

第七章

美国教育博士专业学位
教育的改革与创新

　　美国教育领域的两种博士学位教育趋同的情况，至今已有近百年的历史。在一些大学的教育学院，Ed. D. 是研究性学位，而在另一些大学的教育学院，Ed. D. 则是专业学位。于是有学者称，教育博士学位是被困在理论与实践两种不同要求之间的专业学位。① 问题的关键在于，两种博士学位培养目标不清，于是导致了培养方式的混淆，培养出的人才类似。如果这种混淆继续下去，势必对两种学位都造成不利。对于这一问题的解决，主要有两种观点：一种主张废除其中一种，或是废除 Ed. D. ②，或是废除 Ph. D. ③；另一种则主张两种都保留，但根据各自不同的培养目标，建立各自的培养特色，使两种学位都得到提升④。

　　鉴于美国教育领域的现实情况，废除其中一种学位的可能性不大。既然两种学位势必要同时存在下去，比较理智的做法便是，承认两者的混淆，并致力于采取行动，消除混淆，使两种学位教育都办出水平、办出特色。2006 年舒尔曼等人在《教育研究者》上发表文章，呼吁从区分两种学位的培养目标入手，建立两种学位各自独特的培养模式，最终使两种学位都得到充分的发展。对于这一呼吁，专业教育组织和大学教育学院纷纷

---

　　① Clifford, G. J., Guthrie, J. W., *Ed School: A Brief for Professional Education*, Chicago: the University of Chicago Press, 1988, p. 49.

　　② Deering, T. E., "Eliminating the Doctor of Education Degree: It's the Right Thing to Do", *Educational Forum*, Vol. 62, 1998.

　　③ Clifford, G. J., Guthrie, J. W., *Ed School: A Brief for Professional Education*, Chicago: the University of Chicago Press, 1988.

　　④ Shulman, L. S., et al., "Reclaiming Education's Doctorates: a Critique and a Proposal", *Educational Researcher*, Vol. 35, No. 3, 2006.

予以改革回应，其中以卡内基教学促进基金会（The Carnegie Foundation for the Advancement of Teaching）发起的旨在提升教育博士学位的研究项目的影响最大。本章将就这一研究项目的情况、该项目成员的 Ed. D. 教育改革措施、Ed. D. 教育的鼻祖哈佛大学受其促动开展的改革进行分析。

第一节 卡内基教育博士项目（CPED 项目）

一 CPED 项目背景

2007 年卡内基教学促进基金会发起了旨在提升教育博士学位的研究项目：The Carnegie Project on the Education Doctorate（CPED）。CPED 项目的宗旨是重新审视并重新设计 Ed. D.，使其规格更高，成为学院、大学、其他教育机构教师和教育管理领导者首选的高级专业学位。[①] 目前 CPED 已完成第一阶段研究，2010 年 10 月，该项目获得来自中等教育促进基金（the Found for the Improvement of Secondary Education）的支持，进入研究的第二阶段。

该项目于 2007 年 2 月发起的第一阶段研究持续了三年，共有 25 所大学的教育学院参与了项目研究，这些大学多数为公立大学，其地理位置遍布全美国，参与项目的教育学院具体情况见表 7 - 1。这些教育学院多数是美国大学教育学院院长联合会的成员（Academic Deans of Research Education Institutions）。

表 7 - 1　　　　　　　　卡耐基 CPED 项目第一阶段成员

成员名称	成员类型	参与研究的 Ed. D. 项目
亚利桑那州立大学	公立	学校领导
加州大学	公立/多校区	学校领导
中佛罗里达大学	公立	学校领导
科罗拉多大学丹佛分校	公立	学校领导
康涅狄格大学	公立	学校领导
杜肯大学	私立	学校领导

---

① 见卡内基教育博士项目网页：http://www.cpedinitiative.org/。

续表

成员名称	成员类型	参与研究的 Ed. D. 项目
佛罗里达大学	公立	学校领导，学校、教师与组织
休斯敦大学	公立	领导力
堪萨斯大学	公立	学校领导
肯塔基大学	公立	组织领导
路易斯维尔大学	公立	学校、教师与组织
林恩大学	私立	学校、教师与组织
马里兰大学	公立	组织领导
密苏里－哥伦比亚大学	公立	学校领导
内布拉斯加—林肯大学	公立	学校与教师领导
北伊利诺伊大学	公立	学校领导
俄克拉荷马大学	公立	学校领导
宾夕法尼亚州立大学	公立	教师领导
罗格斯大学	公立	教师与学校领导，学校、教师与组织
南加州大学	私立	领导力
佛蒙特大学	公立	学校领导
弗吉尼亚联邦大学	公立	学校领导
弗吉尼亚理工大学	公立/多校区	学校领导
华盛顿州立大学	公立/多校区	教师与组织领导
威廉与玛丽学院	公立	学校、教师与组织，领导力

CPED 项目的第二阶段开始于 2010 年 10 月，也将持续三年的研究，该阶段研究的主要内容是：围绕第一阶段总结的 Ed. D. 设计基本概念（特色教学法、实验性操作、毕业设计、探究）继续研究和设计创新型 Ed. D. 培养项目，同时研究在组织层面、项目层面、个人层面产生变革的过程和步骤。

二　CPED 项目第一阶段研究

（一）项目内容

第一年，主要从事的活动是建立各大学教育学院间的联系与合作，组织成员参加 CPED 项目的年度大会，以及参加其他专业学术团体的会议。项目要求教育学院所在大学对项目的开展给予相应支持，比如允许一到两名教师有时间进行相关研究，支持参加项目的研究生，资助项目参与人员出席 CPED 项目一年两次的年度大会等。

第二年至第三年，CPED 项目获得斯宾塞基金会（the Spencer Foundation）的资助，项目研究的内容为：对成员教育学院参加了 CPED 项目改革的 Ed. D. 项目，所期望达到的培养结果、候选人的学习成效，培养项目的设计进行调查，并就此收集信息。参与 CPED 项目的 Ed. D. 专业方向主要为学校领导和教师领导，实际上，这里所谓的培养结果与候选人的学习成效就是指 Ed. D. 的培养目标。收集这一信息的目的在于了解这些教育学院的 Ed. D. 培养项目究竟有没有一个为大家公认的一致的培养目标。调查的具体内容以下面六所大学为例：

康涅狄格大学（University of Connecticut）

所要培养的教育领导：

能整体地看待探究过程，而不至于忽略关键问题或重要利益相关人。

能将实际问题转化成研究问题，并能运用文献中的理论框架多角度地分析该问题，更好地理解问题的复杂性和造成问题的原因。

项目设计：

项目所有的核心内容（包括内容和传授方法）都围绕毕业设计建立和整合。

在做毕业设计前，需要完成多次探究过程。

培养以多种形式传递和综合信息的能力。

减少专业人员对权威的依赖性，培养他们根据自己对发现的理解做出决定的能力。

头两年的学习主要是建立知识体系，同时结合实习实地探究；第三年在这些探究的基础上形成初步的毕业设计；第四年对毕业设计修改并参加答辩。

休斯敦大学（University of Houston）

所要培养的教育领导：

能够独立地对实践中的关键问题和解决问题的方案进行分析、测量、设计和评估。

项目设计：

探究的过程应发生在身边的实际工作领域，并能带来积极的影响。

实习的模式应有利于团队合作，因为这是实际工作中的真实状态。

当地教育领导应在专业人员的培养中充当积极的合作者：教育学院的教师和当地教育领导合作，可以使专业人员的研究课题更可行、更贴近实际。

使专业人员能参与行动研究的过程：反思、探究、合作、分享。

毕业设计类似于咨询模式：为当地的顾客提供建议，并产生直接的积极效果。

南加州大学（University of Southern California）

所要培养的教育领导：

能运用差距分析的方法发现实际问题，并致力于不断改进。

熟悉学校特殊的文化氛围，致力于本地探究（localized inquiry）。

提倡探究不光是个人态度，还应是组织态度。

项目设计：

核心知识应包括：领导力，学习，多元化，问责制。

探究是整个项目运作的框架，也是专业人员评估学习过程的视角。

毕业设计体验应该反映解决现实问题的真实情况。

实地经验，例如探究的立场，贯穿整个培养过程。

佛蒙特大学（University of Vermont）

所要培养的教育领导：

关注身边具体情境中个人及组织的转化成果。

项目设计：

专业人员以小组学习的方式，专注于应用探究、领导力以及学习组织中的变化。

在培养过程中较早引入毕业设计内容，在通常五年的学习过程中的第二年便引入。

毕业设计以问题为中心，关注本地探究。

弗吉尼亚联邦大学（Virginia Commonwealth University）

所要培养的教育领导：

能够联系具体情况，从多个理论角度分析关键性问题。

能够将探究的思维方式延伸至整个机构，以保持持续的学习和改进。

对学习组织及其具体情况有全面的了解，因此能够实施多层次探究评估方案。

项目设计：

小组式学习，熟悉本专业的文献，关注具体情境下的探究。

课程应体现的核心能力包括：变化管理、人力资源管理、个体和组织的反思、与不同相关者沟通的能力，建立在事实基础上的决策制定、了解研究（而不是生产新知识）。

毕业设计的体验是咨询式的服务，服务于客户。

毕业设计的体验应反映实际中的团队合作。

教育学院教师和教育领域专业人士共同审核毕业设计的最终内容。

华盛顿州立大学（Washington State University）

所要培养的教育领导：

能够在实践中发现问题，并寻找办法打破现状。

对所在环境能产生积极的影响，注重通过社会公正的概念实现平等。

促进组织层面的探究立场。

多角度了解个人和组织背景，以促进组织的整体改进。

项目设计：

注重以事实为基础的决策、以学习者为中心的探究、重点干预的运用。

课程内容应有助于解决实际问题。

学习者以学徒的方式，在学者和教育领域专业人士的共同指导下学习。

（二）项目结论

调查结果显示，所有教育学院的 Ed. D. 项目，不管其专业方向是什么，都有类似的培养目标。调查还显示，"全美教师和管理人员培养标准运动"（the national standards' movement for teacher and administrator preparation）对各学院的 Ed. D. 项目设计和培养目标的制定有重要影响。同时调查结果还让研究项目成员意识到，Ed. D. 项目设计面临的挑战包括：到底如何做才能实现这些为大家公认的培养目标？例如要设计什么样的专业核心课程和研究方法课程？采用怎样的教学方法和现场实习？师资的配备如何体现专业人士的参与？对学生的学习成效如何评估？毕业环节应当采用什么形式？这一阶段调查还出现了具有积极意义的"副产品"，出现了一系列榜样模式（promising practices），这些榜样模式可以对其他学院设计和评估 Ed. D. 项目提供参考和借鉴。调查增进了项目成员对培养教育专业人员这门学问的认识，同时也证实了舒尔曼等人的观点：更好地区分教育领域实践的学问与研究的学问是使 Ed. D. 和 Ph. D. 都得以提升的关键[1]。而且这一阶段的研究更进一步确认：特色教学法、实验性操作、评估和毕业环节是设计和实施专业培养项目的主要原则。

（三）项目研究成果

CPED 项目第一阶段（为期三年）取得的具体研究成果如下。

1. 有关 Ed. D. 的基本概念

（1）Ed. D.：Ed. D. 是专业教育博士学位，该学位培养的是能够进行实践应用、知识生产、专业管理的学者型教育专业人员。

（2）学者型专业人员（Scholarly Practitioner）：学者型专业人员将专业知识和技能与实践智慧相结合，发现、分析、解决实践中的问题。他们理解平等和社会公正的重要性，并将实践型研究和应用型理论作为变革的工具，他们以多种方式宣传自己的工作，并肩负团结重要的利益相关者（大学、教育机构、社区、个人）共同解决实际问题的责任。

（3）特色教学法（Signature Pedagogy）：特色教学法是人们公认的培养学者型专业人员从事专业工作的系统方法，它强调"思考，执行，以诚

---

① Shulman, L. S., et al., "Reclaiming Education's Doctorates: A Critique and a Proposal", *Educational Researcher*, Vol. 35, No. 3, 2006.

信行事"① 的原则。特色教学法是 CPED 项目研究人员提倡的 Ed. D. 教育具有鲜明特征的，它包括三个方面的内涵：第一，教学是有目的性的、渗透的、持续的过程，这一过程挑战假设，提倡行动，并需要持续不断的评估和问责。第二，教和学建立在理论、研究和实际问题的基础之上，培养的是真实专业环境中的思维习惯、动手能力以及职业心理。第三，教学在道德和伦理方面迫切需要让学生在对待平等和社会公正问题上建立关键的专业立场。

（4）实践性的探究（Inquiry as Practice）：实践性的探究是学者型专业人员就复杂的实际困难形成有意义的问题，并通过理论、研究和专业智慧的运用，设计解决实际问题的创新性方案的过程。实践性探究的核心是运用数据解释革新效果的能力，因此，它需要批判性地收集、组织、判断、综合以及分析解决办法、文献和数据的能力。

（5）实验性操作（Laboratories of Practice）：实验性操作是理论与实践相互促进的场所。在解决复杂实际问题的过程中，理论、探究、实践三者相互作用产生的观念可以被实施、测量和分析，以检验变革带来的影响。实验性操作可以促进转化性、生成性学习，这种学习可以通过学术专长和实践来衡量。

（6）实践中的论文（Dissertation in Practice）：作为展示学者型专业人员解决实际问题的最终体验，实践中的论文应该体现博士候选人"思考，执行，以诚信行事"②。

2. 设计 Ed. D. 项目的工作原则

CPED 项目第一阶段研究还制定了 Ed. D. 项目的设计原则。

（1）项目设计应围绕平等、道德、社会公正，要为实际问题寻找答案。

（2）领导者要能够通过建立和运用知识为个人、家庭、组织、社区带来积极的变化。

（3）培养学习者的合作和沟通技巧，便于他们在不同社区开展工作，建立伙伴关系。

---

① Shulman, L. S., "Signature of Padegogies of Professions", *Daedalus*, Summer, Vol. 134, No. 3, 2005.

② Ibid. .

（4）为学习者提供实地锻炼的机会，分析实际问题并寻求多角度解决问题的方案。

（5）项目应建立在专业知识体系的基础之上，并促进专业知识体系的发展。

（6）项目应强调实践，强调专业知识的生产、转化和运用。

3. 对 Ed. D. 与 Ph. D. 所做的区分

CPED 项目第一阶段研究还对 Ed. D. 与 Ph. D. 进行了区分。经研究，CPED 项目的研究人员认为：Ed. D. 与 Ph. D. 这两种学位无论在培养目标、知识体系、研究方法，还是在实习要求、毕业设计、职业指向上都存在差别。对此，杨博士曾撰文进行过细致的分析和比较，[①] 具体内容见表 4-1。这一比较得到 CPED 项目组的认可，将其作为区分 Ed. D. 与 Ph. D. 的标准，并将杨博士的这篇文章作为 CPED 项目的核心研究文献。

4. Ed. D. 毕业生的初步评价标准

CPED 项目第一阶段的重要成果还包括 Ed. D. 项目毕业生应当达到的学习成效，概括起来有六个方面，即 Ed. D. 毕业生应在以下六个方面取得显著的学习成效：探究的立场，平等的立场，领导力，社区参与，人力资源管理，促进持续变革的能力。每个方面的具体内容如下：

（1）探究的立场

能抓住关键问题：能从影响一个问题的驱动性力量和制约力量中区分出关键的影响因子。能运用数据支持决策：能利用数据库获得数据并分析数据，从而识别存在问题的领域。能将研究转化为实际的应用：能对文献中的大规模干预措施进行比较分析和调整，以满足本地的实际需要。能开展系统的组织探究：能用整体的观点看待不同层次组织间的联系并进行探究。能设计并实施强调应用的探究：能设计基于成效的干预措施，并能对实施效果进行评估。能重视理论在实践中的应用：鼓励基于实地的、与职业相联系的学习过程；要求接受训练的专业人员在现实生活中检验他们所学的关于变革的概念。

（2）平等的立场

能促进平等的观念并包容利益相关者：平等考虑组织中的各种需求，

---

① Young, M. D. , "From the Director: The M. Ed. , Ed. D. and Ph. D. in Educational Leadership", *UCEA Review*, Summer, No. 6, 2006.

听取组织中不同部门的看法。能在组织文化背景下开展工作：积极支持组织文化的创建和维护，实施变革时要考虑组织传统和界限。

（3）领导力

能做教育研究的积极消费者：关注专业领域当前的研究，及其对组织、组织中各部门的影响。能领导整个组织：能辨别组织中各个部门的驱动因素和限制因素，同时也善于发现消除部门间隔阂的共同联系。能在组织最基本愿景的指引下实施组织治理：将决策的制定与组织的愿景规划相联系；要求组织中所有决策的制定都应该是为了实现组织的愿景规划。具备突破性领导力：致力于打破现状，使组织中所有成员都摆脱既定观念和做法的束缚，以寻求变革。具备前瞻性领导力：重视组织成员关心的问题；能在问责的强制性要求发生之前预见组织需要做出的改变。

（4）社区参与

能促进决策的透明度：在整个探究过程中保持清晰的审计线索，使组织成员更了解情况，因此可以对具体的探究团队实施问责。能构建有利于对话的建设性工作框架：了解如何维持特定问题的持续性对话，使具体探究的过程公开接受各方的观点和评价。能与组织成员沟通的能力：建立适合组织成员的多种沟通渠道，使组织成员能就探究的发现和结果进行沟通和汇报。能向组织成员展示项目能带来的益处：项目评价应注重实际应用；项目实施应伴有对应的评估框架，评估框架应着力体现可以给组织成员带来的益处。能与组织成员保持开放式交流：重视决策制定过程中所有相关成员的建议，重视促进持续改进的新想法，重视建立反馈机制。

（5）人力资源管理

能通过技能与应用的联系提升人力资源：善于识别和利用团队中的技能资源，使每个人都从事自己最擅长的工作，充分发挥组织中成员之所长。能充分利用现有的人力资源：不但意识到由外向内的工作价值，也意识到由内向外的工作价值；注重培养组织内部的领导人才，让他们在变革中担当重任。能安排继任人选的规划：充分利用变革举措锻炼未来的领导人选，确保组织内领导人的交替自然过渡。能珍视组织拥有的各个层次人力资源：善于开发组织中边缘化成员的聪明才智。

（6）促进持续变革

能通过持续不断的改进促进专业发展：运用持续不断的改进为专业发展的延续建立网络；向组织成员传达重视专业发展的信息。善于在实践中发现问题：工作中带着问题意识，并致力于不断地改善。提倡多角度看待问题：使组织成员积极参与这样的过程：反思—探究—合作—分享；培养他们产生有价值的观点并加以重视。

5. 有价值的变革尝试

以上内容中介绍了 CPED 项目对 Ed. D. 下的定义，项目设计的重要概念，项目设计时遵从的原则，毕业生应展现的学习成效。那么接下来的问题便是：Ed. D. 的培养项目究竟应该怎样才能使毕业生具备这些期望的学习成效呢？经过各成员教育学院的研究和探索，一些学院就特色教学法、实验室实践、毕业设计提供了有价值的变革尝试。

（1）在特色教学法方面

舒尔曼指出，"思考，执行，以诚信行事"是教育专业实践的要求，是教育专业人员在实际工作中的行为模式。[①] 而 Ed. D. 的特色教学法应反映教育专业领域中的关键性知识和技能，以及如何将这些关键知识和技能向学生传授。[②] 简单地说，就是如何使 Ed. D. 项目培养的毕业生具备教育专业人员的思维模式、行为特点、知识和技能。参加 CPED 项目的各教育学院从不同角度注释了适合 Ed. D. 的特色教学法：

a. 从培养学生批判性阅读的角度

理论依据：Ed. D. 项目毕业生应当达到的学习成效中，第一点就是"探究的立场"。于是一些教育学院认为，要培养学生探究的立场，首先要从锻炼他们的批判性阅读能力开始，在此基础上才能发现问题，激发学生探究的兴趣，进而分析并尝试解决问题。

杜肯大学（Duquesne University）认为对文献的评价就是一种探究的过程，他们要求学生阅读指定的重要文献，并将自己对文献的看法以文章的形式记录下来，在这些文章的基础上，学生逐步地构建自己最终的毕业设计。

加州大学弗兰斯诺分校（California State University, Fresno）也给学生列出了需要阅读的重要文献，并且这些文献还是确定博士候选人的资格考

---

① Shulman, L. S., "Signature of Padegogies of Professions", *Daedalus*, Vol. 134, No. 3, 2005.

② Shulman, L. S., Golde, C. M., Bueschel, A. C., & Gorabedian, K. J., "Reclaiming Education's Doctorate: A Critique and a Proposal", *Educational Researcher*, Vol. 35, No. 3, 2006.

试的依据。

康涅狄格大学（the University of Connecticut）在最初两个学期的学习中包括以下内容：培养研究的消费者（consumers of research），传授定性和定量研究在探究过程中的作用，讲授案例研究的写作策略，以及如何形成研究问题等。

b. 从专业实践中团队合作的角度

理论依据：由于现实情况中，专业人士都是在与同事合作的基础上解决实际问题的，所以通过团队合作来培养学生的实际专业技能就应该是 Ed. D. 特色教学法中极重要的内容。

师生团体：内布拉斯加—林肯大学的教育学院，其教师教育这个专业方向的 Ed. D. 项目，专门利用介绍性专题讨论帮助教师和学生组建学习团体，促进师生的交流与合作。密苏里—哥伦比亚大学在研究项目中实施行动研究，研究项目既有教师也有学生，他们都以研究者的身份参与研究项目。

学生团体：南加州大学的 Ed. D. 项目采用学生小组学习的方式（Co-hort）。内布拉斯加—林肯大学还设计了一系列的跨学科课程，这样不同专业的学生有了更多的相互学习和交流的机会。马里兰大学在学习中设计了"挑战环节"，让学生组成小组，就特定的实际问题共同进行讨论、思考和决策。

c. 从关注多元文化和社会公正的角度

理论依据：Ed. D. 项目培养的未来教师或教育领导必须具备"平等的立场"，这一能力反映的是教师或教育领导的文化素养，因此关注多元文化和社会公正也势必是 Ed. D. 特色教学法的重要内容。

华盛顿州立大学（Washington State University）在它所有的分校中开展与文化相关教学法的设计活动，以满足其毕业生及其毕业生日后服务对象需求。

俄克拉荷马大学（University of Oklahoma）的 Ed. D. 项目就不同地域特征的学习进行了分类：农村、郊区、城市；以使学生理解不同区域的不同教育需求。

（2）在实验性操作方面

要培养学生像教育专业人士那样思考和行动，仅通过传授是不行的，还必须让学生有机会亲自体验才行。正如康涅狄格大学的教师所说，实验性操作就是构筑类似于现实情况的体验，训练学生该如何具体地做。这种训练应使学生了解真实的工作环境，并有机会与现实中的专业人士一同工作。这就像医学领域的临床实习，学生在执业医师的指导下给病人问诊。

许多教育学院做了有益的尝试，例如俄克拉荷马大学安排学生先后到农村、郊区、城市去实习。肯塔基大学（the University of Kentucky）的行政主管 Ed. D. 项目，每个月都组织学生与学区、州的教育专业人士见面，向他们了解实际问题，并向他们学习。北伊利诺伊大学（Northern Illinois University）设计了"扩展、嵌入式、整合"的实习体验，在整个 Ed. D. 培养过程中都为学生提供"动手"经验。罗格斯大学（Rutgers University）则是利用的学徒模式，让学生直接在专业人士的指导下，从做的过程中学。密苏里—哥伦比亚大学（the University of Missouri-Columbia）考虑到大多数 Ed. D. 学生都是全职的教育工作者，所以干脆就将学生的工作单位当作了实验室，而对学生的实践评价则是通过"在多大程度上，学生能将自己单位的问题转化成行动研究"来衡量的。

（3）在毕业设计方面

毕业设计应该是 Ed. D. 项目改革中最难的部分，因为到底什么是好的毕业设计，并没有一个统一标准，而且许多教师对此也很茫然。因此 CPED 就 Ed. D. 的毕业设计进行了大量的讨论，主要包括以下内容：

a. 对于毕业设计，已经了解的内容：

—毕业设计的体验或过程应该反映学生的学习情况。

—毕业设计应该是对所学知识的综合展示。

—毕业设计应该是个性化的、书面的、学术的。

—大部分学生是在职学习，但也有全职学生。

—传统博士论文无助于解决教育行业迫切需要解决的实际问题。

—目前作为 Ed. D. 毕业设计的论文，其质量参差不齐。

—毕业设计不一定非要采用论文的形式。

—各教育学院毕业设计采用的形式也多种多样。

—Ed. D. 的毕业设计应区别于 Ph. D. 的毕业设计。

—Ed. D. 的毕业设计展现的是专业人员技能的发展。

—Ph. D. 的毕业设计展现的是建构理论的能力，是概括能力。

—Ed. D. 的毕业设计概念比 Ph. D. 的论文概念对专业人员更适用。

—毕业设计应指向实际问题，学生应该具备收集、综合信息的能力。

b. 对于毕业设计，还有待了解的内容：

—现有的论文可以调整为适合 Ed. D. 培养的毕业设计吗？

—如果不用传统博士论文，有其他更好的形式吗？

—到底什么是毕业设计体验，它有哪些特征？

—Ed. D. 的学习质量怎样才能给以最恰当的评价？

—如何才能让 Ed. D. 的毕业设计被认可为高层次的学习活动？

—毕业设计体验应该采取个人形式还是集体形式？

—毕业设计体验应安排在 Ed. D. 项目最后还是在整个项目进行的过程之中？

—毕业设计体验形式会影响学生就业吗？未来雇主对毕业设计体验在意吗？

—博士论文不能作为 Ed. D. 毕业设计体验的一种选择吗？

—学生不该将获取学位的目的与他们的毕业设计体验联系起来吗？

c. 对毕业设计的界定：

毕业设计应该使学生掌握来自关键文献的特定知识，并能利用这些知识形成明智的决策和行动规划，这对专业人员来说是必需的，而且是与 Ph. D. 层次的知识生产有区别的。

d. 建议毕业设计应该包含的内容：

—是有关应用的内容：发现、分析、解决实际问题。

—不是为了扩展文献库，而是为了提高专业领导力。

—教师邀请学生一起关注实际问题。

—专职教师与教育专业人士合作。

—教师扮演教练的角色，学生则是工作人员。

—学生建立小组式学习团体，这种学习模式可以缓解教师的工作压力。

—进入职业领域后，面对实际情况，学生提出的应是与学习期间相同的问题。

—教师与学生共同制定研究/探究提纲。

—学生与系统领导一起工作，了解他们的实际工作情况。

—同行评议：学生可获得有益信息，强化小组学习模式，促进专业发展的社会结构。

—学生从事独立研究，采用相同的文献综述和研究方法，对研究发现的讨论却不相同。

——按专题成立学习小组需要提前计划，共同设计研究问题，并清楚应用目标。

——学生阅读文献不是为了找寻有待解决的学术问题，而是为了理解复杂的现实问题。

——学生对接受研究的学校提供的通常是执行概要和建议。

——学习小组应当指定负责人以确保工作进程和质量，以及合理分配共同工作和个人工作。

——毕业设计答辩委员会有 4 名成员，其中一名是来自教育专业领域的领导人。

备注：为了保证 Ed. D. 培养的延续性和一致性，项目的培养内容和顺序应由教育学院确定下来，不能因为师资的紧缺与否而任意更改。

e. 各校在毕业设计方面的有益尝试

作为讨论的结果，在 CPED 的研究过程中出现了一些新的毕业设计模式，如：

南加州大学（University of Southern California）的毕业设计采用的是专题论文的形式，学生围绕一系列相关的问题组成一个专题小组，其中每个学生就自己研究的实际问题开展独立的研究。休斯敦大学（the University of Houston）设立了一个专门负责收集备选毕业设计项目的小组，这些毕业设计包括：教育机构的需求分析，设计学校改革方案，对某个学区项目进行评价性分析，等等。

三　CPED 项目第二阶段研究目标

Ed. D. 与 Ph. D. 的混淆持续了近一百年，如何才能让 Ed. D. 从此混淆中走出，或许不光是 Ed. D. 培养项目的改变，更为重要的是各教育学院应在自身的组织结构和教师角色定位上发生改变。而这一点正是 CPED 项目第二阶段研究的基石。项目成员一致认为，第二阶段的研究中，教育学院应对 Ed. D. 与 Ph. D. 的培养做出更清晰的区分，Ed. D. 培养的是教育专业人员，而 Ph. D. 培养的是研究人员和大学教师；并且项目成员一致认为首先需要改变的是教育学院。

于是，CPED 项目第二阶段的研究规划包括以下四个目标：

（1）研究和评估：如果要开展新的 Ed. D. 培养项目，教育学院应该在组织结构方面做出哪些改变。

（2）研究和评估：参与 CPED 项目的学院，其特色教学法、学习环境、Ed. D. 项目师生的参与方式有哪些改变。

（3）研究和评估：CPED 项目第一阶段总结的 Ed. D. 项目设计原则是否有效。

（4）将研究获得的经验和 Ed. D. 优秀培养模式传播到更多的教育学院。

在第二阶段的研究中，CPED 将对第一阶段取得的成果加以验证，为 Ed. D. 的改革提供更多的榜样模式、更多的项目设计工具、更多关于学校、项目、个人层面因此发生改变的信息（详见 CPED 网址）。同时在第二阶段的研究过程中，CPED 还订立了另一个目标：在 CPED 现有成员的基础之上，再吸收 25 位新成员参与到 Ed. D. 项目的改革中来，这些新成员的加入不但能给 Ed. D. 项目改革带来新的想法、设计与模式，同时也充当着同行评审人的角色，以确保 CPED 项目研究的信度以及研究的持续性。

四　CPED 项目的意义

在对 Ed. D. 长达近一个世纪的争论过程中，还没有哪个学术团体曾试图采取实际行动重塑 Ed. D.，并将其打造成教育专业人士的首选培养方式，CPED 开创了这方面的先河，其包含的意义是里程碑式的。

首先，CPED 项目重塑 Ed. D. 的研究，在全美引起了广泛的关注，推动了学术界就 Ed. D. 改革进行的有益讨论。例如，在 CPED 项目于 2009 年 7 月公布其研究结果后不久，教育学院在全美排名第一的范德比尔特大学，其学术刊物《皮博迪教育专刊》就推出了一期特刊，专门讨论 Ed. D. 项目的改革。2011 年 11 月，美国教育管理专业的权威学术组织 UCEA 的学术刊物《UCEA 评论》也推出了一期专刊，专门讨论 Ed. D. 项目的改革。

其次，CPED 项目的研究也极大地推动了 Ed. D. 项目的改革，包括 UCEA 在内的许多教育专业组织和大学都对 CPED 采取了积极的回应。UCEA 作为美国教育管理专业的权威学术组织，在过去十多年里也一直致力于 Ed. D. 项目的改革，该协会主席米歇尔·杨于 2006 在该组织的学术专刊上发表文章，就 Ed. D. 和 Ph. D. 的区别发表了自己的看法。UCEA

的许多成员也在尝试 Ed. D. 项目的改革，并且一些大学的 Ed. D. 改革模式成了公认的榜样模式，如范德比尔特大学、圣路易斯大学等。范德比尔特大学教育学院的院长艾伦·加德林（Ellen Goldring）还作为 CPED 项目的特邀学术专家对 CPED 第一阶段研究结果给予了评价和建议。

再次，CPED 第一阶段的研究取得了一系列成果：对教育博士专业学位 Ed. D. 进行了界定，重新定义了有关 Ed. D. 教育的一些重要概念；总结了 Ed. D. 毕业生的学习成效，即 Ed. D. 的培养目标；提供了 Ed. D. 项目设计的原则和一些 Ed. D. 改革的榜样模式。CPED 第二阶段的研究致力于对第一阶段取得的成果加以验证，为 Ed. D. 的改革提供更多的榜样模式、更多的项目设计工具、更多关于学校、项目、个人层面因此发生改变的信息，这些已经取得的研究成果和可以预见的今后的研究成果，都将成为未来 Ed. D. 研究者以及 Ed. D. 项目改革的宝贵资料。

第二节　南加州大学 Ed. D. 教育改革

创建于 1880 年的南加州大学（University of South California，简称 USC）坐落在美国西部洛杉矶市市中心，是美国西部规模最大、也是最古老的私立研究型大学。作为洛杉矶第一所综合性大学，USC 从 1880 年初建时的 10 名教师、53 名学生，发展到现在的 4000 多名教授、3 万多名学生，从一所普通地方高校发展成为一所国际知名学府。USC 目前是获得联邦政府（研究与发展）经费最多的十所美国私立大学之一，在 2012 年全美大学排名中列第 23 位。该大学教育学院——罗舍尔教育学院（Rossier School of Education），建于 1909 年，在全美教育学院排名中位列第 14，该学院致力于城市教育（Urban Education），面向当地、全美和全世界培养教师和教育领导人才。目前学院共有教师 93 人，博士研究生 577 人，硕士研究生 1478 人。

一　Ed. D. 培养项目的改革设计

罗舍尔教育学院于 2001 年开始设计新的 Ed. D. 项目，经过全学院教师的共同努力，打造了全新 Ed. D. 培养项目，成为美国教育界公认的优秀 Ed. D. 培养模式。

（一）设计理念

新打造的 Ed. D. 项目是培养能解决实际问题的城市教育领导者，因此他们对 Ed. D. 项目的设计是建立在这样的概念基础之上的，即新打造的 Ed. D. 项目要与传统的 Ph. D. 项目截然不同。他们的设计遵循的是"逆向建构"的方式，即先确认在真实的教育环境中的领导者会面临哪些实际工作，在此基础之上再考虑向学生传授些什么知识和技能，才能使他们有能力胜任这些实际工作，如何传授这些知识和技能，以及怎样检验传授是有效的。因此，新打造的 Ed. D. 项目所需要做的，就是将概念性和实践性知识与研究和实践完美地结合，以培养高效的城市教育领导者。而且这样的培养项目应该采用的是以解决问题为核心的模式。

（二）对城市教育的诠释

在罗舍尔教育学院的教师们看来，城市教育是在以种族、性别、阶级、文化以及语音能力多元化为特征的复杂都市环境中的教与学的过程。而都市环境的特点就是具备成熟的服务保障系统，这种保障系统又具有社会分层及公民享有服务机会不平等的特点。而城市教育研究则应对复杂多元化因素如何相互作用，以及会对特定群体学和教的过程产生哪些不利影响加以研究。

罗舍尔教育学院的教师们认为他们致力于城市教育的关键就在于用自己的研究、教学和服务致力于积极的改变，而不仅仅是做旁观者或评论家。为完成这一使命，就需要创建合作型的学习社区，以增进知识、技能与方法，为追求社会公正而探索社会变革。因此，城市范式是新 Ed. D. 项目所有课程中的关键内容，正是基于以上对城市教育的理解，新 Ed. D. 项目的核心课程就建立在围绕城市教育的四个学术主题之上：领导力、问责制、多元化、学习。

1. 学习

围绕学习进行的探索，仍然是城市教育领导首先需要关注的问题，因为教育领导的工作成效归根结底是取决于是否有效促进了教育组织中学习者的学习。新 Ed. D. 项目有关学习的核心课程探讨的是个人和群体的学习原则，关注如何在不同社会环境中应用这些学习原则。

2. 多元化

罗舍尔教育学院致力于城市教育，因而面临的是以多元化为特征的复杂都市环境中的教与学的过程，因此在设计新 Ed. D. 项目时，多元化成为其核心课程围绕的另一个学术主题。多元化核心课程关注的是教育工作者的实际工作环境，特别是城市区域，它的目标是促进 Ed. D. 学生对来自不同收入家庭、不同种族、不同性别、不同语言熟练情况的学习者的能力和需求的理解，并能将这种理解应用到今后的实际工作中去。

3. 领导力

在深入理解了学习过程和多元城市教育背景后，教育领导接下来要做的就是如何有效整合教育系统的人力与物力，以提高学生的学习成效、促进学校的良好运行，于是如何提高领导力就成为新 Ed. D. 项目的另一个学术主题。领导力核心课程的内容关注的是教育系统，目标是培养能够将城市学校转化成高效学习机构的教育领导。为了达到这个目标，课程要能增进 Ed. D. 学生的组织知识，提高学生的组织技能，使他们能培育积极的组织文化，在组织中建立富有成效的关系，使组织成员对自己的工作负责等。另外，学生还将学习如何评价自己所在学校的情况，如何设计针对学校问题的改进策略，设计这些改进策略时应特别注意哪些问题，如学校的组织机构、人际关系、政治环境、文化等方面的特点。

4. 问责制

成功的教育领导还必须能够对教育系统的运行情况进行有效评估，这就涉及问责制这一主题。新 Ed. D. 项目的问责制的核心课程，是帮助学生学会建立衡量教育组织成功与否的指标，特别是确定哪些应该作为学习的内容，学习的成效如何评价。该课程还将帮助学生学会使用解决问题的模式来分析学校存在的问题，寻找更好的做法，启动组织改进的过程。通过该课程的学习，学生还应学会如何实施组织变革过程中的问责制，如何通过问责制建立持续改进的学习型组织。

（三）设计原则

1. 强化领导技能的训练

整个项目的设计都是基于这样一个问题：什么样的认知和人际间知识、技能才能使专业人士胜任教育领导的职位。而以前的 Ed. D. 项目关注的问题却是：毕业生应该掌握教育心理学、社会学、政策与管理以及其他学科的哪些知识？新 Ed. D. 项目并未放弃对学术内容的强调，但其起点将是教育环境，而非学术内容，强调的是学生学习的学术知识与今后特定的职业能力与技能的关联性。

2. 学者与专业人士共同设计

在新项目的设计过程中，教学岗位的教师（Clinical faculty members）和终身教职教师（tenured/tenure—track faculty members）具有同样的地

位。这一原则确保了新项目可以从优秀的专业人士和一线教师那里获得有关教育领导必须具备能力的信息。其项目设计的指导思想是：没有来自一线教师的信息和参与，新项目期望发生的改变将无法实现。

二　Ed. D. 培养项目的改革内容

（一）培养目标

Ed. D. 项目培养的是能领导高效的教育组织、理论联系实际、有效辅助学生学习的专业人士兼学者（practitioner-scholars）。

Ed. D. 项目共有四个专业方向：教育心理学（Educational Psychology）；高等教育管理/社区大学领导（Higher Education Administration/Community College Leadership）；城市学前及中小学教育领导（K－12 Leadership in Urban School Settings）；多元文化背景下的教师教育（Teacher Education in Multicultural Societies）。

（二）培养对象

1. 入学标准

Ed. D. 项目的招生对象为在职的教育专业人士，必须拥有硕士学位，在相关教育领域有3—5年的工作经验，有志成为城市教育的领导者。期望入学的人士必须在学术背景、领导能力、工作经验、沟通能力方面达到Ed. D. 项目的要求。

（1）学术背景

项目候选人之前的学术工作应该能证明其有能力顺利完成研究生期间的学习，所有候选人都必须拥有硕士学位，对候选人以前学习的课程和专业没有特殊要求，不一定非得是教育领域的课程和专业。

（2）工作经验

候选人的工作经验是招生中需要考虑的重要内容，候选人入学前必须在教育或相关领域有3—5年的全职工作经验。招生委员会会深入了解候选人的就业史、关键技能、领导资质以及对教育行业的了解。

（3）领导能力

理想的候选人是在完成 Ed. D. 的学业后能够走上领导岗位的教育专业人士；有竞争优势的候选人应拥有在个人生活和职业生涯中参与和担任领导的记录，包括在校园组织、公民性社团组织以及/或者专业协会。

（4）沟通能力

项目候选人需要撰写一篇不超过 1500 字的文章，作为招生委员会了解其过去经历和未来规划的途径，同时文章的撰写还能展示候选人的书面沟通能力，该能力对顺利完成学业至关重要。文章应该包括以下内容：首先，阐述自己的短期和长期职业目标，并讨论从罗舍尔教育学院获得 Ed. D. 学位后，该专业训练和教育经历如何帮助申请人成就上述目标。讲述选择罗舍尔教育学院的原因，如果被录取，将对本学院的 Ed. D. 项目有何贡献。其次，选择一个与你感兴趣专业有关的问题，讨论作为教育领导自己解决这一问题需要哪些方面的信息，并阐述为什么这些信息对该问题的解决是必要的。

2. 招生方式

申请者在网上填写申请表，并递交以下申请材料：大学学习期间的所有成绩单，GRE 成绩单或 Ed. D. 写作测试成绩单，撰写的文章，三封推荐信。然后等待录取通知。

（三）培养方式

1. 学习方式和学习时间

Ed. D. 项目的学习时间总共为 3 年，采取小组学习的方式。入学后，学生被分成几个学习小组，每组人数最多 20—25 人，每个学习小组一起学习核心课程，从第二年开始，学生的课程学习顺序可能会因为专业不同而不同。考虑到学生是在职专业人士，课程的安排尽量避免与学生的工作时间发生冲突，具体时间为：每周周日 16：00—21：40；隔周周五 18：00—21：00 和周六 9：00—16：00。

2. 学位要求

学位要求包括三个方面：完成课程学习（核心课程、专业课程、研究方法课程），通过综合考试以取得学位候选人资格，完成专题论文撰写获得博士学位。

3. 课程设置

第一学年，所有学生完成四个学术主题（领导力、问责制、多元化、学习）的核心课程。第二学年，学生根据自己的专业方向学习相应的专业课程。第三学年，学生在教师和来自其专业方向的专业人士的帮助下，完成毕业论文。南加州大学教育博士项目的课程设置与培养方案见表 7 - 2 和表 7 - 3。

表 7 - 2　　　　　　　　　　南加州大学教育博士项目的课程设置

时间	项目内容	教育目标
第 1 年	核心课程（5 门）	就四个学术主题（领导力、问责制、多元化、学习）获得广博的知识
第 1—2 年	专业课程（5 门）	深入了解专业领域；熟悉专业背景下的专业实践和研究，强化理论应用于实践
第 2 年	研究方法课程（5 门）	培养应用于毕业论文的探究能力；理解探究工具如何应用于教育研究；学习研究设计和研究评价
第 3 年	论文	掌握如何进行专题模式的教育研究

表 7 - 3　　　　　　　　　　南加州大学的教育博士培养方案

学期	第 1 年	第 2 年	第 3 年
秋季	介绍性课程（1 学分） 核心课程 1：领导力（3 学分） 核心课程 2：多元化（3 学分）	专业课程 2（3 学分） 专业课程 3（3 学分）	论文写作（2 学分）
春季	研究方法 I（3 学分） 核心课程 3：学习（3 学分） 初步审查	选定的主题调查模块（1 学分） 研究方法 II（3 学分） 研究评价（3 学分）	论文写作（2 学分） 毕业
夏季	核心课程 4：问责制（3 学分） 专业课程 1（3 学分） 暑期会议	论文专题（3 学分） 专业课程 4（3 学分） 国际研究专题（1 学分） 开题答辩	

（1）核心课程

学习核心课程：该课程采用差距分析（gap analysis）的问题解决模式进行教学，在这种教学模式中，学生首先定义目标，通过比较目前使用的标准和设定的目标找到差距，确定造成差距的原因（比如知识、动机以及/或文化因素），找到缩小差距的解决办法，就建议的解决办法拟定一份评估方案。[①]

多元化核心课程：该课程着重帮助学生澄清自己对多元化问题的看法，并且帮助他们发现这方面的问题、找寻解决办法。最初，教师们对于该课程的着重方面意见不一致，一些教师认为课程内容应该更关注发现问题而不是解决问题。后来项目委员会决定对多元化问题应采用多层面的教育视角，既要注重培养发现问题的能力，也要注重培养解决问题的能力，

①　Clark, R. E. & Estes, F., *Turning Research into Results：A Guide to Selecting the Right Performance Solutions*, Atlanta, GA：CEP Press, 2002.

并就培养学生的问题解决能力提出了一些建议。例如，其中一个做法便是让每位学生每周在网络的讨论栏，就自己所看的有关多元化的文章进行分析并发表自己的看法，每个学生都要对两位学生的看法发表自己的评论。对学生的讨论，教师不作回应，但可以在下一次上课时提出一些问题，帮助学生澄清讨论的问题。

领导力核心课程：这门课程有许多自我测试和反思的内容，学生会用到许多自我测试的工具，同时也会接触到领导学的理论。课程结束时，要求学生就对自己的了解写一篇文章。

问责制核心课程：在设计这门课程时，大家对问责的概念有不同的看法，特别是心理测量的观点、政策和系统的观点。还有一个难题是，如何处理不同教育情境中的问责问题，以及如何将问责与其他三个学术主题联系起来。该课程追溯了问责概念的演变过程，特别关注了在那些拥有大量低收入及有色人种学生的城市学校和大学里也开始显现的问责问题。课程特别关注帮助未来的教育领导者理解、分析以及合理应对这一越来越注重问责的教育情境。与学习核心课程一样，这门课程也采用了相同的问题解决式教学模式。

（2）研究方法课程

研究方法课是 Ed. D. 项目设计中最难的部分，在博士培养项目中，提供研究方法的课程主要是出于以下考虑：

——使学生获得对有效教育领导必不可少的特定智力技能，提高他们的专业能力。

——使学生达到博士培养项目的学术要求。

——使学生能够就毕业论文做研究调查。

新 Ed. D. 项目中有两门研究方法课程，通过学习，学生应当具备以下智力技能：

——能就定性和定量研究结果做出有效的推论。

——能在日常教育实践中使用和从事科学研究。

——能分析教育项目、政策、机构和过程。

——能评估教育项目、政策、机构和过程。

——能用科学依据支持决策，解决教育问题。

4. 特色教学法：差距分析法

由于新设计的 Ed. D. 项目，其培养重点是教育领导在实际工作中解决问题的能力，与此对应，该项目的特色教学法使用差距分析的问题解决式教学方法。[①]

（1）差距分析法步骤

差距分析要求教育领导解决工作成效问题前先回答以下问题：

第一步，我们的工作目标是什么？

第二步，目前我们处于什么位置（相比于目标而言）？

第三步，存在的差距有多大？

第四步，造成差距的原因是什么？

第五步，缩小差距的办法是什么？

第六步，如何实施这些解决办法？

第七步，如何衡量已经取得的进步？

（2）差距分析法的运用依据

运用差距分析法的依据是源于这样的事实：许多教育领导不能正确分析造成工作成效低下的原因。这主要是由于：他们在寻求解决办法时往往没有清晰的目标；或者，他们往往选择了不恰当的解决办法；并且/或者，当选择的方法不解决问题时，往往指责出现问题的人。

（3）差距分析法举例

例如在学习的核心课程中，学生掌握了差距分析的 7 个步骤之后，被要求就自己工作环境中存在的某个问题，运用差距分析的方法做一个案例研究。在案例研究中，并不要求学生收集具体的数据，而是阐述如何运用这 7 个步骤解决该问题。通过这样的训练方法，学生学会了如何拟定目标、测量差距、分析原因、设计并试验解决办法、评估问题解决的效果。同时学生们还将分析造成工作成效问题的三大主要原因：知识的因素，动机的因素（哪些情况下：不愿去做；认为自己没有能力做；对工作不在乎），组织政策的因素（哪些情况下是由于政策、程序、文化以及/或者缺乏必要设施而影响了工作成效）。在分析和寻找解决办法时，学生们需要借助文献的使用。

（四）培养评价

1. 对 Ed. D. 项目的评估

新 Ed. D. 项目在设计之时以及运行过程中都非常重视项目的公开透明，

---

① Clark, R. E. & Estes, F., *Turning Research into Results: A Guide to Selecting the Right Performance Solutions*, Atlanta, GA: CEP Press, 2002.

欢迎来自学院内外的所有审视与评价。之所以这么做，一方面可以及时了解 Ed. D. 培养的最新信息，同时也能促使该学院 Ed. D. 项目的持续改进。

2. 对学生的评估

新 Ed. D. 项目非常重视对学生学习效果的评估，除了一般教育学院都有的综合考试和毕业论文外，在第一学年的春学期还有考查学生学习成效的"初步审查"，见上面的学习顺序表。

3. 毕业设计

（1）概况

新 Ed. D. 项目的毕业设计要求学生展示自己博士水平的研究能力。以前的做法是让学生撰写传统博士论文。由于罗舍尔教育学院试图打造与学生的实际工作及未来专业目标联系更紧密的新 Ed. D. 学位，因此他们认为新的 Ed. D. 毕业设计应该采用能够促进教育实践的形式，见表 7 - 4。于是新 Ed. D. 项目的毕业设计使用的是专题论文的形式。这一做法是一种全新的尝试，因而在实施过程中罗舍尔教育学院非常谨慎，采取了逐步过渡的策略，目前 Ed. D. 学生的毕业设计可以有两种选择：传统的博士论文或 Ed. D. 专题博士论文。理想的情况当然是所有的 Ed. D. 毕业设计都采用专题论文的形式，但考虑到专题论文是全新的尝试，许多教师对这种新的形式还不熟悉，为严把 Ed. D. 的质量关，学院采用了逐步推广的办法，目前设定的第一阶段目标是 80% 的学生毕业论文使用专题论文的形式。

表 7 - 4　南加州大学教育学院认为 Ed. D. 在毕业设计方面应作出的改变

以前的做法	建议的改变
应用研究	解决学校的实际问题
研究问题由学生和/或导师构建	研究问题由学区和研究团队共同构建
毕业设计于第二学年的春学期正式开始，这学期结束时必须通过博士候选人资格考试	毕业设计最早于第二学年的秋学期开始，博士候选人资格考试分为独立的两个部分
论文分组根据学生兴趣	论文分组根据学生兴趣、经验和专业方向
传统博士论文的形式	论文形式接受论文委员会、教育学院"专家"代表和外部大学同行的共同审核
对所研究的对象的预期影响：极小	对所研究的对象的预期影响：极大

资料来源：Stevens, D. A., A Comparison of Non-traditional Capstone Experiences in E-d. D. Programs at Three Highly Selective Private Research Universities, Doctoral Dissertation, University of Southern California, 2010, p. 48。

到目前为止，专题论文已经试验性地使用了超过十年的时间，罗舍尔教育学院在这方面积累了丰富的经验。目前，对 Ed. D. 的专题论文，学院网站上的信息是这样描述的："Ed. D. 的专题论文采取团体合作的形式，学生、教师以及来自教育领域的专业人士共同研究当前的教育领导问题，结合实践和不同观点来解决这些问题，最后学生就共同主题下的一系列不同但相互联系的专题完成各自的博士论文。"①

罗舍尔教育学院每年组建一次专题论文小组，一些是特定专业方向的，一些则是跨专业的。最近的一些专题小组有：中学后教育的准入与持久性，基于数据的教育决策，新校长的有效领导，改进专业教育的教学，大型教育改革的评估依据，高绩效城市高中的学生参与，21 世纪城市学监面临的角色转变与挑战，教务长在高等教育改革中的作用，教师教育中大学与学校的创新型伙伴关系。

（2）毕业设计的两个实例②：

以下列举两个专题论文小组的实例，看看它们具体的操作方式。

实例 1：大型教育改革的评估依据

该专题论文小组由阿曼达·达特诺（Amanda Datnow）教授指导，研究问责制时代的大型教育改革。大型教育改革标志着一个观念性的转变，以前认为学校的改进是一个有机过程，一次只涉及一个学校；而现在的观点是同时让多个学校参与变革的过程。一个典型的例子就是联邦教育法案《不让一个孩子掉队》驱动下的全美范围的中小学改革浪潮。

在这个论文小组中，学生们对城市范围里 K–12 学校的大型教育改革的方方面面进行定性的研究。尽管都是关于城市中小学大型教育改革的，研究方法也相同，但学生选择自己的研究主题，进行完全不同的研究，学生们不同的研究主题包括：领导、基于数据的决策、课程实施等。

---

① 见南加州大学教育学院网页：http://www.rossier.usc.edu/academic/edd/curriculum/dissertation.html/。

② Marsh, D. D., Dembo, M. H., "Rethinking School Leadership Programs: The USC Ed. D. Program in Perspective", *Peabody Journal of Education*, Vol. 84, No. 1, 2009.

例如，一个学生的论文是关于"阅读第一"项目在不同学校的不同实施情况和原因的。在论文中被研究的两个学校，尽管在实施和学区支持方面没有显著差别，但学生取得的成绩水平却不同。经研究后认为两所学校的成绩差距可能是学校领导稳定性方面的差异造成的。

又如，另一个学生的论文研究的是"基于标准的教学"是如何在轻微/中等特殊教育班级中实施的。研究发现，尽管教师们都渴望依照所要求的标准去做，但往往由于缺乏必要的物质和资源，最终他们教学中参照的标准往往比普通同年级的水平低了好几年。

再如，还有一个学生的论文是将城市学区的传统学监与非传统学监的思想和观念进行了一个比较研究。被研究的学监就他们对问责制措施的看法接受了采访，诸如这些措施与联邦的任务规定、社区的参与情况、学校董事会的联系有关。

实例2：高绩效特许学校的有效策略[①]

该专题论文小组由普丽西拉·沃斯坦特（Priscilla Wohlstetter）教授指导，参加该论文小组的学生就加州特许学校的有效策略进行案例研究，分析有效提高学生成绩的策略。每个学生在下面的研究领域选择自己论文的研究方向：提高行政人员与教师的领导力，建立学校—大学伙伴关系，加大高中的改革力度，提高家长的参与，改善学生行为，基于项目学习方式的教学，提高英语学习者的文化素质，通过艺术方式进行的教学，改进特殊教育，运用技术改进数学与科学教育。

特许学校的有效策略在全加州进行征集，最后确定了20种，该专题论文小组的每个学生负责在自己的专业方向调查两种有效策略（在两所学校中）。学生们到实地去收集信息，主要是通过到特许学校对关键人群进行访谈，比如：校长、教师、家长。学生论文的研究结果后来被教育管理中心（the Center on Educational Governance）编辑成了一个网上数据库"南加州大学有效策略概要"（USC's Compendium of Promising Practices），并且形成了一个持续性项目：每隔一年，新一组的学生都会加入这个实地调查，收集更多加州特许学校提高学

---

① 顾建民、王霁云：《创建新型毕业环节——美国教育博士学位论文革新的个案分析》，《高等工程教育研究》2012年第2期。

生成绩的有效策略，并补充到网上的数据库中去。①

（3）新毕业设计与传统博士论文的区别②

a. 突出实际问题的解决

专题论文的一个突出特点就是学生的论文是基于教育领域某个实际问题的研究。在确定了自己要研究的实际问题后，学生通过文献的查找来指导自己如何研究这个实际问题，以期找到该实际问题的解决办法。而传统的博士论文则是通过文献综述发现理论上的空白，并就此理论空白进行研究。

b. 强调同学间的团体合作

传统论文要求学生在导师的密切指导下从事研究活动，学生接受导师的个别指导，独立完成独创性博士论文。同样，专题论文也要求学生完成具有独创性的论文，但不同的在于，几个学生的论文是就相关的问题进行研究，他们的研究是基于同一资料库（database）的，正是由于学生的研究围绕的是同一主题，因此他们可以就论文的选题、研究方法、研究结果等相互评价和相互学习。事实上，参加专题论文小组的学生在整个论文阶段都以正式或非正式的方式进行合作，这种团队协作不但反映了教育专业实践中的真实状况，也提高了学生的学习成效。而且论文导师也可以根据自己的学术专长设计研究专题，建立专题论文小组，并对整个专题论文组的学生进行集体指导，与传统论文"一对一"的指导相比，这种集体指导的效率显然大大提高了。

c. 符合专业人士的实际需求

最为关键的是，专题论文的形式符合参加 Ed. D. 项目学习的教育专业人士的实际需求。其一，专题论文鼓励共同协作，这反映了教育专业人士真实的工作情况。其二，专题论文强调围绕实际问题的研究训练，这对已经具备工作经验的专业人士显得尤其重要。其三，专题论文关注实际问题的解决，旨在提高专业人士解决工作中具体问题的能力，符合绝大多数 Ed. D. 项目学习者的实际需求。其四，专题论文的研究成果可以为其研究

---

①　见 the Center on Educational Governance 的网站：http：//www. usc. edu/dept/education/cegov/。

②　顾建民、王霁云：《创建新型毕业环节——美国教育博士学位论文革新的个案分析》。《高等工程教育研究》2012 年第 2 期。

的学区和高等教育机构提供重要的研究数据。

三　Ed. D. 培养项目改革的特点

显著区别于 Ph. D. 项目。首先，从以上内容可以看出，南加州大学新设立的 Ed. D. 项目，无论在培养目标、培养对象、培养方式和培养评价上，都与传统的 Ph. D. 项目存在显著不同。这使 Ed. D. 项目成为名副其实的专业学位培养项目：以实践为核心，构建问题解决式的培养模式，培养教育领域的专业管理领导人才。

项目设计体现了合作与透明。项目的设计注重教师间的合作，并确保设计过程对教师和学生公开。在课程设计时，鼓励全体教师的参与，以打破过去具体课程为特定教师"拥有"的局面，所有课程由教师共同建设，并由项目组集体拥有。这样做不但能使课程设计集众人之长，还使课程内容具备了一致性，不会因教师的变动而受影响。而且还有助于培养相互尊重相互学习的文化氛围。基于以上的看法，因此在项目设计中，无论是专职教师、兼职教师，还是终身教职的教师、非终身教职的教师、兼职的专业人士，都具有同等的地位和发言权。

项目建设接受持续的监督与审查。Ed. D. 项目定期接受来自项目组内外的有效而持续的监督和审查：决策的制定和问题的解决是否建立在事实的基础之上，是否积极地运用显示指标和数据，是否有效地把握取得的成绩和遇到的困难，等等；这一切都有助于新项目的持续改进。与其他院校 Ed. D. 项目建立联系，及时了解 Ed. D. 的改革信息；同时也能将本学院 Ed. D. 改革的信息予以传播，扩大其影响。

模块化课程设置和相同的学习步调。新项目的另一个特点便是课程设置模块化，新项目所有入学新生都必须学习相同的核心课程，该核心课程的内容是今后成功教育领导实践的基础：领导力、问责制、多元化、学习。而且学生学习也具有相同的学习步骤，第一学年为核心课程的学习，第二年为在此基础之上的专业课程与研究方法的学习，第三年为毕业设计。每一阶段的学习都与前一阶段的学习是紧密结合的。这与以前的 Ed. D. 项目有极大的不同，以前 Ed. D. 有 11 门核心课程，学生学习时完全根据个人的情况，随机选择何时学习，不同学生的学习步调差别很大，既不利于学生相互学习与交流，也给项目管理造成了困难。

学生采用小组学习的方式完成学业。新项目的整个学习过程中，学生都采用小组学习的方式，这样的学习方式有助于学生间的相互交流与学习，同时也反映了教育专业人士真实的工作环境：团队合作，共同解决问题。而新项目的模块化课程设置和随之产生的相同学习步调也有利于学生采用小组形式的团体学习方式。当然，学生也能获得来自学院教师的强大支持，帮助他们解决面临的学术困境。

运用新型教学方法。新打造的 Ed. D. 项目是培养能解决实际问题的城市教育领导者，因此新项目的培养重点是教育领导解决实际问题的技能培养，与此相对应，新项目采用了问题解决式教学方法，即差距分析法（gap analysis），培养教育领导在实际工作中解决问题的能力。

采用新式毕业设计。新打造的 Ed. D. 项目的毕业设计应采用不同于以往的形式。传统博士论文是为了填补理论上的空白，而新项目的毕业论文关注的是解决现实中的问题，接受过这种毕业论文训练的学生知道通过研究解决实际问题，能够在现在，更重要的是，也能在今后的专业实践中有出色的表现。同时罗舍尔教育学院的教师们也意识到，这种从传统博士论文到指向实践的专业博士论文的转变不是一触即成的，需要经历一个过程，因为在整个转变的过程中对质量的关注是必不可少的，因此新项目从传统博士论文到专题论文的转变是谨慎而逐步的。

四　Ed. D. 培养项目的改革成效

（一）有别于 Ph. D. 的特色培养模式

罗舍尔教育学院在设计新的 Ed. D. 项目时的宗旨就是，要使新的 Ed. D. 培养在质量上与传统的 Ph. D. 一样，同时又要明显区别于 Ph. D. 的培养方式。他们认为，两个学位的培养都需要强调研究和探究能力的训练，只不过这些能力在两个学位项目中的应用方式不同罢了。Ed. D. 学生接受教育研究技能的训练是为了解决现实中存在的教育问题，而 Ph. D. 的学生学习研究技能则是为了在教育理论方面做出贡献。也就是说，Ed. D. 学生搞研究是为了直接促进教育实践的改进，而 Ph. D. 的学生从事研究是为了增进理论和知识，当然从某种意义上讲理论和知识也是与教育问题的解决有联系的，但这种联系却不一定是在当前教育实践中的应用。简单地说，这两种学位最根本的差别就在于目的的不同。

正是基于这样的设计宗旨，新 Ed. D. 项目处处体现 Ed. D. 这一专业学位与教育实践的直接联系：培养的目标是教育领域的专业管理领导人才，招收的学生绝大多数是在职的教育专业人士，学制比传统博士缩短，课程学习的时间安排灵活，小组式学习方式鼓励团队协作也反映了专业实践的真实情况，授课的教师既有学院的专职教师，也有来自实践领域的专业人士，毕业论文的内容也与教育实际问题紧密结合。项目的所有关键内容都体现了专业学位的实践性特点，与传统 Ph. D. 项目显著不同。在2006 年发表的一篇文章中，舒尔曼等人把罗舍尔教育学院的 Ed. D. 项目作为为数不多的、明显区别于传统 Ph. D. 的优秀榜样作了专门介绍。①

（二）改革获得教育同行的认可

南加州大学的 Ed. D. 项目得到了全国范围的教育学者和专业人士的关注，学者的文章、大学外部的市场调查、全美的教育学院排名等，从不同的角度证实了它是 Ed. D. 项目的榜样模式。根据《美国新闻与世界报道》的最新排名，2012 年南加州大学 RSOE 在全美教育学院中名列第 14位，其高等教育专业排名第五，K－12 教育领导专业排名第 13 位，教育政策排名第 21 位。

有学者对全美的 160 个教育领导方向 Ed. D. 项目进行了调查，列举了包括南加州大学教育学院在内的四个榜样模式。② 2004 年，一家外部评估公司（Vital Research, LLC）对罗舍尔教育学院的声誉和学术项目的质量进行了调查，主要电话采访美国排名在前的教育学院院长和城市的学区学监，以及来自那些与罗舍尔教育学院教师、员工、学生接触过的南加州大学其他院系成员的看法。调查结果显示，各教育学院院长对罗舍尔教育学院的 Ed. D. 项目的总体印象是肯定的，他们中多数对其提供的两个博士学位的严格区分印象深刻，并对今后的发展很关注；学监们对该院的Ed. D. 项目评价很高，并且表示很欣赏 Ed. D. 项目中理论与实践结合的做法；南加州大学其他系也注意到罗舍尔教育学院在教育领域的领先位置，并认为其 Ed. D. 项目的不断改进是其保持领先地位的重要因素。③

---

① Shulman, L. S., Golde, C. M., Bueschel, A. C. & Gorabedian, K. J., " Reclaiming Education's Doctorate: A Critique and a Proposal", *Educational Researcher*, Vol. 35, No. 3, 2006.

② Murphy, J., Vriesenga, M., "Developing Professionally Anchored Dissertations: Lessons from Innovative Programs", *School Leadership Review*, Vol. 1, No. 1, 2005.

③ Marsh, D. D. Dembo, M. H., " Rethinking School Leadership Programs: The USC Ed. D. Program in Perspective", *Peabody Journal of Education*, Vol. 84, No. 1, 2009.

第三节　哈佛教育学院的改革

一　哈佛设立 Ed. L. D. 学位

从 20 世纪 20 年代哈佛的 Ed. D. 诞生之时起，由于其培养方式与 Ph. D. 类似，就引起了美国教育界对此的争论，随后争论时隐时现，贯穿了整个 20 世纪。进入 21 世纪后的第一个十年，争论再现端倪。面对持续不断的针对 Ed. D. 的质疑，舒尔曼等人呼吁全美教育学院对 Ed. D. 和 Ph. D. 做明确的区分，并同时提升两个学位的培养质量。他们认为，Ed. D. 作为"教育类最高专业学位有资格作为博士层次的学位"，而且提倡重新打造全新的 Ed. D. 项目，而不是在原来的基础上"修修补补"。[①] 对此，许多教育学院予以了积极的回应，2007 年在卡内基教育基金会的支持下，25 所遍布全美的教育学院参与了旨在改革 Ed. D. 教育的研究项目 CPED，该研究项目引起了全国性的关注，并为 Ed. D. 项目的改革提供了榜样模式，在其带动之下，更多的大学也开始重新设计自己的 Ed. D. 项目。对于这场全国性的 Ed. D. 教育改革运动，哈佛教育学院这位 Ed. D. 教育的开山鼻祖始终纹丝不动，直到 2009 年的 9 月。

2009 年，哈佛教育学院宣布设立一个新的博士学位：教育领导博士学位（Doctor of Education Leadership），简称 Ed. L. D. ，并于同年 9 月开始招生。[②] 有超过 1000 个申请者申请入读，最终只招收了 25 名，于 2010 年 8 月底正式开始上课。哈佛教育学院创设的这个最新博士培养项目有一个宏大的目标，那就是要从根本上改变美国的公立教育系统。与这一宏大目标相对应的还有这个学位项目史无前例的全新培养模式：项目为期三年，基于实践的、跨学科合作培养，带薪实地岗位实习，全程免费培养。哈佛教育学院改革的动作之大，让人有些眩晕！接下来让我们仔细看看这个新学位的具体内容。

---

① Shulman，L. S.，Golde，C. M.，Bueschel，A. C. & Gorabedian，K. J.，"Reclaiming Education's Doctorate：A Critique and a Proposal"，*Educational Researcher*，Vol. 35，No. 3，2006.

② 见哈佛教育学院网页：http：//www. gse. harvard. edu/academics/doctorate/edld/index. html/。

二 Ed. L. D. 培养项目的内容

（一）培养目标

哈佛教育学院创建的这个最新博士培养项目有一个宏大的目标，那就是通过培养系统层面的高级教育领导，从根本上改变美国的公立教育系统。

Ed. L. D. 的培养目标为系统层面的高级教育领导，致力于美国学前教育和中小学教育的改革。毕业生将在以下组织中承担系统层面的领导职责：学校系统，州教育系统，美国教育部，全国性的政策组织，全国性营利或非营利性组织或基金。毕业生可能从事的职业包括：学监、学术主管、总裁、学术顾问、专员、执行董事、副国务卿顾问、项目总监、项目主管等。

（二）培养对象

1. 入学标准

Ed. L. D. 的招生对象是那些有志成为系统层面的高级教育领导，具备教育领导潜力，并致力于美国学前教育和中小学教育改革的人。Ed. L. D. 项目希望其招收的学生群体既有才华又能代表整个美国社会，所以没有要求申请人必须拥有硕士学位，没有规定最低工作年限，也没有限定必须具备某个特定教育领域的工作经验。申请人可以来自不同的地域，从事不同行业，拥有不同兴趣，但都要具备丰富的领导和管理经验。

2. 招生方式

哈佛 Ed. L. D. 的招生方式与其 Ed. D. 的招生方式存在以下不同之处：

（1）Ed. L. D. 的申请人可以用 GMAT 的成绩代替 GRE 成绩。

（2）Ed. L. D. 的申请人有关学习计划的短文应包括个人背景和今后的职业目标。在个人背景中，介绍自己最重要的专业成就，促使你献身教育事业的重要经历，打算成为系统层面教育领导的原因。在学习计划中，介绍成为教育领导后的职业目标，预测自己十年之后的情况。

（3）Ed. L. D. 的申请人必须以短文的形式回答以下问题：

（500 字）：对教育测试有何看法？运用测试评估学校有哪些优点和缺点？

（400 字）：简述一次犯错或失败经历，你从中学到了什么？简述你对某个特定问题改变自己看法的体验？你曾战胜了哪些挑战和困难才达到目前的状态？

（4）面试：对申请人的初审材料筛选后，选出参加面试的候选人；面试分单独面试和小组面试两个部分，单独面试为针对单个候选人的面试，小组面试是几个候选人组成一组共同接受面试。

3. 培养方式

（1）学习时间和学习方式

学习时间为三年全日制学习，学习者不得以兼职身份学习（part-time）。学习方式为学习小组形式（cohort）的学生团体共同学习，鼓励学生间的互相交流和支持。

（2）学位要求

学位要求包括：两年课程学习，一年现场实习，完成毕业项目获得学位。

（3）课程设置

①设计理念

为了促使教育系统的变革，教育领导必须同时具备：知识和技能，勇气和谦逊，行动和反思。在专注于教与学这一主要工作之外，教育领导还要有能力在政治环境中成功运作和管理学校。正是基于以上认识，哈佛教育学院 Ed. L. D. 项目的课程由哈佛教育学院、哈佛商学院、哈佛肯尼迪学院共同设计并讲授，以造就系统层面的高级教育领导人才。

②课程安排

Ed. L. D. 项目学制三年：

第一年，综合性核心课程，由三个学院（哈佛教育学院、哈佛商学院、哈佛肯尼迪学院）的教师共同教授。核心课程强调三个方面的内容：教与学，领导和管理，政治和政策。

第二年，专题讨论＋选修课程。选修课由学生和指导老师以及授课老师共同制定，以适合学生的个人学习需求和职业抱负。

第三年，到遍布全美的哈佛联系单位进行带薪实习一年，并完成毕业设计项目（capstone project），具体为在实习单位负责一项对该单位至关重要的改革或改进项目。实习单位的确定由学生和项目教师共同决定，会考虑学生的职业目标和地理便利。

③课程内容

核心课程：哈佛教育学院 Ed. L. D. 项目的核心课程是具备跨学科内容的综合性课程，由哈佛的教育学院、商学院、肯尼迪学院共同设计，并且共同讲授。核心课程向学生传授以下三方面的综合内容：教与学，领导和管理，政治和政策。

核心课程 1：教与学

教育领导需要深入地理解学的过程、教的过程、学生的发展过程以及这些活动发生的场所——学校。在教与学的核心课程学习中，学生将探讨以下的关键问题：学习是如何发生的？学习者之间有着怎样的差别？什么是值得学习的内容？哪些知识是关键的？如何出色地传授学习内容？如何知道所教的内容已经为学生掌握？如何提高规模学习的学习效果？通过学习，学生将就这些基本思想形成自己批判性和创造性的立场，同时发展能够促使教学实践不断改善的专业知识技能。

核心课程 2：领导和管理

领导和管理核心课程的目标是将学生培养成有思想、有创新精神、熟悉组织运行的领导，这样他们才能构建高效能的学习型组织。该课程的主要内容包括：战略，创新领导力，组织绩效管理，学习型组织领导。

核心课程 3：政治和政策

通过政治和政策核心课程的学习，学生不但要熟悉教育组织的运行，还要了解教育组织的变革模式。学习的重点包括教育组织的历史、结构、政策和变革动因。学生将探讨为何运用政策改善教育组织的绩效如此困难，学习成功的政治活动家是如何动员并取得改革成果的。学生们还将聆听一些正推动系统层面改革的主要参与人员的亲身体验。

选修课程：哈佛教育学院 Ed. L. D. 项目的选修课同样来自哈佛的三个学院，详见本书附录四。

教育学院的选修课：非营利组织的财政资源管理（4 学分），缩小种族间成绩差异的战略和政策（4 学分），教师工会与学校改善（4 学分）。

商学院的选修课：教育改革中的创业精神（3 学分），权力和影响力（4 学分），战略领导心理学（3 学分）。

肯尼迪学院的选修课：发挥领导作用——变革中的政治学（1 学分），效能领先——提高公共和非营利性组织的效能（1 学分），管理——人力、权力和变革（1 学分）

（4）教学方法

以案例为基础的讨论、模拟、实地工作等，是基于实践的教学方法。

（5）师资配备

涉及三个学院的教师：教育学院、商学院、肯尼迪学院；教育学院共有 25 位教师，目前仅有一位兼职教师，该兼职教师由专业人士担任。

4. 培养评价

培养评价体现在两个方面：头两年的课程学习评价和第三学年的实习评价。

（1）课程学习评价

授课教师有很大的自主权，学生必须按教师要求完成课程作业，如撰写文章、进行个人演示、完成小组项目等。

（2）实习工作评价

实习工作接受实习单位的审核。另外实习期间还必须完成毕业项目，并接受实习单位和哈佛教育学院教师的共同审核。

（3）毕业设计①

新型毕业设计是哈佛这个新博士学位的一大特点：实地带薪实习。

a. 毕业设计的具体内容

Ed. L. D. 的学生在第三年，即项目的最后一年，将进入为期一年的有偿实习期：在与哈佛合作的单位实习，并获得该合作单位的工作报酬。这些合作单位遍布全美，都是一些有影响、有活力的组织，包括：公立学校系统，教育部，营利或非营利性组织，慈善机构。这些合作单位与哈佛教育学院都致力于美国 K－12 教育的改革，并拥有一个共同的目标：确保每个孩子都有机会充分发挥自己的潜能。这些合作单位具体详见附录三。

如此设计的这一年的实习经历，是想让学生到实习单位参与该机构重要的项目工作，以检验学生所学的领导技能和有关变革的理论。实习中的刻意安排，使学生在实习单位面对来自专业领域的实实在在的挑战：他们将与该机构的成员共同努力，组织安排他人的工作，并对所做的工作承担责任。在实习中，学生们可获得专业指导、实践经验，并建立人际关系网络，这些都将是他们今后成为出色管理人员的基础。

---

① 顾建民、王霁云：《创建新型毕业环节——美国教育博士学位论文革新的个案分析》，《高等工程教育研究》2012 年第 2 期。

在实习的一年期间，Ed. L. D. 的学生与哈佛和学习小组的其他学员保持通信联络，并定期回哈佛参加集训班的活动。

b. 毕业设计的特点

第一，借鉴了法律博士和医学博士培养。哈佛 Ed. L. D. 项目的毕业环节借鉴了其他专业学位教育采用的模式——顶岗实习。医学博士（M. D.）要到教学医院临床实习，在临床医生的现场指导下，直接接触病人；法律博士（J. D.）要到律师事务所实习，在执业律师的指导下，开展法律事务。因此，培养教育领导的项目要求学生毕业前参加教育管理领域的顶岗实习是再正常不过的事情。通过顶岗实习，学生才能真正内化所学的专业知识和技能。事实上，这一内化过程对于所有专业人员的培养来说都是至关重要的。尽管如此，哈佛教育学院的这一举措在美国教育博士专业学位教育改革中再掀波澜，估计也只有哈佛才敢做这第一个吃螃蟹的人。这既是哈佛一贯遵从的创新精神所致，更是哈佛学术资源与号召力的体现。

第二，学生具备研究者和实践者双重身份。哈佛在设计 Ed. L. D. 项目时就专门指出，学生到实习单位后，既不是做观摩者，仅对现场专业人员的实际工作进行观察了解；也不是做建议者，仅对专业实践中的问题提出自己的看法；而是要实实在在地融入现场的专业实践中去。根据 Ed. L. D. 项目有关顶岗实习的介绍，顶岗实习就是要让学生在实习单位面对来自专业领域的现实挑战，真刀真枪地从事组织管理工作，同时检验自己掌握的领导技能和变革理论。在这一过程中，学生兼具研究者和实践者的双重身份。

第三，基于职业目标选择实习单位，实现三方共赢。毕业环节在学位教育中起着举足轻重的作用，有"顶峰体验"之说，其根本目的就是要集中检验学生的学习成效，即是要检验培养项目的最终产品是不是满足了劳动力市场的需求。哈佛 Ed. L. D. 项目的毕业环节采用顶岗实习的形式，根据学生今后的职业目标，在遍布全美的合作单位中选择实习单位，一方面是通过实战磨砺领导才能，另一方面是把"培养产品"送往用人单位直接接受检验，其结果可以为学生、用人单位、培养单位提供最真实的一手信息。因此，顶岗实习既可以满足学生的就业需求，也可以满足用人单位的人才需求，还能为培养单位的培养效果提供反馈信息，实现三方共赢。

c. 哈佛新型毕业设计与传统博士论文的区别

哈佛 Ed. L. D. 新型毕业设计与传统博士论文存在明显的不同，见表7－5。

表7－5　　哈佛教育领导博士的新型毕业设计与传统博士论文的对比

传统博士论文	实地带薪实习
理论导向的知识生产	在实习单位的领导岗位上从事管理工作
研究问题由学生和/或导师构建	实习单位由学生和 Ed. L. D. 项目教师共同商讨确定，要考虑学生的职业取向和地理便利
完成课程学习，通过博士候选人资格考试，进入论文阶段	完成课程学习，进入实习期，实习于第三学年开始，持续一年
论文由学生独自完成	与实习单位的同事协同完成实习工作；学生独立完成毕业项目研究
论文接受论文委员会审核	实习工作接受合作单位的审核，毕业项目研究接受合作单位与哈佛教师的共同审核
对所研究的对象的预期影响：极小	完成的实习工作直接影响实习单位，对其工作结果负直接的责任

三　Ed. L. D. 培养项目的特点

哈佛教育领导博士学位教育试图树立教育专业学位教育的榜样，以回应美国学界对教育博士培养项目的不满。本研究针对哈佛设立新学位 Ed. L. D. 的原因，对专门负责 Ed. L. D. 项目的院长助理朱莉·维塔吉奥（Julie Vultaggio）进行了电话访谈（2012 年 1 月 9 日），她认为人才培养应特别注重与实践相结合，并认同在培养人才时应结合培养目标，而哈佛教育学院的教育博士培养项目在这方面做得还不够好，其培养对象既面向研究人员也面向专业人士，而培养方式却没有不同，侧重的都是研究，因此决定采取行动加以改变。哈佛 Ed. L. D. 与 Ed. D. 的对比见表7－6。另外，正如他们校网上的宣传所说，设立新项目也是由于受到了其他学者、研究者、专业人士、政策制定者的启发倡议和努力。

表 7 - 6　　　　　哈佛 Ed. D. 学位与哈佛 Ed. L. D. 学位的对比

	哈佛 Ed. D. 学位	哈佛 Ed. L. D. 学位
培养目标	教育领域学者和领导	学前教育、中小学教育的系统层面高级教育领导
招生条件	工作经历（没有硬性规定）：平均 5—6 年	工作经历（没有硬性规定）
	学术成就：教育及相关领域的硕士学位（没有硬性规定）	学术成就：硕士学位（没有硬性规定）
	考试成绩：GRE	考试成绩：GRE 或 GMAT
	对领导能力没有特殊要求	具备领导能力
	学习计划：一篇 1500 字以内文章，陈述投身教育事业的原因，学习目标、研究方向、导师选择	学习计划：两篇短文，一篇陈述投身教育事业、成为教育领导的原因和已经取得的专业成就，另一篇陈述毕业后的职业目标
学习时间	4—7 年，平均 6 年	3 年
学习方式	全日制	全日制
学位要求	1. 课程学习	1. 第一年核心课程学习，三个学院教师共同讲授
	2. 完成一篇文章以获得博士候选人资格	2. 第二年专题研讨和选修课程（根据个人学习需要和今后职业目标确定）
	3. 撰写博士论文	3. 第三年带薪现场实习，完成毕业设计
课程设置	1. 核心课程：1 门综合基础课；5 门研究方法课	1. 核心课程：涉及三方面内容的跨学科核心课程（教与学；领导和管理；政治和政策）
	2. 选修课程：根据论文方向和今后职业取向确定	2. 选修课程：来自三个学院（教育学院、法学院、政治学院）
教学模式	讲座、专题讨论等等传统方式	基于实践的教学模式：案例为基础的讨论、模拟、实地工作等
毕业设计	撰写博士论文：就教育领域的某个重要问题进行独创性的研究	现场实习一年，并完成毕业项目（capstone project）
评估方式	没有综合考试，就博士论文的研究问题完成一篇文章，作为博士候选人资格的选拔方式（相当于国内的开题报告）	对学生的学习评价主要在于教师，学生必须按教师要求完成课程作业，如撰写文章、进行个人演示、完成小组项目等。实习工作接受实习单位的审核
师资配备	兼职教师很少	涉及三个学院的教师：教育学院、商学院、肯尼迪学院；兼职教师很少
资助方式	为期 5 年的资助计划	免费学习（项目资金全部来自私人资助，如 Wallace Foundation，Gates Foundation）

首先需要说明的是，尽管哈佛新推出的博士学位拥有一个新名称，但它并不是一种新的学位类别，还是属于培养教育领导的教育博士专业学位范畴，这从该学位的培养对象、培养目标、培养方式的实践取向来看都能说明这一点。

总的来讲，哈佛 Ed. L. D. 项目有如下特点：

第一，培养目标明确：培养 K－12 公共教育改革的系统层面的高级教育领导。

第二，模块化课程设置，全日制密集型学习：两年在校学习，一年在岗培训。

第三，跨学科培养：教育学院、政治学院、商学院共同设计并提供课程。

第四，基于团队的学习（cohort-based study）：促进学生的交流与学习，有利于专业团体营造和专业文化的培育，同时也反映了专业实践的工作现实。

第五，注重专业实践：取消传统博士论文；毕业环节为到教育机构带薪实习。

第六，尝试了独特的培育模式，显著区别于传统 Ph. D. 的培养模式。

四　哈佛设立教育哲学博士学位

2012 年 3 月 27 日，哈佛文理学院经表决后批准设立一个新的博士学位——教育哲学博士学位，该博士学位实行跨学科培养，由哈佛文理学院研究生院和哈佛教育学院共同打造，同时还有来自哈佛其他专业学院的教师参与。这是哈佛的第 17 个跨学科设立的哲学博士学位，也是哈佛首次设立教育哲学博士学位。新学位培养高水平的教育研究人员，并将取代哈佛目前的教育博士学位（Ed. D.），于 2014 年首次招生，原先的 Ed. D. 在于 2013 年秋季招收其最后一届学生。

用哈佛大学校长福斯特（President Faust）的话来说："教育哲学博士这一新设立的跨学科培养项目整合了哈佛教育学院、文理研究生院以及其他学院的优秀教师，体现了哈佛齐心协力、解决与人类文明进步密切相关问题的决心。""培养项目将运用整个哈佛的学术资源以应对 21 世纪最重要的公共政策问题。教育是事关我们这个时代公民权利的问题。"哈佛教育学院院长凯瑟琳·麦卡尼补充道。① 近50位来自哈佛其他学院的教师将加入到这一培养项目中来，其中28位来自文理学院，18位来自其他专业学院，包括：医学院、法学院、肯尼迪学院、公共卫生学院。鉴于这一正式的合作，哈佛教育哲学博士培养将通过课程讲授和教师的成员资格，与相应学科领域（如：社会学、心理学、经济学、人类学、公共政策、公共卫生、商业）保持更为密切的联系。

在哈佛设立教育哲学博士学位的提议，是在前几年的讨论和规划基础之上，由一个来自不同院系教师组成的工作组，经过2011年一整年的策划和筹备后提出来的。在3月27日正式投票表决之前，该提议已于3月6日在哈佛文理学院教师大会上进行了讨论，绝大多数在大会上发言的教师（他们来自经济学、社会学、历史、心理、政府及其他学科）都支持这一提议。发言中，他们谈到了教育问题与自己研究的关联性，选修他们课程的教育学院学生的高水平，以及新设立的培养项目将带给文理学院的益处。例如，新学位能吸引到更优秀的学生，与教育学院师生的正式合作也会让文理学院的教师更注重在教学上的自我提升。② 因此，在27日正式投票表决时，提议获得了一致通过。

新学位将提供三个专业方向：心理学方向、社会学方向、经济学方向。

人的发展、学与教（心理学方向）——该专业方向关注以下这些主题：大脑发育与学习的关系，学习的个体差异，教学的作用，教师如何获得教学技能，技术在学与教的过程中所起的作用。

文化、社会、组织（社会学方向）——该专业方向关注文化的、经济的、社会的、教育的实践和组织对个体和群体学习的作用，以及调动资源实现教育变化这类主题。

教育政策与项目评估（经济学方向）——该专业方向关注的是政策制定的过程，政策的实施和评价，以及社会事业和健康事业与教育的互动。

每个专业方向都有基础核心课程和研究方法必修课程，且都是跨学科的课程。相对于即将被取代的教育博士的课程学习，哈佛教育哲学博士学位的各专业方向的课程有更明确的研究专题和课程顺序。据估计，新学位

---

① Neweditor, "Ph. D. in Education Approved", *ED Magazine*, Summer, 2012.

② Harvard News Office, "Elevating Education（The Ph. D.）", *Harvard Magzine*, No. 3, 2012.

的招生规模不会太大，估计在 25 人左右。在接下来的一年里，一个由哈佛教育学院和文理学院教师组成的指导委员会将对新学位的课程设置、课程进度、学习要求等做更详细的界定。

　　哈佛教育学院 2009 年设立 Ed. L. D. 学位，三年后又设立教育哲学博士学位，终于结束了哈佛教育学院不能授予哲学博士学位的历史，然而其意义远不止于此。哈佛的 Ed. L. D. 并不是一个新的学位类型，它的培养目标是系统层面的高级教育领导，因此它本质上就是面向教育专业人士的专业学位，Ed. L. D. 培养项目的设立和实施实际上是完成了哈佛 Ed. D. 培养项目未能完成的任务。哈佛 Ed. D. 设立之初的目的就是培养教育专业人士的专业学位，然而由于历史的、现实的复杂因素的影响，现实中的哈佛 Ed. D. 承载了学术学位与专业学位的双重任务，既培养教育研究人员，也培养教育专业人士，并且由于过于偏重理论研究而偏离了它诞生时的主旨——专业教育。Ed. L. D. 与教育哲学博士学位在哈佛相继出现，最终使哈佛教育学院在教育研究与教育专业实践之间取得了平衡，也使教育学院第一次真正获得了与哈佛其他专业学院同等的学术地位。这是上面所说重大意义的第一个方面。其二，实际上 Ed. L. D. 与教育哲学博士学位在哈佛的相继出现也使哈佛教育类博士生教育的培养模式发生了根本性的改变：从单一的学术型培养模式转化为二元区分型培养模式，既授予教育专业博士学位（Ed. L. D.），也授予教育哲学博士学位（Ph. D.），前者培养教育专业人员，后者培养教育研究人员。这或许也反映了这一现实：教育专业工作与教育研究工作在当今社会同样重要，正如大学研究的实际运用与大学研究同样重要一样。其三，哈佛教育学院 Ed. L. D. 与教育哲学博士学位相继出现，而且新兴的两个博士学位的一个共同特点都是课程跨学科设置，这一共同点不是一种偶然巧合，这是哈佛教育学院针对教育涵盖众多学科这一特点，从而导致教育学院作为研究生层次的专业学院却难以为学生提供研究生层次的学科教育这一难题的破解，是哈佛教育学院对教育博士专业学位教育改革做出的贡献。另外，哈佛 Ed. L. D. 与教育哲学博士学位在不到五年的时间内相继出现，也是哈佛对进入 21 世纪后在美国掀起的教育博士专业学位教育改革浪潮的积极呼应，其大刀阔斧的改革再次向世人展示了哈佛这一高等教育界翘楚的风范，同时哈佛拥有的学术资源与学术号召力也有望令美国教育博士专业学位教育近一个世纪的争论最终尘埃落定。

第四节　美国教育博士专业学位教育改革的特点

尽管目前美国教育博士的培养方式，各教育学院不尽相同，但大体可归为两类，一类只授予 Ed. D. 学位，这类教育学院的 Ed. D. 教育是研究取向的培养模式；另一类则是两种教育博士学位都授予，这类教育学院特别注重 Ed. D. 与传统 Ph. D. 的区分，力求体现 Ed. D. 教育专业实践的特点，其 Ed. D. 教育为实践取向的培养模式。然而总体看来，进入 21 世纪后，以卡内基基金会以及著名教育家舒尔曼为代表的改革派所提倡的区分两种教育博士学位，打造专业实践特色的新型 Ed. D. 培养模式的改革浪潮，对不同教育学院的 Ed. D. 教育都有影响，尽管这种影响因学校不同而程度不一。下面仍从培养目标、培养对象、培养方式、培养评价这四个方面，把逐渐为各教育学院认可的 Ed. D. 教育的改革内容做一个梳理。

一　培养目标上的特点

从本研究关注的七所大学的情况来看，各大学基本都赞同 Ed. D. 学位应该具备清晰的培养目标，七所大学在对自己提供的 Ed. D. 培养项目进行介绍时，都清楚地陈述了 Ed. D. 的培养目标。也基本认可 Ed. D. 与 Ph. D. 有不同的培养目标，Ed. D. 面向的是教育专业人员，Ph. D. 面向的是教育研究人员。

不同之处在于，同时授予两种教育博士学位的教育学院，其 Ed. D. 学位是颁给教育专业人员的，如学校教师、校长、学监、管理人员等；其教育哲学博士学位 Ph. D. 则是颁给研究人员的，如大学教师、研究人员、政策分析人员。而只颁发教育博士专业学位 Ed. D. 的教育学院，其 Ed. D. 学位既颁给教育专业人员，也颁给研究人员，原因在于他们只能授予一种博士学位。

二　培养对象上的特点

美国教育博士生的招生不以分数取人，注重全面考察，招生对象的实践经验和领导能力是考察的重点，同时还取决于市场的需要，指导思想是服务社会。

从招生程序上看，各校的招生程序都基本一致，包括提交入学申请和申请材料、申请材料审核、入学面试三个步骤。

从入学标准上看，多数高校要求申请者拥有硕士学位，也有少数学校未硬性规定；都要求学生具备一定工作经验和成功领导经历；对博士期间的学习以及毕业后的职业生涯有明确的规划。

另外，Ed. D. 培养项目看重的申请者的关键能力包括：领导力、研究能力、对他人和组织的影响力。

三　培养方式上的特点

（一）培养方式的设计原则

各大学的教育博士专业学位教育的设计基本都遵循"逆向建构"的设计原则，即根据培养目标，首先确定培养目标在专业实践中所需的专业知识和技能，然后据此确定学习者通过项目的培养应该具备哪些知识和能力，最后再设计相应的培养方式以达成这些知识与能力的养成。

根据以上的设计原则，各校基本上认可 Ed. D. 教育在培养过程中注重的应该是教育专业人员的专业实践能力，对于这个专业实践能力究竟应包含哪些具体内容，各大学的教育学院则有自己不同的解读，这与各大学所处当地教育环境和自身学术资源有关，也与该大学的历史传统有密切联系。

（二）培养方式特点分析

1. 学位要求

学位要求基本上都由三部分组成，即课程学习、综合考试、毕业设计，但每个部分的要求各教育学院存在一些差异。

课程学习的内容包括核心课程、研究方法课程、专业选修课程。也有大学将研究方法课程归为核心课程的内容，或选修课程的内容。这些大学的课程设置有以下几个特点：首先，强调核心课程的开发和实施，选修课侧重专业的需要且课程设置相对宽泛，多数大学允许学生在全校范围选择课程；其次，在课程内容方面，所有大学 Ed. D. 项目都重视跨学科内容在课程中的体现；再次，多数大学的课程设置为模块化课程设置，即同一Ed. D. 项目的学生在相同学习阶段学习的课程内容是相同的。

综合考试的要求所有大学的 Ed. D. 项目都有，学生只有通过了该考试才能获得博士学位候选人的资格。只不过考试的形式有所不同，存在两种形式，一种是真正意义上的书面测试，另一种是采用撰写文章作为综合考试。

毕业设计上各大学存在较大的分歧，主要为两大阵营，一方仍坚持使用博士论文作为 Ed. D. 的毕业设计，另一方则用毕业设计项目（capstone project）代替博士论文，成为 Ed. D. 的特色毕业设计。仍使用博士论文的大学相互间也有差别，一些仍使用传统形式的博士论文，如波士顿地区的三所大学：哈佛大学、波士顿大学、麻省州立大学波士顿分校；另一些则使用改良的博士论文，此博士论文的重点不是理论研究，而是对教育实际问题的解决，如南加州大学的专题博士论文。目前，有越来越多的大学开始使用毕业项目作为 Ed. D. 项目的毕业设计，并将此作为的 Ed. D. 项目改革的重要内容。毕业项目采用的形式也多种多样，有咨询模式、现场实习式、项目管理式，等等。目前美国许多大学的教育学院都在尝试创新新形式的毕业项目，但无论采用怎样的形式，这些新型毕业项目的一个共同目标就是能够充分体现专业实践性特色，以区别于传统博士论文，这是将教育博士专业学位教育办出特色的重要着眼点。

2. 学习时间

教育博士研究生的学习年限也很有弹性，不同的培养计划有不同的要求。但这里的几所大学基本都是模块化培养，培养年限多数是三年。在学习时间上，考虑到学生多为在职专业人士，需要兼顾学习和工作，学院在教学时间的安排上也相当灵活，除了开设全日制（full-time）课程外，还开设部分时间制（part-time）课程，学生可以选择晚上或周末的时间到校上课。同时，美国许多大学的 Ed. D. 项目有相当的学习内容都安排在暑假期间。但本研究考察的几所大学出于培养质量的考虑，对通过网络手段提供在线（online）教育博士生培养计划持谨慎态度。

3. 学习方式

多数大学的 Ed. D. 项目都强调小组学习方式，注重专业团体的培育过程。小组学习的模式创建了强大的、专业导向的学习共同体，这一学习共同体将一直持续到学生完成学业，拿到学位。首先，小组学习方式创建的学习共同体有助于学生间的相互交流与学习。其次，这种学习方式也反映了教育专业人士真实的工作环境：团队合作，共同解决问题。再次，小组学习模式的另一个优势是使处于同一学习阶段的学生有相同的学习步调，确保学生能用三年的时间按时顺利地完成学业，既能提高学生的学习效率，也便于学院对在读学生的管理。当然，小组学习方式的前提是 Ed. D. 项目采用模块化的课程设置，随之产生的相同学习步调也有利于学生采用小组形式的团体学习方式。

4. 教学方法

教学方法多种多样，仍以讲座式教学为主，兼用专题讨论、个人或小组演示、案例教学、行动教学等。很多大学的 Ed. D. 项目开始尝试新型的能反映专业实践性的教学方法，如范德比尔特大学采取的问题解决式教学方法，即让学生设法解决现实中学校和大学所面临的实际问题，而且解决问题时使用的工具也是实际中会用到的，这样最终产生的结果也是与问题出现的具体环境相关的、有用的。问题解决式教学方法的最大优势就在于，运用这样的教育方法学生才更有可能将课堂所学的内容转化为现实中所要用的内容。南加州大学采用了差距分析的教学法，也是一种问题解决式的教学方法。

5. 师资配备

（1）项目设计与评估邀请教育专业人士参加

为了保证新打造的 Ed. D. 项目能切实反映教育专业实践的真实情况，使 Ed. D. 教育成为具专业实践特色的专业学位教育，实实在在地服务于教育行业，多数大学在设计新 Ed. D. 项目时都会邀请教育专业的权威人士参与，并且非常重视他们的意见，同时在毕业设计环节和整个 Ed. D. 项目的评估方面也与教育专业人士密切合作。例如，范德比尔特大学新的 Ed. D. 项目设立了全国性的项目咨询委员会，由 K－12 和高等教育的学者和资深专业人士组成，负责确保新项目的所有设置都严格遵从实践的导向。该委员会每年召开两次会议，对项目运行情况进行评估和指导，为项目提供新的信息，为学生毕业设计项目要解决的教育实际问题选择提供建议，同时也可以提高新项目在全国的透明度和知名度。

（2）课程讲授由专职教师重点参与

为了更有效地进行课程传授，本研究考察的所有大学的新型 Ed. D. 项目课程都尽可能地由系里的核心专职教师讲授。例如，范德比尔特大学 Ed. D. 项目的26门课程中，除了3门由兼职教师授课外，其余都是由该校皮博迪教育学院的专职教师授课。又如，哈佛教育学院新开设的 Ed. L. D. 项目（属于新型的 Ed. D. 项目）的课程也基本由专职教师讲授，该项目的25位教师中仅有一位是由教育专业人士担任的兼职教师。这种安排是为了保证学生能系统地接受理论方面的训练。

四　培养评价上的特点

Ed. D. 教育的培养评价主要有两个方面，一是对学生学习成效的，一是对整个 Ed. D. 项目运行情况的评价。对学生学习成效评价的一般方式包括：课程讲授教师就课程学习内容对学生进行的考核、综合考试、毕业设计环节。而对整个 Ed. D. 项目运行情况的评价通常采取大学层面的评价方式，一般由大学管理层邀请外校的教育专家对本校的培养项目进行评估。

各个大学对培养评价的重视程度不一，本研究中只有少数大学在这方面做得很好，其中最值得称赞的是范德比尔特大学皮博迪教育学院的 Ed. D. 项目，该院非常重视学生的学习成效，除了采用学习成效评价的一般方式外，还率先采用了其他新的评价方法。例如，他们在毕业设计这一环节上严格把关，毕业设计项目有专门的项目主管，负责毕业设计完成的质量。而且学生即使完成了毕业项目任务，也不一定代表就能通过审核。如果作为毕业设计的咨询报告在演示结束后，项目主管或客户对项目完成情况不满意，经整改后仍未达到要求，则毕业设计项目会被评为"未完成"，项目组学生需要推迟毕业时间，直到项目经补充修订达到可接受的水平。另外，皮博迪教育学院还建立了 Ed. D. 全国顾问委员会，该委员会由来自小学教育、中学教育、中学后教育的学者和资深专业人士组成。该顾问委员会积极参与 Ed. D. 项目的整个运作过程，负责确保项目设置严格遵从实践的导向，对项目运行情况进行评估和指导，为项目提供最新的学术和专业信息，为学生毕业设计项目要解决的教育实际问题选择提供建议。

本章小结

美国教育领域两种博士学位教育趋同的问题从教育博士学位诞生之日起便存在，迄今已有近百年的历史，然而，尽管有众多的研究者对此发表了看法，但在进入 21 世纪之前，对于该问题的解决一直停留在理论层面，很少采用实际行动区分并完善教育领域的这两种博士学位，尤其是采取实际行动将教育博士这一专业教育学位办得更具特色。直到进入 21 世纪，在哈佛教育学院教育管理研究院前主席、哥伦比亚大学师范学院前院长、伍德罗·威尔逊国家奖学金基金会主席亚瑟·莱文的带领下，进行了一项针对全美 1200 所教育学院的研究，对这些学院培养学校管理者、教师、教育研究人员的培养方式进行了全面评估，并于 2005 年、2006 年、2007

年分别发表了研究报告。① 这一重量级的研究项目使美国教育学院的人才培养再次引起了人们的关注，而两种教育博士趋同的历史遗留问题也因此再次浮出水面。而且 21 世纪对该问题的讨论出现了与以往不同的特点：首先，主张废除其一的声音渐微，而主张各具特色同时发展的观点逐渐成为主流；其次，讨论已从以前的理论探讨开始进入实践层面的尝试，探索如何打破"只说不做"的现状，切实地完善两种教育类博士的培养。

在这轮完善教育类博士的探索中，最具影响的要数卡内基教学促进基金会发起的旨在提升教育博士学位的 CPED 研究项目，该项目的宗旨是重新审视并设计教育博士学位教育，使其规格更高、培养方式更科学合理，从而成为学校、大学、其他教育机构教师和教育管理领导者首选的高级专业学位。项目分为两个阶段，第一阶段研究于 2007 年 2 月发起，持续了 3 年，现已完成，共有 25 所大学的教育学院参与了第一阶段的研究。CPED 项目第一阶段的主要研究结果包括：（1）对教育博士专业学位（Ed. D.）进行了界定，重新定义了有关 Ed. D. 教育的一些重要概念；（2）明确了 Ed. D. 的培养目标，提供了 Ed. D. 项目设计的原则，并总结概况了 Ed. D. 毕业生的评价指标；（3）从职业取向、培养目标、知识体系、研究方法等八个方面对教育博士和教育哲学博士进行了区分。CPED 第二阶段的研究致力于对第一阶段取得的成果加以验证，力图为 Ed. D. 今后的改革提供更多的榜样模式、更多的项目设计工具、更多关于学校、项目、个人层面因此发生改变的信息。除了已经获得的研究成果，CPED 项目还具有更为重大的意义：（1）项目组开创了采取实际行动重塑 Ed. D. 的先河；（2）CPED 项目重塑 Ed. D. 的研究，在全美引起了广泛的关注，推动了学术界就 Ed. D. 改革进行有益的探索，在该项目的带领下，全美许多教育专业组织和大学都开始了针对教育博士的改革尝试；（3）在这轮重塑 Ed. D. 的改革浪潮推动之下，涌现了南加州大学等一批值得全美教育学院借鉴的优秀 Ed. D. 培养模式。

CPED 项目成员之一的南加州大学教育学院，早在 21 世纪初便开始尝试重新设计 Ed. D. 项目，新设计的 Ed. D. 项目的培养目标是能解决实际问题的城市教育领导者，他们所遵循的设计理念是"逆向建构"，即先确认在真实的城市教育环境中，领导者会面临哪些实际工作，在此基础之上

---

① 详见该项目网页：http://www.edschools.org/index.htm。

再考虑，应向学生传授些什么知识和技能、如何传授这些知识和技能以及怎样检验传授是有效的。在这一设计理念的指导下，南加州大学 Ed. D. 项目采用了以解决问题为核心的培养模式，该培养模式的课程内容围绕四个学术主题：领导力、问责制、多元化、学习。南加州大学改革后的 Ed. D. 项目具有以下特点：（1）采用了模块化的课程设置，同一届学生具有相同的学习步调；（2）学生采用小组式的学习方式完成学业，强化团队合作；（3）采用了差距分析法这一特色教学方法，以培养教育领导在实际工作中解决问题的能力；（4）以注重解决实际问题的专题论文代替传统的博士论文。南加州大学教育学院的改革尝试得到了全国范围教育学者和专业人士的关注和认可，成为其他教育学院 Ed. D. 项目改革的榜样模式。①

在 CPED 研究项目及南加州大学等的带动之下，更多的大学开始重新设计自己的 Ed. D. 项目。面对这场全国性的 Ed. D. 教育改革运动，之前始终未做任何表示的 Ed. D. 教育创始人——哈佛教育学院也感受到了变革的压力，终于在 2009 年启动了 Ed. D. 改革的步伐。2009 年，哈佛教育学院宣布设立教育领导博士学位，简称 Ed. L. D.，并于同年 9 月开始招生。尽管拥有一个新名称，但 Ed. L. D. 仍然属于教育博士专业学位范畴，该学位培养致力于 K－12 公共教育改革的系统层面高级教育领导，其项目设计理念是：在专注于教与学这一主要工作之外，教育领导还要有能力在政治环境中成功运作和管理学校。正是基于以上理念，Ed. L. D. 项目的课程设计强调三个方面的内容：教与学、领导与管理、政治与政策；并由哈佛教育学院、哈佛商学院、哈佛肯尼迪学院共同设计并讲授。归纳起来，Ed. L. D. 项目具有以下的特点：（1）全日制密集型学习：两年在校学习，一年在岗培训。（2）模块化课程设置：课程内容包括核心课程和选修课程，核心课程所有学生必须学习，同专业同届学生的学习进度也相同。（3）多学科培养：教育学院、政治学院、商学院共同参与项目设计与实施。（4）基于团队的学习（cohort-based study）：学生以学习小组形

① Shulman, L. S., Golde, C. M., Bueschel, A. C., & Gorabedian, K. J., " Reclaiming Education's Doctorate: A Critique and a Proposal", *Educational Researcher*, Vol. 35, No. 3, 2006.

Murphy, J., Vriesenga, M., " Developing Professionally Anchored Dissertations: Lessons from Innovative Programs", *School Leadership Review*, Vol. 1, No. 1, 2005.

式参与交流与学习。（5）注重专业实践：取消传统博士论文的撰写，毕业环节采用到教育机构带薪实习的新形式。Ed. L. D. 设立不久，哈佛又于2012 年宣布设立教育哲学博士学位，由教育学院和文理学院研究生院共同打造，成为哈佛的第 17 个跨学科培养的博士学位，并定于 2014 年首次招生，原来的 Ed. D. 项目于同年停止。至此，哈佛教育学院的博士培养模式彻底发生了改变。

　　以上针对教育博士培养项目进行的改革虽各有特色，但通过比较不难看出，它们拥有一些共同点：第一，都明确了 Ed. D. 项目的培养目标；第二，都采用模块化课程设置；第三，培养过程都注重专业实践性的体现，强调专业人士参与和解决实际问题；第四，都采用团队学习形式，重视专业团体的营造和专业文化的培育；第五，都放弃了传统博士论文的撰写，采用新型毕业设计。

　　除此之外，通过分析，我们还可以发现贯穿美国 Ed. D. 教育改革的一条主脉络：如何体现 Ed. D. 教育的专业实践性，以突出 Ed. D. 教育的专业特色，严格区别于 Ph. D. 教育。目前这场新一轮的 Ed. D. 教育改革正在美国如火如荼地进行，除了上述归纳的改革特点外，很多教育学院仍在尝试新的改革措施。然而，无论今后还会出现多少新的改革模式，有一点是改革中需要始终坚持的，那就是：Ed. D. 专业学位教育办出特色的关键还是在培养中如何切实体现专业实践性。

第八章

美国教育博士专业学位
教育的反思与启示

对美国教育博士专业学位教育进行研究，根本的目的还是要在反思的基础之上，对我国的教育博士培养有所指引，为我国的教育博士专业学位教育的健康发展提供借鉴。本书通过研究，可以得到以下反思和启示。

第一节　对美国教育博士专业学位教育的反思

一　Ed. D. 教育的诞生

（一）政治论的哲学观是促成 Ed. D. 教育诞生的根本动因

最初，美国教育类研究生教育是按文理学院的标准和要求来培养的，注重发展学生的研究能力而非专业实践能力。19 世纪末至 20 世纪初，工业革命飞速发展，使政治论的高等教育哲学观与认识论的高等教育哲学观并驾齐驱，甚至压倒了认识论的哲学观。正是这样的大环境之下，产生了声势浩大的"专业化运动"，促使专业教育融入大学，大学的许多职业学院如医学院、法学院、农学院、公共管理学院等都在这一时期诞生，大学成为提供专业教育的主要场所。这一变化为美国教育专业学位教育的孕育提供了前提条件，再加上美国大学追求学术自由和学术自治精神的传统，最终成就了哈佛大学教育学院发展教育专业化的梦想，孕育了第一个教育博士学位（Ed. D.）。哈佛大学于 1920 年建立教育学院，1921 年授予第一个教育博士学位，哈佛大学教育学院作为研究生层次的专门学院，在办学思想与培养目标上与文理学院有根本差别：为职业训练而不是发展学术教育。

（二）认识论的哲学观影响了 Ed. D. 教育的最初定位

诞生之初的教育博士学位的培养模式就存在与教育哲学博士学位培养

模式类似的问题，这一最初的混淆是事出有因的。1920 年哈佛教育学院成立后，第一任院长霍尔姆斯并不是高深学问的推崇者，上任之初，他最为关心的是新建立的教育学院的入学人数。为了确保能吸引更多学生入读，新学院的教育定位为面向在职中学教师和管理人员的教育，哈佛教育学院设立的两个新学位都是针对教育从业者的专业学位，其培养目标是专业的，而非学术的，所以培养中关注的重点应该是教育实践中的实际教学和管理服务。[1] 因此在开办之初，学院的课程设置与安排都力争贴近教育专业人士的需要，例如，由于大部分学员都是在职专业人员，学位的完成方式是兼职的，所以授课的时间基本都安排在下午。由于满足了教育专业人士的实际需求，新学院在最初五年大受欢迎，招生情况非常火爆，其中绝大多数是在职的教育专业人士。然而，哈佛的校长劳威尔却希望把哈佛教育学院建成一所能体现高深学问的"真正的专业学院"，在他看来，哈佛法学院、商学院就是这种专业学院的代表[2]。而且劳威尔校长也不惜将自己的看法强行施加在哈佛教育学院的管理上，在任期间对教育学院的人员聘任、管理等予以干预。霍尔姆斯感受到来自校长的巨大压力，为了"安抚校长"，[3] 在 Ed. D. 的培养中包括了统计和研究课程；并规定要获得学位必须撰写博士论文，撰写论文的目的是"使学生能运用已有的知识进行独立研究，以获得具有重大价值的建设性结果"[4]。这些都使哈佛的 Ed. D. 培养类似于传统 Ph. D. 的要求。

霍尔姆斯对校长劳威尔的妥协导致了两种学位最初的混淆，然而两人的分歧并不仅仅是个人看法的差异，而是研究取向的学问和专业实践取向的学问之间的矛盾，本质上是高等教育认识论的哲学观与政治论哲学观之间矛盾的结果。19 世纪末 20 世纪初的美国，一方面，德国大学的影响逐渐增强：美国殖民地时期的学院，主要受英国大学的影响，独立战争之后与英国的决裂，以及 19 世纪德国大学的兴起，使德国大学逐渐取代英国大学成为美国大学的模仿对象；对德国大学的模仿促使认识论的哲学观对

① Powell, A. G., *The Uncertain Profession*, Cambridge, MA: Harvard University Press, 1980.

② Ibid., p. 143.

③ Ibid., p. 149.

④ Cremin, L. A., The Education of the Educating Professions, Paper presented at the nineteenth Charles W. Hunt lecture, American Association of Colleges for Teacher Education, Chicago, 21 Feb. 1978.

美国高等教育产生了深刻的影响，美国许多学科开始设置教授职位，德国大学重视科学研究、强调学问本身就是一门行业的理念也逐渐深入美国大学。另一方面，此时美国资本主义经济的高速发展使大学为社会服务的现实需求增强，政治论的哲学观对美国高等教育的影响日渐显露，美国大学开始建立各种专业学院，极大地促进了美国大学专业教育的发展。于是，这一时期高等教育两种哲学观的矛盾斗争异常激烈。然而在大学内部，特别是研究型大学的内部，认识论的哲学观仍然占据主导地位，研究以及围绕研究的学术活动仍然是大学内部的主旋律和主流文化，于是才会出现以上这历史的一幕：哈佛校长劳威尔对新建立的哈佛教育学院 Ed. D. 教育的干涉，其结果便是：美国的第一个教育博士专业学位——哈佛教育学院的教育博士学位，未能达成霍尔姆斯最初设置它时的愿望——创立教育领域专业教育的模式，其培养方式成为传统哲学博士学位的翻版。因此，可以说，正是大学内部认识论哲学观的强大影响，迫使 Ed. D. 教育的最初定位趋向于学术，这为以后 Ed. D. 教育的问题埋下了伏笔。

二　Ed. D. 教育的发展

随着大学教育学院的发展，其 Ed. D. 教育也随之壮大，然而其最初呈现的学术型培养模式并未消失或淡化，相反，这种学术性取向在多种复杂因素的作用下变得更为强势，以至于妨碍了 Ed. D. 教育作为专业教育的发展，也使教育学院的专业教育未能走出与医学专业教育、法律专业教育类似的成功路径，在大学里的合法地位也一直备受质疑。分析起来，这些因素包括以下几个方面。

（一）环境因素对 Ed. D. 学术培养模式的导引作用

1. 大学内部：代表认识论哲学观的学术力量不断强化

由于二战中研究型大学在军事研究方面做出的巨大贡献，大学的研究力量越来越受到政府与社会的重视，特别是那些顶尖的研究型大学。因此，战后政府延续了二战时向这些大学投放研究经费的做法，继续向大学投入巨额研究经费以支持尖端科学的研究。二战后形成的冷战政治格局，以及随之而来的东西方两大阵营的军事竞赛，更进一步推动了科学研究的步伐。另外，随着知识经济时代的到来，也使市场上的商家意识到大学生产的高深知识对经济的极端重要性，于是也纷纷投下巨额研究经费，与大学合作研究，或者直接委托大学进行研究。可以说，这时来自大学外部的政治论哲学观与来自大学内部认识论的哲学观趋于一致，尽管这种一致性在历史上是少见的。这一历史时期，无疑是美国研究型大学发展学术研究的黄金时期，而大学为了自身的发展也将研究设定为自己发展蓝图的主色调，结果便是，大学内部代表认识论哲学观的学术力量得以强化。

二战后，大学的研究生教育也得到前所未有的发展，更进一步促进了大学学术力量的强化。二战后"婴儿潮"（the baby boom）使美国人口迅速增长，学校在读学生的数量也迅速增加，随之学院和大学的入学人数也迅速增加，由 1940 年的适龄人口（18—21 岁）中的七分之一，增加到 1960—1970 年间的适龄人口的近一半，增加幅度高达 140%。[①] 入学人数的猛增，也水涨船高地促进了大学研究生培养项目的增加。研究生的培养历来以学术研究为取向，已经形成了大学的学术传统，因此战后研究生教育的发展又进一步强化了大学内部的学术力量。

2. 大学外部：代表政治论哲学观的教育行业专业力量始终处于弱势

在代表认识论哲学观的大学内部学术力量不断强化的同时，来自大学外部、代表政治论哲学观的教育行业专业力量却始终处于弱势，这主要是由于教育行业的特殊性造成的，主要有以下几点：

其一，教师群体大多数是女性，在男权统治主宰的社会难于获得强大的政治和社会影响。

其二，教育的对象主要是未成年人，是需要保护的社会弱势群体，无法像医生、律师的客户群体那样具有强大的政治和社会影响。

其三，教师收入低下，使教育行业不具竞争力，无法激励优秀的年轻人踊跃进入教育行业；一个缺乏竞争的行业也难以拥有高水平的专业水准，专业水准低下的行业自然难以获得社会的尊重，其对应的社会和政治影响力亦低；而低下的社会和政治影响力又难以实现提高专业待遇的愿望，于是形成了一个恶性循环。

其四，教育行业包含的是众多分裂的学科领域，如数学、历史、化学、物理等，各学科领域的教师有各自不同的学科基础、不同的思维与行为模式、不同的学科文化传统，因此他们对自己学科的忠诚度远远超过对教育作为整个行业的忠诚度。

---

① Clifford, G. J., Guthrie, J. W., *Ed School: A Brief for Professional Education*, Chicago: the University of Chicago Press, 1988, p. 171.

以上教育行业的特殊性使得尽管数量巨大的教师，却无法获得医生、律师那样强大的经济、政治和社会影响力，导致其行业的专业影响的虚无。

（二）自身因素对 Ed. D. 学术培养模式的强化作用

1. 教育学院的自身结构

大学教育学院自身结构的特殊性也令 Ed. D. 教育难以摆脱学术培养模式的影响，创建出类似法律、医学专业教育的独特培养模式。

哥伦比亚大学师范学院院长威廉·罗素归纳的教育类专业教育的四大要素包括人文知识、学科知识、教育专业知识、教育专业技能，但由于教育学院自身结构的特殊性，使之提供的研究生层次的专业教育不可能囊括这所有四大要素。

首先，人文知识的教育是在本科生教育中进行的，这与法律和医学专业教育的情况一致。

其次，学科知识方面的教育，由于教育领域包含了如此众多的专门学科，决定了学科知识方面的教育不可能在教育学院进行，只能在其他学科的研究生院进行，或协作培养。而其他学科的研究生院也提供自己领域内的研究生教育，与教育学院的研究生教育是实质上的竞争者，并且由于自己的先来者地位，会不遗余力地推崇自己传统哲学博士学位的人才培养模式为合法的正统模式。而法律和医学专业教育的学科知识教育则是由法学院和医学院提供的研究生层次的教育。

再次，教育专业知识方面，这是目前教育学院的专业教育体现的主要内容，如教育史、教育哲学、教育心理学等。

最后，教育专业技能方面，这原本是专业教育最应突出的内容，却正是大多数教育学院最为缺乏的。一方面，教育学院的学生多为在职教育专业人士，他们已有多年的教学或管理经验，已经具备一般的教育专业技能，他们所需要的专业技能是更高级别和层次的；而另一方面，教育学院受大学学术传统的影响，往往对教育专业技能是不重视的，认为这些技能方面的知识不属于大学研究的高深学问的范畴，于是将这方面的内容搁置一旁。

相比之下，法学院和医学院的专业教育强化的正是学科知识、专业知识和专业技能这三方面的内容，并将这三个方面融为一个有机整体。而教育学院由于自身结构上的特殊性，难以将这三方面内容有机地融于教育类专业教育之中。

2. 教育学院的自我选择

大学的一个重要功能就是培养人才，使人们为今后从事的职业做好准备。中世纪大学是现代大学的雏形，其主要功能就是职业培训，为社会培养牧师、医生和政府官员，现代大学的创建也是处于职业化的背景之下的。尽管如此，进入美国大学的职业系和专业学院一直承受着一种传统看法带来的压力，这种传统看法认为：职业系和专业学院进入大学贬低了高等教育，因它们从事专业教育关心的是实际经验和技能的获得，而不是传统的高深学问。[1] 尽管这种看法极为荒谬，但在它的影响之下，大学里的专业学院便不断努力让自己的工作显得"更具学术性"。这种看法其实反映了大学传统的学术文化对大学里的专业学院产生的巨大影响。

使自己的工作显得"更具学术性"对教育学院似乎更为重要，这主要是因为教育类专业教育由于缺乏公认的共同的专业知识基础，而且教育方面的研究也发展得相当缓慢，导致教育学院在大学这一学术堡垒中的合法地位不断遭受挑战。为了摆脱学术共同体中的边缘地位，教育学院急于通过教育科学研究以使自己在大学中的地位合法化，然而其开展的教育研究却主要面向教育管理问题的研究，或是进行易操作、量化的、边缘性的教学法研究。它们对美国教师普遍缺乏而且亟须提高的教学技能研究却丝毫不感兴趣，认为这些技能性的专业实践内容体现不了大学所代表的高深学问，并进一步地将教师教育的内容也淡化了。[2] 如此一来，美国大学中教育学院走的发展道路，实际上已经偏离了专业教育的发展轨迹。当初美国教育学院的先驱们在试图模仿医学院或法学院的成功专业教育模式时，设想的理想专业学院应该是这样的：培养专业人士是专业学院的唯一宗旨；培养项目应专注于发展实践知识和技能；培养项目的设计不受大学其他系与学院的干涉；培养项目接受专业组织的指导和公众的监督。[3]

如果按照以上专业学院的标准判断，美国那些领先教育学院：以研究生学术范式为主宰，脱离教学行业，在大学里缺乏实质性的独立；它们实

① Clifford, G. J., Guthrie, J. W., *Ed School: A Brief for Professional Education*, Chicago: the University of Chicago Press, 1988, p. 86.

② Ibid., p. 93.

③ Ibid., p. 87.

质上已称不上真正意义上的专业学院了。因此，融入大学的教育学院并未因与科学研究的联姻而使教育类专业教育取得质的飞跃，反而是抑制了教育类专业教育的发展。

（三）其他因素对 Ed. D. 学术培养模式的固化作用

1. 名校的示范作用加剧了两种学位教育的混淆

哈佛大学推出教育博士专业学位后，作为对此的回应，威廉·罗素（詹姆斯·罗素的儿子）在哥伦比亚大学也设立了教育博士专业学位，以实现其父亲的专业教育抱负，满足广大教育工作者的实际需求。哥伦比亚大学推出的教育博士培养力求体现专业学位教育特点。客观地讲，哥伦比亚大学的教育博士培养比哈佛大学更接近真正意义上的专业教育，但其培养内容中也没有提及专业实践的内容。更为重要的是，这两所顶尖大学的教育博士学位，尽管名称相同，宣称的培养目标也一样，都是培养教育领域专业人士，但培养方式却各不相同：哈佛教育博士采用的是学术取向的培养模式，哥伦比亚大学的教育博士则采用更贴近专业实践的培养模式。这使教育博士学位究竟是专业学位还是研究学位的问题模糊不清，对随后设置教育博士学位的其他院校造成了负面的影响，也对后来 Ed. D. 与 Ph. D. 的混淆起到了推波助澜的作用。

2. 高等教育多样化限制了混淆的纠正机制

多样性以及与之关联的分散性和包容性，是美国高等教育系统的显著特点，也是美国追求学术自由传统的胜利果实。这些特点有助于美国高等教育的繁荣与发展，但也有其局限性。具体到美国各大学的教育博士培养而言，从学位名称、专业方向到学位目标、学位要求再到培养方式、评估方法等，内容不同，形式各异。这难免招致对该学位的知识体系、培养质量的质疑，面对如此百花齐放的培养项目内容，想要纠正教育博士学位教育与教育哲学博士学位教育的混淆变得非常困难，而且也容易使教育博士学位教育背负过多的诉求，从而偏离其专业教育的轨道。

3. 不同大学的不同诉求增加了维持现状的筹码

1925—1940 年，许多大学效仿哈佛大学、哥伦比亚大学建立教育学院，提供博士学位教育，但动因复杂，动机不一。例如，斯坦福大学教育学院授予教育博士学位，并借此独立于文理学院研究生院，但其宣称的培养目标却是大学的研究人员。于是，教育博士学位被进一步混淆，培养目标从教育专业人员变成了大学的研究人员。密歇根大学也在此间开始授予教育博士学位，并宣传是面向那些有抱负成为教育领导的教育从业者，作为当时市、州及联邦政府教育机构越来越需要大学培养的教育领导人才的直接回应，[1] 这使大批的年轻人涌入教育学院，教育博士学位又变成了谋求学校里更高管理职位的专业证书。到 20 世纪中期，教育博士学位教育已经承载了众多的功能：摆脱文理学院控制，培养大学研究人员，提供专业教育证书，建立大学教育专业学院以跻身学术殿堂。面对种种诉求，教育博士学位教育的培养目标定位难免不受影响，与教育哲学博士学位的区分也变得更为困难。事实上，各教育学院也无意区分这两个学位，它们似乎更关注通过设立教育博士学位来满足各自的利益诉求。

三　Ed. D. 教育的变革

20 世纪 90 年代，美国教育博士专业学位教育有了较为快速的发展，特别是在 1989 年，影响力强大的美国全国教育管理政策委员会提出了把教育博士专业学位作为中层教育管理岗位从业证书条件的建议，该建议极大地推动了教育博士专业学位教育的发展。进入 21 世纪，全球国际经济发展和竞争使美国社会各界对教育系统的需求越来越高，但对教育的成效越来越不满，随之也掀起了新一轮的教育改革浪潮。此时高等教育政治论的哲学观再一次显现了它的巨大影响力，对教育类专业教育也提出了新的要求，使 Ed. D. 教育的变革势在必行。

（一）政治论哲学观对教师教育提出新要求

进入 21 世纪，从通信国际化，到全球经济、教育、文化的国际化，全球国际化的趋势日渐明显。国际化的趋势使全球性的竞争变得更为激烈，各国在增强自身国际竞争力的过程中，都不约而同地以战略的眼光看待教育问题，并且都积极地致力于教育改革。在这一改革浪潮中，美国社会各界对其教育系统，特别是基础教育系统，提出了更高的要求，于是首当其冲地对教师提出了新的要求。

1. 绩效问责制对教师教育的新要求

2002 年美国颁布了重要的教育法案《不让一个孩子掉队》（No Child Left Behind，简称 NCLB）法案，该法案将学生学业成绩提升为教学的重

---

① Clifford, G. J., Guthrie, J. W., *Ed School: A Brief for Professional Education*, Chicago: the University of Chicago Press, 1988.

心，对美国公立学校设立了统一的目标，以及达到总目标的阶段性目标和实施方案，联邦政府根据达标情况对学区和学校的教育经费实施分配，从而建立了从上至下的问责奖惩制度。2002 年起，各州所有公立学校的年度达标进展向社会公开，公立基础教育面临着来自外界和内部的全民化、全透明的问责。

该法案对教育的影响是里程碑式的，因为该法案的颁布表明对教育的评估从以前的教学投入性评估转变成了目前的结果性评估，具体来说，学生的学习成绩成为教师教学成效评价的标准。这无疑对学校教师提出了新的要求，比如，学生学习成绩应如何构成？如何通过学生的学习成绩真实地反映学生的学习成效？如何帮助学习成绩不达标的学生？等等。

2. 标准化测试对教师提出的新要求

美国公立基础教育开始推行绩效问责制，势必要涉及标准化测试的问题，因为要衡量各学校、各学区、各州的学校系统是否"达标"，势必要用到标准化测试。而标准化测试是不同于美国基础教育淡化考试的传统的，因此其实施对学校、学校教师以及学校管理人员都是一个巨大的挑战。毫无疑问，标准化测试具备统一、直观、易于操作的优点，然而它也可能由于比较机械的操作方式而无法真实地反映学生的学习成效，对学生和教师产生不公平的影响等弊端。而且在绩效问责制的推行下，对标准化测试的结果承担直接责任的便是教师，这会给教师带来极大的压力。所有这一切，都对学校教师提出了新的、更具挑战性的要求。

3. 学生群体的多样性对教师提出的新要求

美国本身就是一个移民国家，再加上近年来全球国际化的进程加快，美国的学校系统，特别是公立学校系统中不同种族的学生群体越来越多。面对如此多样化的学生群体，如何满足他们的学习需求，如何帮助他们克服学习过程中面临的困难，如何协助他们顺畅地与同学交流、迅速融入学校的集体生活，如此等等都是公立学校教师直接面临的课题。另外，学校教师面对的不仅仅是在校的学生个体，他们还会直接接触到学生的家庭，如何接待学生家长，如何向学生家长转达学生在校的情况，如何与家长协作共同帮助学生克服困难完成学业等，也是教师必须面对的课题。同时，针对不同种族的学生家长，由于其不同的文化传统风俗，教师在与他们的接触中还必须具备相当的文化敏感性。所有这一切也对学校教师提出了新的要求。

　　总之，美国社会对学校教育和学校教师提出了新的要求，这实际上也就是对教师教育提出的新的要求，美国大学的教育学院作为教育行业的专业学院，在开展其专业教育时必须考虑这些社会需求，以使自己的专业教育能真正贴近社会需求。

（二）政治论哲学观对教育管理提出的新要求

　　近20年来的美国教育改革大环境中出现了五个对教育管理影响深远的因素：绩效问责制的实行，重视以学习者为中心的教育方式，运用实证研究、数据分析解决问题的要求，对竞争和选择的推动，对全社会携手共进的倡导。①这五个因素重新定义了教育管理的成效，对教育管理领导人员的知识和技能提出了更高的要求，因而对目前美国教育博士学位教育的改革具有重要意义。

1. 绩效问责制的实行

　　2002年通过的法案《不让一个孩子掉队》（NCLB）是21世纪美国基础教育改革的里程碑。该法案打破了美国公共教育政策的分权管理体制，加强了联邦政府对地方教育的监控：联邦政府依据学生学业成绩的提升，运用教育经费的分配对全美公立学校实施奖惩。②同时，NCLB的实施要求各州所有公立学校向社会公开其年度达标情况，使公立基础教育面临着来自外界和内部的全方位问责。外界的问责有来自联邦政府、州政府和学校董事会的各项教学标准，还有来自家长和其他社会团体的民意监控；内部的问责有来自教师和学生对如何提高教学质量、如何维持教学与学校其他功能平衡等的需求。内部和外部的双重问责，使教育管理领导必须成为对教学成效的内涵、标准设置和评测方式都有深入了解的专业人员，将自己对教育问责体制的理解和运用体现于实际教学规划和措施中，促进学校的发展。

2. 提倡"以学习者为中心"的教育方式

　　NCLB法案对学生提出了明确的学业达标要求，而学生多元化是美国基础教育的特点：学生不以成绩分班，学校的目标就是努力让所有不同背

① Goldring E., Schuermann P., "The Changing Context of K－12Education Administration: Consequences for Ed. D. Program Design and Delivery", *Peabody Journal of Education*, Vol. 84, 2009.

② Guthrie J. W., Wong K. K., "Education Finance from the Perspective of Politics, Political Cultures and Government", H. F. Ladd & E. B. Fiske (Eds.), *Handbook of Research in Education Finance and Policy*, New York, NY: Routledge, 2007.

景、不同能力、不同需要的学生实现各自潜力的最大限度发挥。面对学生群体不同的特点和明确的学业达标要求，如何提高学生的学习成效，是摆在教育管理人员面前的现实问题。要解决这一问题，教育研究专家们普遍认为，以学习者为中心（learner-centered）的教育方式是提高学生学习成效的最佳途径。① 然而，如何利用科学研究中的有关知识开展以学习者为中心的教育方式，建立一个以学生的学习要求为中心的课堂教学体系，是当前教育管理人员迫切需要但又普遍反映缺乏的知识和技能。

3. 应用实证研究和数据分析解决问题的要求

因 NCLB 实行而产生的绩效问责，使教育管理人员在工作时必须掌握大量有关学区、学校学业成绩和机制运转的信息，对所获相关信息的真实性和准确性进行鉴别，同时有效地运用这些信息指导学校的各项工作。以上这些都要求教育管理人员必须具备实证研究和数据分析的能力，以便对学校的教学成效进行评估，将评估结果及时反馈给有关人员，制定和实施相应的改革措施纠正出现的问题，同时为教师提供更有针对性的专业培训等，以提高学校的运行效率。这些都对当前教育管理人员提出了新的挑战，以往依靠个人观察、主观意识、工作经验进行管理的做法已经行不通了，教育管理人员必须通过实证研究和数据分析以掌握客观依据作为其领导决策的基础。

4. 择校政策对竞争的推动

NCLB 法案的另一重要政策是鼓励学生家长择校，允许子女在低绩效学校就读的家长选择其他公立学校。具体内容为：如果一个学校连续两年不能满足州学业标准，家长可以将孩子转至本学区内具有更好绩效的公立学校就读，包括公立的特许学校。择校政策目的在于促进公立学校间的竞

---

① Bryk A. S., Driscoll M E., An Empirical Investigation of the School as Community, Chicago: Department of Education, University of Chicago, 1985.

Hallinger P., Heck R. H., "Reassessing the Principal's Role in School Effectiveness", *Educational Administration Quarterly*, 1996, 32 (1): pp. 5 – 44.

Knapp M. S., Copland M. A., Talbert J E., Leading for Learning: Reflective Tools for School and District Leaders, Seattle, WA: Center for the Study of Teaching and Policy, 2003.

Newmann F. M., Wehlage G., Successful School Restructuring: A Report to the Public and Educators by the Center on Organization and Restructuring of Schools, Alexandria, VA: Association for Supervision and Curriculum Development, 1995.

争，推动学校的改进和提升，甚至有些州还实行了教育券制度，使私立学校也加入到传统公立学校的竞争中。根据近期研究，NCLB 法案鼓励的择校政策对教育管理的重心和方式都有显著而复杂的影响。[1] 这是因为学校间为稳定生源而产生的竞争势必会影响学校、学生、家长三者间的关系。教育管理人员，特别是校长，为了提高学生和家长的"消费者"满意指数，需要深入了解学生家庭背景、学习需要和发展状况，加强家长和教师的交流与合作，以及时应对学生和家长对学校的要求。同时，各地区择校政策的不同也会增加教育管理工作的复杂性。这些对教育领导者的职业理念和技能又构成了另一种挑战。

5. 对全社会携手共进的倡导

以教育促进社会和谐与经济发展，是美国教育改革的宏观目标，为达成这一目标，各方都在积极推动教育与其他机构的合作。为此，教育管理人员需要扩大学校在地方社会的影响，并结合社会各团体的优势来促进学校的发展。因此，教育管理人员不能只固守校内这一传统领域，还要能够走出校园，促进学校与社会其他机构的对接。这不仅需要教育管理人员具备卓越的领导能力和洞察能力，还必须具备超强的社交能力、倡导力及号召力。[2]

第二节　两种哲学观的矛盾冲突塑造了美国 Ed. D. 教育

一　高等教育哲学观对美国高等教育系统的影响

布鲁贝克的高等教育哲学观认为，使高等教育获得合法地位的哲学观有两种，一种是认识论的，一种是政治论的。认识论的哲学观认为，探索深奥的知识是学术事业不证自明的目的，是大学存在的目的；而政治论的哲学观点认为，人们探索深奥的知识不仅仅是为了知识的目的，还因为这

---

[1] Cravens X. C., Goldring E., Penaloza R. V. Leadership Practices and School Choice, Paper Presented at the Annual Conference of American Educational Research Association, San Diego, CA: 2009.

[2] 陈粤秀：《美国教育博士学位的背景与发展》，《复旦教育论坛》2009 年第 3 期。

些知识对国家和社会是有益的，能够促进国家和社会的发展。①

高等教育的两种哲学观矛盾冲突，交替出现，然而不可否认的是，政治论的哲学观在世界范围的高等教育及高等教育的整个发展过程都有体现，并且对高等教育产生了深刻的影响。正如布鲁贝克指出的，各个时期的大学都是通过满足当时历史时期的不同需求而获得合法地位的：中世纪大学将其合法地位建立在满足社会的专业需要上，为当时社会输送医生、牧师、教师、政府公职人员；文艺复兴后，大学的合法地位又建立在人文抱负上，大学开始提供自由教育，这使纽曼时代的英国式学院合法化；此时，作为启蒙运动产物的德国大学，则通过注重科学研究而获得合法地位；后来美国出现的赠地学院，其合法地位则建立在为社会和国家的发展服务。②

布鲁贝克还认为这两种哲学观的交替作用也体现在美国高等教育的发展过程中。③ 在美国建国初期，高等教育存在的合法基础主要是政治性的，学院和大学被看作培养医生、律师、牧师的场所，这种观念是殖民地时期从欧洲大陆传入并延续下来的，然而此时的美国学院里，提供的真正意义上的专业教育还很少，还主要是以自由教育为主。往后到了建国后期，美国高等教育深受德国大学的影响，德国大学对科学研究极度重视的特点也被引入了美国大学，像德国大学一样重视研究的约翰·霍普金斯大学的建立，标志着美国高等教育开始主要以认识论的哲学作为其存在的合法性基础。到了19世纪末，高等教育的两种哲学观都牢固地建立了起来，它们并存于当时的美国大学：它们在不同的大学，或同一大学的不同系里，分别起着作用。然而无论当时哪种哲学观对美国高等教育的影响更大，都是无足轻重的，因为当时高等教育在美国生活中的影响并不大，大学远离当时的社会生活，因而被人们称作"象牙塔"。不过，大学在社会生活中处于边缘地位的状态并未持续多久，随着贯穿19世纪的工业革命的不断加速，学院和大学所发现的高深知识有了越来越现实的影响，于是出现了"知识产业"④：学术知识，特别是占优势性地位的研究型大学生

---

① ［美］约翰·S. 布鲁贝克：《高等教育哲学》，浙江教育出版社2002年版，第13—15页。

② 同上书，第3—4页。

③ 同上书，第15—18页。

④ Machlup, F. , *The Production and Distribution of Knowledge in the United States*, Princeton, N. J. : Princeton University Press, 1962.

产的知识，引发了工业上的奇迹，并被用来减少发展生产所引起的弊端。于是，在美国高等教育领域，政治论的高等教育哲学观开始与认识论的高等教育哲学观并驾齐驱，甚至压倒了认识论的哲学观。著名的"威斯康星思想"① 就是这两种哲学观并驾齐驱的最早例证。"威斯康星思想"起源于美国的威斯康星州，反映了当时的一种现象：地处麦迪逊中心大道两端的大学和州议会齐心协力为民众服务，取得了巨大的成功。随后，"威斯康星思想"逐步地为其他美国大学所接受。至此，美国大学除了教学与科研之外，又增加了服务社会的功能，于是，大学从以前的"象牙塔"成为现代社会的"服务站"。用布鲁贝克的话说："今天，需要甚至渴求知识的人和机构比以往任何时候都多。为了生存并产生影响，大学的组织和职能必须适应周围人们的需要。它必须像社会次序本身一样充满活力和富于弹性。"② "威斯康星思想"的成功，使美国大学具备了新的服务社会的功能，美国高等教育获得了前所未有的活力迅速发展壮大，最终形成了美国现代高等教育系统的模型。

二　高等教育哲学观对美国专业教育的影响

高等教育的两种哲学观对美国高等教育系统产生了深刻影响，这种影响在美国专业教育的发展中也有体现。为了调和高等教育两种哲学观的矛盾冲突，实用主义哲学得以在美国兴起。随着实用主义哲学的兴起以及政治论高等教育哲学观在美国日渐呈现的优势，出现了 20 世纪初的专业化运动，并因此催生了大学专业学院的诞生，使专业教育最终融入美国的高等教育系统。

（一）独立于高等教育系统的专业教育

最初，美国的专业教育是游离于高等教育系统之外的。

殖民地时期，新移民为了追求宗教自由、政治自由、新的经济机会、新的生活方式来到美洲大陆。这一时期的重要特征是强大的宗教影响，这不仅体现在新移民的家庭与社会生活上，也体现在教育上。殖民地社区除了建教堂，也逐渐开始建学院，主要目的是培养牧师和神职人员，也按各

---

① McCarthy, C. , *The Wisconsin Idea*, New York：Macmillan, 1912.

② ［美］约翰·S. 布鲁贝克：《高等教育哲学》，王承绪等译，浙江教育出版社 2002 年版，第 18 页。

新兴宗教派别的要求对年轻人进行教化。殖民地学院培养牧师的教育还称不上真正意义上的大学教育，学生主要通过毕业后跟随牧师的学徒教育获取职业准备。这一时期的专业教育为学徒式的，教育水平很低，这与当时的经济和社会需求是一致的。新移民对教育的需求普遍很低，家庭教育是主要的形式，围绕《圣经》的宗教教育是主要内容，绝大部分家庭没有为子女提供教育的经济条件，同时也需要子女为农业耕种和家庭经营提供帮手。而且当时从事专门行业并不要求特别的教育，人人都可从事任何他想从事的职业，这符合殖民地时期人们追求平等、自由的乐观心态。

进入美国立国时期，随着独立战争后国家的独立，出现了领土的不断扩张，并开始了大举的西进。西部的大开发极大地促进了经济的发展，人们的生活不断改善，于是更加推崇自由资本主义，追求个人完善，人们的自信心也极度膨胀：人人都有机会成功，任何事情都是可能的。学院的数量也不断增加，形式各种各样，州政府开始支持高等教育，出现了州立学院。另外，德国大学的兴起对这一时期的学院产生巨大影响，学院开始出现教授职位，并以德国大学为榜样，接受了德国大学的理念：极度重视科学研究。对德国大学的模仿，使美国高等教育被赋予了新的功能：研究的功能。学徒式的专业教育在持续了整个殖民地时期后，一直延续到 19 世纪。进入 19 世纪后专业教育进一步发展，并由学徒式非正规教育逐渐向学校正规教育过渡，学徒系统不断扩大并最终导致了专业学校的出现，如法律职业学校、医学职业学校。随后，执业律师和医生中没接受过高等教育的比例稳步下降，因为光是学徒经历对于想在自己专业快速前行的人来说已不足够。而且高等教育的发展也促使人们的观念发生了改变，愈来愈多的年轻人把进入学院就读当成增加个人财富和社会流动性的途径，高等教育是不错的个人投资这一理念超过了高等教育是社会投资的理念。此时的专业教育仍然独立于高等教育系统，且专业教育的水平仍然很低。

（二）专业教育融入高等教育系统

南北战争后美国进入工业腾飞期，奴隶制度的废除为资本主义发展彻底清除了障碍，工业飞速发展、财富迅速累积、人口快速增长，在这些因素的带动下，出现了美国高等教育的大发展。《莫雷尔法案》的颁布产生了赠地学院，增加了美国高等教育的规模，改变了高等教育的结构，并且还为美国高等教育增添了新的服务功能。二战之后颁布的《退伍军人权利法案》，使大批二战退伍军人有机会进入高校学习，标志着美国高等教育大众时期的开始。更为重要的是这一时期出现了现代意义的大学：包含本科生院、研究生院、专业学院以及各种服务性机构的综合性高等教育机构。正是在这一时期，美国专业教育开始融入高等教育系统，专业学院成为大学的一部分。

美国工业腾飞期的经济腾飞和高等教育大发展推动了专业教育的发展，使专业教育最终融入大学，大学被认为是提供专业教育的最好场所。美国专业教育融入大学是一个渐进的过程：

首先，观念的转变。经济的发展、科技的进步、财富的积累、生活的改善，强化了人们运用科学造福于人类的观念。

其次，实用主义传统的影响。美国本土的实用主义文化传统，伴随着《莫雷尔法案》的颁布施行、赠地学院的兴起以及"威斯康星思想"的传播，使大学服务社会的理念逐渐深入人心，为专业教育进入大学埋下了伏笔。

再次，专业教育中智力内容的要求。经济的快速发展催生了新的行业，并对各类新型专门人才产生了迫切需求，而这些需求是那些职业学校所无法满足的，因为此时的专业教育有了越来越多的智力内容，专业教育所涵盖的范围也不断扩大，要想成功地实施这样的教育，离开大学这个知识的堡垒是不可能办到的。于是，医学、法律专业学校纷纷与大学融合，成为大学的专业学院。

又次，专业化运动的推动。此时美国高校开始反思模仿德国单一发展学术的教育模式，要求建立更多的专业学院来培养美国急需的各类专业人才，大学的许多职业学院如教育学院、农学院、公共管理学院等都在这一时期诞生，这一发展历史上称作"专业化运动"，是美国社会实用主义传统反抗德国学术传统的产物，标志着美国高等教育开始形成与德国大学不同的特色。

最终，专业教育融入大学，大学成为提供专业教育的理想场所。

专业教育融入美国高等教育系统，成了高等教育系统的一部分，因而高等教育两种哲学观对高等教育的影响，势必也会体现在大学的专业教育之中。事实证明也确实如此，用布鲁贝克的话来说，在大学的专业学院，高等教育哲学的认识论和政治论之争是非常明显的，例如法学院应该培养法理学家还是律师？神学院应该培养神学家还是牧师？医学院应该培养病理学家还是医生？教育学院应该培养学者还是教师？对此有学者认为，专业教育应该脱离与大学的联系，在大学校园之外的科学院或研究中心进行，持这种观点的代表人物有纽曼和维布伦。① 弗莱克斯纳在这一问题上的立场比较温和，他认为并不是所有职业都适于在大学建立专业学院，只有那些有明确的理智体系的职业才适合在大学里建立专业学院。② 然而，大学已发展到了现在这种程度，从社会生活的边缘移动到了中心，因此不可避免地会卷入复杂的社会生活中去，割裂专业实践与科学研究的做法显然是极不明智的，因为在现代社会中我们既需要专业方面的高深学问，也需要研究方面的高深学问。历史的经验也表明，当这两方面的学问得以有机结合时，它们两者都可以得到繁荣发展，因为专业学院可以利用大学其他部门的研究指导专业实践，而大学的研究则可以通过专业实践得到验证并进一步充实和发展。大学医学院的医学专业教育以及法学院法律专业教育的成功发展就是最好的例证，当然还有很多专业学院的发展也能证明这一点。

三　高等教育哲学观的矛盾冲突塑造了美国 Ed. D. 教育

美国 Ed. D. 教育 1920 年在哈佛诞生，作为由大学提供的面向学校教师和教育管理人员的专业教育，美国 Ed. D. 教育的发展规律也应该符合美国专业教育和高等教育发展的规律。因此，对美国高等教育系统和美国专业教育有着深刻影响的两种高等教育哲学观，也势必会影响美国 Ed. D. 教育的发展和演变。本书对美国 Ed. D. 教育从诞生、发展、变革的研究也印证了上述假设。

从 Ed. D. 教育的诞生来看，首先，政治论的哲学观是促成 Ed. D. 教育诞生的根本动因。19 世纪末 20 世纪初飞速发展的工业革命，使政治论的高等教育哲学观与认识论的高等教育哲学观并驾齐驱，甚至压倒了认识论的哲学观。正是在这样的大环境影响之下，产生了声势浩大的"专业化运动"，促使专业教育融入大学，大学成为提供专业教育的主要场所，这一变化为美国 Ed. D. 教育的孕育提供了前提条件和动力。其次，认识论的哲学观影响了 Ed. D. 教育的最初定位。尽管 19 世纪末 20 世纪初，美国社会大环境中政治论的高等教育哲学观更显强势，但在美国大学内部占

---

① Newman, J. H., *The Idea of a University*, New York：Doubleday, 1959. Veblen, T., *The Higher Learning in America*, New York：D. W. Huebsch, 1918.

② Flexner, A., *Universities：English, German, and American*, New York：Oxford University Press, 1930.

据主导地位的仍是认识论的高等教育哲学观，正是因为如此，在哈佛诞生的首个 Ed. D. 学位的培养模式被打上了深深的学术烙印，为以后 Ed. D. 教育面临的问题——缺乏培养特色、与教育哲学博士学位教育趋同——埋下了隐患。

从 Ed. D. 教育的发展来看，一方面，在大学内部，代表认识论哲学观的学术力量不断强化。这是由于大学为了自身的发展纷纷将研究设定为自己发展蓝图的主色调，结果便是，代表认识论哲学观的学术力量得以强化。此外，二战后，美国大学的研究生教育也得到前所未有的发展，更进一步促进了大学学术力量的强化。另一方面，在大学外部，代表政治论哲学观的教育行业专业力量始终处于弱势，这主要是由于教育行业的特殊性造成的。这两方面的原因都使美国 Ed. D. 教育在其诞生后直到 20 世纪末的发展过程中，始终维持着学术型的培养模式。再加上其他一些因素，如名校的示范作用、各大学不同的利益诉求、高等教育的多样性，使 Ed. D. 教育的学术培养模式被进一步强化了。

从 Ed. D. 教育的变革来看，进入 21 世纪，全球经济发展和竞争使美国社会各界对教育系统的要求越来越高，但对教育的成效越来越不满，随之也掀起了新一轮的教育改革浪潮。此时，高等教育政治论的哲学观再一次显现了它巨大的影响力，对美国教育类专业教育提出了新时代的要求，使 Ed. D. 教育的变革势在必行。

综上所述，美国 Ed. D. 教育从诞生、发展到变革的整个演变过程都是高等教育认识论和政治论两种哲学观矛盾冲突、相互角力的结果，因此，可以说是高等教育两种哲学观的矛盾冲突塑造了美国的 Ed. D. 教育。

第三节　美国教育博士专业学位教育对我国的启示

改革开放后，我国发生了翻天覆地的变化，社会主义市场经济体制的确立，经济发展方式的转变，经济结构、产业结构和职业结构的不断调整，都推动我国的教育改革向纵深发展。正是在这样的背景下，教育硕士和教育博士专业学位研究生教育在我国先后诞生，经过了十多年的快速发展，取得了显著的成绩。然而，相比教育博士学位教育发展较早的美国，我国的教育博士专业学位教育建设还有很长的路要走，还有很多需要学习的内容。归纳起来，美国教育博士专业学位教育发展对我国教育博士专业学位教育建设的启示主要有以下三个方面。①

首先，搞好试点，起好步、开好局。俗话说，一个良好的开端往往预示着已经成功了一半。我们所做的一切事情都是如此，只有迈好了第一步，后面的步伐才有可能不偏离目标，这或许是美国教育类两种博士学位之争能带给我们的最大启示。美国教育博士专业学位教育发展历程中面临的最大挑战就是其人才培养模式与传统哲学博士的培养模式类似，缺乏自身特色，这一问题由来已久，问题根源可以追溯到其诞生之初。美国教育博士学位诞生之初，哈佛教育学院也试图将其打造成教育专业学位，然而院长霍尔姆斯迫于校长劳威尔的压力，使其培养模式被打上了深深的学术烙印，继而引发了两种教育类博士学位之间最初的含混不清，于是才会有后来愈演愈烈的混淆。培养模式一旦成形，再调整或改革往往更难，美国教育博士培养模式的发展也印证了这一点。与其如此，不如一开始就做好设计、抓好落实。就我国教育博士培养而言，关于招生对象、培养目标、课程设置、教学方式、毕业论文等方面的特殊要求，在全国教育专业学位教育指导委员会层面的研讨较为充分，然而各试点院校能否形成共识、落实到位尚是一个未知数，在此意义上，搞好试点、抓好落实尤为重要。

我国首批试办教育博士专业学位教育的 15 所大学既有师范大学又有综合性大学，在教育学科领域具有较大的影响力和辐射力。试点工作成功与否，关系到我国教育博士专业学位教育的未来。搞好试点，需要主抓三个层面的节点：一要充分发挥全国教育专业学位教育指导委员会在教育博士专业学位教育的基准制定、协调指导、评估监督等作用，这是我国的体制优势所在；二要充分发挥若干龙头学校的领军作用，此前一些学校在教育博士培养上已经积累了丰富经验，它们应当在建设中国特色的教育博士培养模式上发挥更大的作用；三要高度重视师资队伍建设，上述招生、培养环节的特殊性能否落实到位，最终取决于有没有一支合适的师资队伍，这是对发展我国教育博士专业学位教育的最大挑战。

其次，制定基准，做到统一性与多样性的结合。美国是世界公认的高等教育强国，多样性及与之关联的分散性和包容性是其高等教育系统的一大显著特点。这一特点是美国社会大环境的产物：教育主要是美国各州的

---

① 王霁云、顾建民、严文蕃：《美国教育博士与教育哲学博士之争的缘起和发展》，《大学教育科学》2012 年第 3 期。

事务，不受联邦政府的管辖，没有全国性的教育主管机构，也没有统一的教育专业组织。这一特点对高等教育的繁荣与发展无疑是非常重要的，然而它也有一定的局限性，具体到美国各大学的教育博士培养而言，从学位名称、专业方向到学位目标、学位要求再到培养方式、评估方法等，内容不同，形式各异。这难免招致对该学位的知识体系、培养质量的质疑，也容易使教育博士学位教育背负过多的诉求。这就难怪许多大学教育学院即使意识到现有问题，也难以采取实际行动解决问题，对现状加以改变。

国内高等教育系统，与美国正好相反，不但接受地方教育主管部门的指导，还要接受中央教育主管部门的指导。尽管过多的行政干预会限制高等教育的发展，也不断受到国内教育界的质疑，但在有些情况下，适量的集中统一管理对教育标准的统一、教育质量的保障以及教育改革的有序推行也是有积极作用的。我国近年来在专业学位教育方面取得的改革成绩就说明了这一点。目前，我国教育博士培养的各项工作接受全国教育专业学位教育指导委员会的全面指导，对培养的各个环节都有统一的基本要求，应当意识到这是我国教育博士专业学位教育试点工作开展的优势。同时，各试点高校在坚持全国教育专业学位教育指导委员会核定的培养基本要求之外，还应根据自身的学术资源和学术优势积极探索我国教育博士培养的特色模式，力求做到培养模式统一性与多样性的结合，促进我国教育博士专业学位教育的健康发展。

再次，质量至上，强化专业实践性。美国教育博士学位与教育哲学博士学位的百年之争，其外在表现是就两种学位是否存在差异进行的旷日持久的争论，然而究其根源，引发二者之争的内在推动却是出于对教育博士培养质量的关切，因此，两种学位之争的本质是在讨论这两种学位教育的质量。高等教育早已不是小村庄里学者们的知识堡垒，现代社会中的高等教育变得如此重要，它必须满足社会多方的需求，也不得不接受社会多方的审视，因此质量是高等教育无法回避的话题，更何况是教育领域两种最高学位教育的质量，它们关系到我们未来拥有什么样的教师、研究人员、教育管理人员和教育领导者。而且高等教育质量并不是什么抽象的东西，它是高等教育对社会需求的恰当回应，社会的发展是永恒的，因此质量也注定是高等教育永恒的话题，是高等教育变革的终极目标，这也使高等教育变革注定不会是一劳永逸的，而是要根据社会的现实需求进行持续不断的调整。

　　具体到教育博士专业学位教育的培养质量，就是要做到培养出来的教育博士具备教育专业人士必须拥有的专业知识和技能，能够胜任教育专业领域的工作，即解决教育领域的实际问题。为达成这一目标，教育博士专业学位教育必须紧密结合教育专业人士的专业实践，具体地讲就是教育博士培养的各个环节都必须是指向专业实践的，专业实践性是教育博士培养质量的保证，同时也是教育博士专业学位教育办出特色的关键。如何在教育博士专业学位教育中体现专业教育的实践性呢？在这方面，美国大学教育学院已经做了如下有益的尝试：（1）课程设置模块化，包括核心课程和选修课程。教育专业工作所需的核心知识和技能被固化为核心课程，所有 Ed. D. 学生都必须学习，相同专业学生的选修课程相同，同专业同级别学生的学习进度也相同，这也有利于促成团队共同学习的方式。（2）学习时间多为周末或假期的在职学习，学习方式基本都采用学习小组这样的团队学习方式，这些都反映了教育专业人士真实的工作环境。（3）基于问题解决的教学方法使学生课堂上所学内容指向实践，训练学生设法解决现实中学校和大学所面临的实际问题，并且解决问题时使用的工具也是实际中会用到的，这样最终产生的结果也是与问题出现的具体环境相关的、有用的，在这种情况下，学生才更有可能将课堂所学的内容转化为现实中所要具备的专业技能。（4）运用新型的毕业环节代替传统的博士论文。对此，美国大学进行了许多积极大胆的探索和创新，新型毕业环节的形式多种多样，例如专题博士论文、项目研究、现场实习、顶峰体验等。尽管针对 Ed. D. 项目的毕业设计所做的改革举措不尽相同，但总的改革趋势类似：毕业环节都注重实际问题的解决，要解决的问题都来自真实的教育环境，突出了专业学位实践性的特点。（5）营造广泛的专业人士团体。要使 Ed. D. 培养切实结合专业实践，最关键的还是要获得在教育实践工作岗位上的专业人士的信息，使那些优秀的专业人士能实际参与 Ed. D. 项目的设计、实施和评价，只有这样才能真正了解并满足教育专业教育的现实需求，实现理论向实际运用的顺利过渡，真正体现专业教育的价值。美国教育学院在 Ed. D. 教育的项目设计、课程讲授、研究问题的确定、毕业设计的实施和评估等培养环节中都非常注重教育专业人士的参与。美国大学教育学院的这些有益尝试可以为我国试点大学借鉴，当然，借鉴之时必须对中美两国不同的教育背景有充分的认识，才能确保这种借鉴是积极而有成效的。一方面，中国高等教育系统无论在教育体制、研究生培养方式还是教育观念上都与美国存在诸多不同。另一方面，美国教育博士学位教育虽经历了近百年的发展，形成了成熟的培养模式，也积累了丰富的培养经验，但也不能无视其发展历程中出现的问题和面临的现实挑战，因此我们对它的借鉴也应该区别对待：对其发展优势和改革创新应当积极采纳；而对其面临的问题和挑战则应当深入分析、尽量避免。

本章小结

本章在前几章分析的基础之上，首先运用布鲁贝克的高等教育哲学观对美国教育博士专业学位教育的发展进行了反思。高等教育的两种哲学观矛盾冲突，交替出现，对美国高等教育产生了深刻的影响。美国教育博士专业学位教育作为专业教育的一种形式，在美国专业教育融入高等教育系统之后，它的发展演变势必也会受到高等教育两种哲学观的深刻影响，对美国教育博士专业学位教育发展脉络的分析，也印证了上述假设：（1）高等教育哲学观对美国教育博士专业学位教育诞生的影响：政治论的哲学观是促成 Ed. D. 教育诞生的根本动因；认识论的哲学观则影响了 Ed. D. 教育的最初定位。（2）高等教育哲学观对美国教育博士专业学位教育发展的影响：在大学内部，代表认识论哲学观的学术力量不断强化，在大学外部，代表政治论哲学观的教育行业专业力量始终处于弱势，以上两种因素的作用是美国 Ed. D. 教育学术培养模式得以维持的主要原因。（3）高等教育哲学观对美国教育博士专业学位教育改革的推动：21 世纪日趋明显的国际化趋势使全球性的竞争变得更为激烈，此时政治论的哲学观对教师教育和教育管理都提出了新的要求，使 Ed. D. 教育的变革势在必行。

对美国教育博士专业学位教育发展的反思，最终还是要获取对我国 Ed. D. 教育建设有益的借鉴和启示，概括地讲有以下三个方面：首先，搞好首批 15 所大学的 Ed. D. 教育试点工作，为我国 Ed. D. 教育的建设起好步、开好局；其次，以全国教育专业学位教育指导委员会制定的 Ed. D. 教育各培养环节的基本要求为基准，力求做到 Ed. D. 教育培养模式的统一性与多样性的结合；最后，质量至上，强化 Ed. D. 教育的专业实践性，打造独具特色的教育类专业教育培养模式。

第九章

结　语

本书运用系统理论和布鲁贝克的高等教育哲学观对美国教育博士专业学位（Ed. D.）教育进行了研究。首先，从历史的角度入手，着重研究了美国教育博士专业学位教育孕育的社会背景，在哈佛教育学院诞生的情况，早期教育博士专业学位教育的特点。接着，对美国教育博士专业学位教育的发展进行研究，着重研究了教育博士专业学位教育在发展中面临的主要问题，对该问题的历史成因以及克服问题的现实障碍进行了分析，并对教育领域的两种博士学位教育进行了比较，对二者的特点、应该存在的差别进行了分析。而且为更深入地理解美国教育博士专业学位教育面临的问题，又将 Ed. D. 教育与医学领域和法律领域的专业教育进行了对比，分析了造成教育类专业教育发展困难重重的内在和外在原因。同时，本书对美国不同大学教育博士培养的不同方式进行了对比研究，归纳出两种教育博士培养模式的特点。最后，对美国教育博士专业学位教育在 21 世纪进行的改革及今后的发展趋势进行了研究，并在反思的基础上，对如何就美国教育博士专业学位教育进行有益的借鉴，以促进我国教育博士专业学位教育的健康发展阐述了笔者的观点。

一　主要结论

教育哲学博士学位是学术性学位，目的是发展学术，生产新知识，重在理论研究；而教育博士学位是专业性学位，目的是应用理论，以解决教育领域的实际问题，偏重的是专业实践。这两种学位教育最关键的差别在于拥有不同的培养目标：教育哲学博士学位培养的是高等教育领域中的理论研究人才，如大学教师、研究人员、政府教育部门或教育专业组织中的政策分析人员等；而教育博士学位培养的是教育领域的实践人才，如学校教师、管理人员，教育行政部门、教育专业组织行政机构、董事会及委员会中从事高级行政管理的专业人士。正是由于培养目标的不同，两种学位教育才会有培养对象、培养方式、培养评价的差异。

哈佛最初设立教育博士专业学位也是想为美国中小学教师和管理人员提供高层次的专业教育，以满足广大教育专业人士的专业需求，同时也提高新成立的哈佛教育学院的学术声誉，扩大哈佛在美国的学术影响。然而，由于当时哈佛大学内部根深蒂固的学术传统，导致当时哈佛校长劳威尔对教育学院施压，于是诞生之初教育博士的培养就被打上了深深的学术烙印，为后来两种博士学位的混淆埋下了伏笔。不久，哥伦比亚大学师范学院也设立了教育博士专业学位教育，与哈佛的教育博士相比，这一学位教育更接近真正意义上的教育类专业教育。随后，许多大学纷纷效仿哈佛和哥伦比亚，相继设立了教育博士学位，并且随着社会需求的持续增加，教育博士学位教育也不断发展壮大。然而，教育博士学位教育面临的问题也逐渐凸显：教育博士的培养究竟应采取何种培养模式？学术取向的，还是专业取向的？对此，哈佛与哥伦比亚各执一端，这令其他大学无所适从，同时也使它们在各种现实需求面前也有了更大的选择余地，于是教育博士的培养在更进一步趋同于传统哲学博士培养的同时，也被赋予了更多的现实诉求，而各大学对于这一现状也无意改变。

从专业教育发展的角度来看待教育博士专业学位教育，或许可以使我们对它面临的问题有更深入的理解。教育、医学、法律这三个领域的专业化发展都经历了基本相同的发展路径：从最初没有专业教育，发展到学徒式专业教育；再从以学徒式专业教育为主，发展到学徒式教育与职业学校教育并存的局面；最后职业学校成为大学的专业学院，专业教育融入高等教育系统，大学成为专业教育最理想、也最主要的场所，而学徒式专业教育则作为专业教育的一种形式继续存在。美国医学和法律的专业教育之所以成功，关键在于二者的专业教育在与大学融合之后，各自的专业博士学位教育都形成了独特的培养模式，都实现了科学研究与专业实践的完美结合，而这种完美结合的前提是科学研究与专业实践二者力量上的平衡。然而，由于教育自身的特点以及外部大环境的影响，最终导致了美国教育类专业教育与大学融合的结果却是科学研究的独大而专业实践的萎缩，致使教育博士专业学位教育被打上深深的学术烙印，始终难以形成自身独特的专业教育模式。

美国当前的教育博士培养基本可划归两种模式，一种为传统的学术型培养模式，这种培养模式基本延续了传统 Ph. D. 的学术培养模式的特点，有明显的研究取向：（1）学位要求与传统哲学博士学位 Ph. D. 的学位要求类似，都是课程学习、综合考试、再加博士论文。（2）培养内容以理论为主，包括两大块，一是课程学习，另一个则是研究训练。（3）培养方式方面，在教学方法上都以课堂讲座形式为主；在学业指导上，基本仍是导师一对一的指导，对实习没有要求或要求很少。另一种培养模式为二元区分型培养模式，该培养模式具有以下特点：（1）高度重视教育博士的培养质量，认为教育博士学位教育应该具备与传统哲学博士学位教育同样的严格程度；（2）严格区分传统教育哲学博士学位教育和教育博士专业学位教育，并致力于建立凸显教育类专业教育特色的学位培养模式；（3）认同教育博士的培养特色应该体现在专业实践上，在设计培养项目时特别关注培养对象的实际专业需求，并将这种关注体现在培养的各个环节，同时在培养过程中非常注重与专业领域的有效合作。

美国大学针对教育博士培养项目进行的改革虽各有特色，但通过比较不难发现它们拥有一些共同点：第一，都明确了 Ed. D. 项目的培养目标；第二，都采用模块化课程设置；第三，培养过程都注重专业实践性的体现，强调专业人士参与和解决实际问题；第四，都采用团队学习形式，重视专业团体的营造和专业文化的培育；第五，都放弃了传统博士论文的撰写，采用新型毕业设计。除此之外，通过分析还可以发现贯穿美国 Ed. D. 教育改革的一条主脉络：如何体现 Ed. D. 教育的专业实践性，突出 Ed. D. 教育的专业特色，以严格区别于 Ph. D. 教育。无论今后还会出现多少新的改革模式，有一点是改革过程中需要始终坚持的，那就是，Ed. D. 专业学位教育办出特色的关键还是如何切实体现专业实践性。

高等教育认识论和政治论的哲学观对美国的高等教育系统和专业教育都产生了深刻的影响，美国教育博士专业学位教育作为美国大学提供的一种专业教育，它的发展演变也受到了高等教育认识论和政治论哲学观的深刻影响：（1）高等教育哲学观对 Ed. D. 教育诞生的影响：政治论的哲学观是促成 Ed. D. 教育诞生的根本动因；认识论的哲学观则影响了 Ed. D. 教育的最初定位，使其培养模式被打上了深深的学术烙印。（2）高等教育哲学观对 Ed. D. 教育发展的影响：在大学内部，代表认识论哲学观的学术力量不断强化；在大学外部，代表政治论哲学观的教育行业专业力量始终处于弱势，这两种因素的作用是美国 Ed. D. 教育学术培养模式得以维持的主要原因。(3) 高等教育哲学观对 Ed. D. 教育改革的推动：21 世纪日趋明显的国际化趋势使全球性的竞争变得更为激烈，政治论的哲学观对教师教育和教育管理都提出了新的要求，Ed. D. 教育的变革势在必行。

二 创新之处

在研究视阈方面，本书扩大了研究视阈，把美国的教育博士专业学位教育放到美国高等教育发展和美国专业学位教育发展的视阈中进行考察，呈现了其更完整的专业教育发展路径，丰富了美国专业学位教育的研究视阈。

在研究思路方面，本书通过双重理论架构来分析美国教育博士专业学位教育。研究整体上运用系统理论分别从宏观和微观的角度分析了美国教育博士培养模式的诞生、发展和变革。在此基础之上，再引入布鲁贝克的高等教育哲学观，对美国教育博士培养这一系统工程与该系统所处环境的相互作用和影响进行了分析，这样能够更深入、清晰地挖掘美国教育博士培养模式的形成脉络、存在问题的根源以及变革趋势的动因。

在研究内容方面，本书多层次、多维度地分析了美国教育博士专业学位教育。首先，从美国博士生教育的类型入手，对学术型和专业型教育类博士生的培养进行了对比研究。再以美国专业教育为切入点，引入具有典型代表意义的法律和医学的专业教育，与教育类专业教育进行比较分析。然后在研究美国教育博士专业学位教育从产生、发展、面临挑战到改革创新的基础上，抽取有代表性的美国大学，考察研究其教育学院的教育博士培养项目的培养环节，分析其发展现状和改革趋势，并深入分析引发这些改革的原因。最后，通过对比中美教育背景的异同，并结合我国的专业学位教育的发展情况，对我国教育博士专业学位教育如何借鉴美国的培养经验、汲取培养中的教训提出了建议。

三 主要不足

首先，在研究范围上存在不足。本书对美国教育博士专业学位教育进行研究，由于美国可以授予教育博士学位的大学有两百多所，且每所大学授予的教育博士专业学位的专业方向也各不相同，要在本书中覆盖全部大学的所有教育博士培养项目是不现实的，因此本书在研究中只选取了部分具有典型意义的大学，对其有代表性的教育博士培养项目进行了分析，并从中概括出美国教育博士培养的特点、问题和改革趋势。因此，研究范围受到了限制，对研究结论也可能产生一定的影响。

其次，在研究资料的收集上也存在不足。本书在研究中特别注重新资料的发掘与使用，例如，在分析美国教育博士学位教育的发展历程时，除收集有关的学术期刊著作外，还广泛查阅相关大学的档案和校志等资料。另外，在对选取大学的教育博士培养模式进行研究时，获取研究资料的途径也不尽一致，是以下获取途径的不同组合：查阅学术著作、期刊、学位论文、档案资料、招生资讯、学生手册、网页信息、访谈信息、旁听信息。尽管新资料的发掘与使用拓展了本研究所用文献的广度和深度，然而，研究资料收集上的这些差异也可能会对论文的研究结论产生影响。

再次，在研究方法上，主要是采用定性的研究方法，缺乏量化的分析和探讨，这是本书的另一不足之处。然而就研究本身而言，如果在定性研究的基础之上，配以适当的量化分析，将使研究结论更直观，更具说服力。

期望以上的创新和不足之处，能给对这一课题感兴趣的研究者今后的后续研究提供参考和帮助。

附　　录

附录一　对美国大学 Ed. D. 项目负责人的访谈问题

一　针对项目具体内容的问题

1. 招生条件

－培养目标是什么？招生对象是什么？招生步骤有哪些？

－入学条件包含哪些内容？各项条件的权重？有硕士学位和工作经历要求吗？

－谁负责招生工作？

2. 项目设计

－项目设计的理论基础？研究取向还是实践取向？如何体现？

－谁负责项目设计？有哪些人员参与项目设计？项目设计听取学生意见吗？

3. 培养内容

－学位要求是什么？依据？

－学生是全日制攻读还是在职攻读？

－核心课程内容的选择依据是什么？核心课程与选修课程的比重？选修课程如何确定？不同专业方向学生课程选择的差别？

－对学生有实习要求吗？理由？

－毕业设计采取何种形式？为何采取这种形式？

4. 讲授方法

－采用哪些教学法？有 Ed. D. 的特色教学法吗？认定其为特色教学法的依据？

－教学法是由谁确定的？有参考学生意见吗？

5. 对学生学习成效的评估

－如何知道学生达到了培养目标？怎样评估？评估依据？

－谁负责对学生学习成效进行评估

6. 教学评估

－有教学评估吗？如何评估？

－谁负责评估？如何处理评估结果？

7. 师资配备

－谁负责聘请教师？

－教师的职称比例？专职教师与兼职的比例？

－有来自其他学院/其他大学的教师担任课程讲授吗？有专业人士担任课程讲授吗？

8. 项目管理

－培养项目是如何组织管理的？谁负责管理？

二　针对教育博士学位教育和教育哲学博士学位教育的问题

1. 两者学位教育应该有差别吗？如果应该有，该有哪些差别？

2. 对两者学位教育并存的看法？二者取其一还是两者并存？

3. 目前两种学位并存的现状会发生改变吗？如果会，将如何变化？

三　针对教育博士学位教育改革的问题

1. 教育博士学位教育改革的动因是什么？

2. 预期教育博士学位教育改革的成效如何？

3. 当前的改革趋势会持续下去吗？

附录二　国务院学位委员会关于下达《教育博士专业学位设置方案》的通知①

学位〔2009〕8号

各省、自治区、直辖市学位委员会、教育厅（教委），新疆生产建设兵团教育局，有关部门（单位）教育司（局），中国人民解放军学位委员会，教育部直属高等学校：

国务院学位委员会第26次会议审议通过了《教育博士专业学位设置方案》，决定在我国设置和试办教育博士专业学位，现将《教育博士专业学位设置方案》及其说明印发给你们。

有关试点工作的具体事项另行通知。

附件一：教育博士专业学位设置方案
附件二：关于《教育博士专业学位设置方案》的说明

国务院学位委员会

二〇〇九年二月二十日

抄送：教育部

附件一：

教育博士专业学位设置方案

（2008年12月30日国务院学位委员会第26次会议审议通过）

一、为深入贯彻落实科学发展观，适应我国经济社会和教育事业发展需要，实现建设人力资源强国和创新型国家的战略目标，进一步调整和优化教育学科类型、结构和层次，培养教育实践领域高层次专门人才，设置教育博士专业学位。

---

① 《关于下达〈教育博士专业学位设置方案〉的通知》，http://www.doc88.com/p-4901187877395.html，2012-6-23。

二、教育博士专业学位的英文名称为"Doctor of Education"，英文缩写为 Ed. D. 。

三、教育博士专业学位教育的培养目标是造就教育、教学和教育管理领域的复合型、职业型的高级专门人才。

四、教育博士专业学位获得者应具有良好的人文科学素养、扎实宽广的教育专业知识，能够创造性地运用科学方法研究和解决教育实践中的复杂问题，胜任教育教学和教育管理等领域的高层次实际工作。

五、教育博士专业学位招收对象是具有硕士学位、有 5 年以上教育及相关领域全职工作经历、具有相当成就的中小学教师和各级各类学校管理人员。

六、教育博士专业学位课程体系应符合教育发展对专业化管理者和决策者、专家型教师及教育家培养的总体要求，课程内容要反映当代教育理论与实践的前沿水平；课程结构应体现综合性、专业性和实用性；课程学习采用模块课程和学分制；课程教学要重视运用团队学习、专题研讨、现场研究、案例分析及教育调查等方法。

七、教育博士专业学位论文选题应来源于教育、教学和教育管理实践中具有重要现实意义和应用价值的关键问题，学位论文应具有较高的难度和创新性，反映学位申请人综合运用理论和科学方法探索与解决教育实践问题的能力。

八、教育博士专业学位研究生的培养实行导师负责制，导师小组集体指导。教育博士专业学位论文评阅人和答辩委员会成员中，应包括相关实践领域具有高级专业技术职务的专家。

九、教育博士专业学位由具有教育学科博士学位授予权并经国务院学位委员会办公室批准的高等学校授予。

十、教育博士专业学位证书由国务院学位委员会办公室统一印制。

附件二：

关于《教育博士专业学位设置方案》的说明

党的十七大提出，要优先发展教育，建设人力资源强国，到 2020 年，现代国民教育体系更加完善，终身教育体系基本形成，全民受教育程度和创新人才培养水平明显提高。为实现这个目标，必须不断提高我国教育的现代化水平。中小学教育教学和各级各类学校管理等教育实际工作领域的从业人员，对全面贯彻党的教育方针，坚持育人为本、德育为先，实施素质教育，提高教育现代化水平，培养德智体美全面发展的社会主义建设者和接班人，办好人民满意的教育，肩负着重要的责任。设置教育博士专业学位，培养和造就教育战线从事中小学教育教学和各级各类学校教育管理工作的高层次、职业化的专门人才，是适应国家经济社会和教育事业发展需要的重要举措。

根据国务院学位委员会《专业学位设置审批暂行办法》和国务院学位委员会、教育部《关于加强和改进专业学位教育工作的若干意见》，借鉴国外的有益经验，设置教育博士专业学位。

一　设置教育博士专业学位的必要性

（一）教育博士专业学位不同于教育学博士，具有鲜明的实践特性和职业导向

作为一种学术性学位，教育学博士学位要求学生进行原创性研究，为人类知识创新做出贡献，毕业生大都选择高校和教育科研机构从事专业教学科研工作；作为一种专业学位，教育博士专业学位则主要面向中小学优秀教师和各级各类学校管理人员，要求学生综合掌握各种知识和方法，创造性地解决教育实践领域中的关键问题。

从培养目标看，教育学博士注重培养"专业的研究人员"，主要为高校和教育科研机构培养师资和科研人员，"学术性"是它的基本价值取向。教育博士专业学位则旨在培养"研究型的专业人员"，其目的是通过博士阶段的专业训练，使已取得较丰富实践经验和一定成就的中小学优秀教师和各级各类学校管理人员掌握相应的专业理论知识，发展从事教育教学或教育管理的专业能力，深化对教育专业特性的理解，养成通过科学研究解决教育实际问题的意识和方法，"实践性"是其基本价值取向。

从培养对象看，教育学博士学位教育一般不强调培养对象必须具有一定的实际工作经验，而教育博士专业学位教育则要求学员必须具有较为丰富的实践经验和优良的工作业绩。

从课程设置看，教育学博士学位的课程更为注重基本理论的专题研讨和文献研究，教育博士专业学位的课程则要求更强的结构性和规定性，要求学习更多的课程，课程结构要求体现综合性、广泛性和实践性。

从教学方式看，教育学博士学位更为注重个人研究和师生之间的交

流，教育博士专业学位教育则重视采用团队学习以及各种探究式教学方式（例如，专题研讨、现场研究、案例分析及社会调查等），以促进学员的经验共享与合作反思。

从论文要求看，教育学博士学位论文通常要求具有原创性，对人类知识体系做出新的贡献，注重研究的理论意义。教育博士专业学位论文则要求以教育实践中的关键问题为中心，强调运用所学理论和方法分析问题、解决问题，注重研究的实践意义，并通过实践探索创生知识。

（二）设置教育博士专业学位，是教育事业贯彻落实科学发展观、主动适应经济社会发展的客观需要

学习实践科学发展观，要求教育事业积极适应经济社会发展的客观需要，不断改革教育的体制和机制，大力推进人才培养模式的创新。伴随着我国经济社会的快速发展，经济结构、产业结构和职业结构不断调整优化，劳动力市场的需求日益多样化，要求在人才培养的层次、类型和规格等方面进行相应的改革。工作在教育战线一线的广大中小学教师和各级各类学校的管理干部，是支撑我国教育事业发展的基本力量，他们对教育规律的认识程度，把握教育政策的水平，教育教学与管理的能力，直接影响着我国教育现代化事业的进程。党的十七大把建设人力资源强国和创新型国家作为重要的战略目标，要求"注重培养一线的创新人才"。教育博士专业学位以培养和造就教育战线实际从事教育教学和管理工作的高级职业型人才为目标，充分适应了经济社会和教育事业发展对一线创新人才的需要。

教育博士同教育硕士一样，都是培养面向教育实践工作一线的高水平专业人员，但二者培养的水平层次明显不同。教育硕士培养是为了让教育实践一线的工作人员具备研究意识和初步的研究技能，教育博士则是重点培养他们的研究素养和专业能力，包括良好的反思意识、系统规范的研究方法及运用理论解决实际问题的能力，等等。因此，从某种意义上说，教育博士是教育硕士的延伸与提升。

（三）设置教育博士专业学位，是推进教师教育创新和教育管理者职业持续发展的需要

随着我国教育事业的发展，广大人民群众对优质教育的需求不断增长。在构成优质教育的所有要素中，高素质、专业化的教师和教育管理人员是核心要素。如何不断提高在职教师和教育管理人员的综合素质，提高

其运用科学理论和方法解决、探索实际工作中复杂问题的能力，是不断优化和拓展教育资源、提高教育质量和效能的关键。设置教育博士专业学位，将为大批在教育实践中已经积累了丰富经验和取得一定成就的中小学优秀教师和各级各类学校管理人员提供高水平的职业发展平台，使其通过更高层次的系统训练，开阔视野、丰富思想，不断提高教育教学和管理工作的成效，为办好人民满意的教育做出更大贡献。

我国是教育大国，教育人口为 3.35 亿，占总人口的 25.6%。全国现有 63 万多所各级各类学校，有 1600 多万教师和教育管理人员，100 多万中小学校长和数以万计的中小学特级教师以及大批高校管理干部。进一步提高广大教师和教育管理干部的素质，是今后一个历史时期我国教育改革与发展所面临的最为关键的问题。

温家宝总理指出，中国需要建设一支规模宏大、素质优良的教师队伍，造就一大批教育家。多年来，我国教育战线的教师和管理人员大多是在教育教学实践和基层工作中成长起来的。这种基于"做中学"和经验活动获得发展的方式，尽管曾经造就了一些优秀教师和管理者，但无法满足在日益复杂和多元的社会环境中造就大批教育家的要求。设置教育博士专业学位，将创新优秀教师和教育管理者职业持续发展的模式，为教育战线造就规模宏大的高层次的、具有实践研究和实践反思能力的名师和优秀教育管理者，并从中产生一大批人民教育家。

（四）设置教育博士专业学位，是深化学位与研究生教育改革的需要

我国已经成为世界研究生教育大国。如何在数量增长的同时，保证研究生教育的质量，使我国从研究生教育大国向研究生教育强国转变，是我国学位与研究生教育当前面临的首要任务。调整研究生教育的结构，丰富研究生教育的类型，改变长期形成的单一的学术型人才培养模式，满足经济社会发展对人才的多样化需求，是实现这种战略转变的重要策略。教育博士专业学位的设置，不仅有利于进一步提高现行教育学博士学位教育质量，也将进一步丰富和完善我国学位制度，促进我国学位与研究生教育事业又好又快地发展。

长期以来，教育学博士学位获得者大都在高等院校和教育科研机构，从事教育学科的教学和科研工作。由于现有学位类型的单一性，教育实际工作领域所需的各种类型的高级职业人才难以受到更高层次的教育和训练。近年来，北京大学、北京师范大学和华中科技大学等高校尝试在现行

教育学博士学位体系下开展高级教育职业人才的培养，取得了良好的效果。但因规模和培养机制的局限，难以满足教育事业发展的广泛需要。教育博士专业学位的设置，不仅填补了我国学位体系的空白，也将使教育领域学术型人才和高级职业型人才的培养各得其所，各司其职，不断提高学位与研究生教育的质量，更好地适应教育事业发展对不同类型高端人才的需要。

二　设置教育博士专业学位的可行性

在我国设置教育博士专业学位不仅有着广泛的需求，具有重大的战略意义，而且也具备了实施的可行性。

（一）丰富的培养经验

从 1978 年至今，教育学硕士和教育学博士的培养已有 20 余年的历史，先后培养了数万名教育学硕士和教育学博士，为高等院校和教育科研机构输送了大批高素质的学术型人才，为我国教育科学事业的发展做出了重要贡献。

自 1996 年国务院学位委员会审议通过了《关于设置和试办教育硕士专业学位的报告》以来，教育硕士专业学位教育经历了十多年的发展，现已成为规模较大的专业学位类型之一。教育硕士专业学位教育累计招收 7 万多名学员，并有 4 万余人获得学位，其中涌现出了大批特级教师、学科带头人和中小学校长、地方教育行政部门负责人，为我国基础教育的改革和发展做出了重要贡献。

经过多年的努力，我国高校不仅形成了具有中国特色的教育领域学术型人才培养的体制和机制，而且积累了丰富的培养职业型人才的经验。多年来，承担教育硕士培养工作的高校不断进取，积极探索职业型人才培养的客观规律，创新人才培养模式，改革教育教学内容，建立实验实践基地，已初步具备职业型人才培养所需的各种基础条件，为进一步提升教育职业型人才培养规格和开展教育博士专业学位教育，提供了多方面充分的保障。

从 2000 年以来，北京大学、北京师范大学、华中科技大学等国内知名高校先后通过各种方式，探索在现行学位制度范围内为教育战线培养研究型和专家型的教育管理人才的机制和模式。经过数年努力，先后为高等院校和中小学培养了数十位高素质、研究型的管理人员。在实践过程中，这些院校通过制定和修订培养计划、革新课程内容、改革教学方式、加强实践研究和实践反思环节、吸收相关领域的专家合作指导等改革举措，成功地探索出了一整套完整的培养研究型职业人才的成功经验。

在探索高层次职业人才培养模式的过程中，上述院校先后与哥伦比亚大学、宾夕法尼亚大学、香港大学等境外著名高校开展合作，吸收境外优质教育资源共同参与整个培养过程（包括招生对象的确定、报考条件的规定、入学考试科目和内容的设计、课程计划的制定、论文标准的研制等）。在这个过程中，这些国内知名高校直接学习到了境外相对成熟的教育博士专业学位教育经验，为开展教育博士专业学位教育的国际交流与合作奠定了良好的基础。

此外，我国已经开设的兽医、临床医学和口腔医学等领域的博士专业学位教育取得的成功经验，也为开设教育博士专业学位提供了有益的借鉴。

（二）良好的培养条件

经过 20 多年的学科基础建设和教师队伍建设，我国高等院校已经形成了良好的教育博士专业学位教育的条件和基础。

第一，随着我国学位与研究生教育事业的发展，近年来，高等院校教师获得博士学位的比例显著提高，教师的学位结构不断改善；与此同时，随着高等教育国际化进程的加速，高校教师的国际化程度不断提高，为开办教育博士专业学位教育提供了良好的师资。

第二，随着我国教育改革的推进和教育科学事业的发展，高校教育学科的建设和发展呈现出显著的变化。关注教育现实问题、强调与教育实践的结合、重视理论与实际的联系、注重科学方法的创新，已经成为教育学科建设的主要趋势，为教育博士专业学位教育提供了有效的知识基础。

第三，近年来，高校教育学科非常重视实验、实践和实习基地的建设和发展。在教育硕士专业学位教育的实践中，许多高校与教育行政部门、中小学共建了较为完整和系统的实验和实践基地，为教育博士专业学位教育提供了丰富的"知识实验"的基础。

同时，高等院校在各种硬件和软件建设（包括图书资料、信息网络系统、教学资源等）上所取得的巨大成绩，也为开设教育博士专业学位教育提供了必要的支撑条件。

（三）充分的生源保证

教育博士专业学位主要面向教育战线具有丰富实践经验和取得一定成

就的中小学优秀教师和各级各类学校管理人员。

在全国教育战线工作的广大教师和教育管理干部中，有数以万计已经获得硕士学位的特级教师、师德标兵、优秀教师和学科带头人以及在学校管理岗位上做出突出成绩的教育管理干部。根据教育部师范教育司统计，全国高中教师中已经获得硕士学位的比例为 1.5% 以上。因此，包括中小学优秀教师、优秀管理干部及各类高校教育管理干部，以及教育战线每年新增的教师和教育管理干部，具备攻读教育博士专业学位基本条件的生源非常充足。

（四）国际经验的借鉴

从 1921 年哈佛大学开始设置教育博士专业学位以来，教育博士专业学位教育先后在美国、澳大利亚、英国、爱尔兰等发达国家和我国香港地区开设。经过多年的探索，教育博士专业学位教育已经积累了丰富的经验，形成了较为成熟的办学模式，为我国有效吸取和借鉴境外的先进经验提供了有利的条件。

三　开展教育博士专业学位教育试点工作思路

（一）教育博士专业学位的设置，是我国学位与研究生教育发展中的一件大事。因此，必须系统构建教育博士专业学位的一系列教育标准，在科学研究的基础上设计培养过程和课程体系以及严格的质量评价和监控机制。

（二）开展教育博士专业学位教育的培养院校，必须具备很好的教育基础、培养条件、师资力量，必须具有很强的教学能力和管理能力；要严格控制培养院校数量，严格控制培养院校招生规模。

（三）要树立品牌意识，把教育博士作为从事教育教学实践和教育管理工作高层次、应用型，具有专业领导力的高级职业型专门人才的新型培养模式，严格标准，加强管理，高质量完成培养目标。

（四）为便于工作，拟将全国教育硕士专业学位教育指导委员会改组为全国教育专业学位教育指导委员会，统一指导、协调全国教育专业学位教育工作，监督教育专业学位教育质量。

附录三：哈佛 Ed. L. D. 项目的实习合作单位

Achieve, Inc.

Achievement First

Aspire Public Schools

Atlanta Public Schools

Baltimore City Public Schools

Boston Public Schools

Building Educated Leaders for Life（BELL）

Charlotte-Mecklenburg（N. C.）Public Schools

Chicago Public Schools

Citizen Schools

District of Columbia Public Schools

The Education Trust

Green Dot Public Schools

Jobs for the Future

Knowledge is Power Program（KIPP）

Long Beach Unified School District

Massachusetts Department of Elementary and Secondary Education

Montgomery County Public Schools, Rockville Maryland

Natinal Center on Education and the Economy

New leaders for New Schools

New Schools Venture Fund

The New Teacher Project

New Visions for Public Schools

New York City Department of Education

New York State Department of Education

The School District of Philadelphia

Pittsburg Public Schools

Portland（Ore.）Public Schools

The Posse Foundation

Public Education Network

Richmond Public Schools

SchoolNet, Inc.

The Steppingstone Foundation

Teach For America

Uncommon Schools

Year up

附录四：哈佛 Ed. L. D. 项目的选修课程

教育学院的选修课

1. 非营利组织的财政资源管理（4 学分）

课程简介：该课程对非营利性组织，如学校、大学、政府机构及其他非营利性组织的财政管理过程和问题做一般性介绍。

教学内容包括：财务会计；预算和资源分配；成本控制和裁员；发展战略和战略规划。

教学形式包括：讲座；讨论；案例分析；练习；课外阅读。

学习评价包括：到课率，书面案例分析，期末考试。

课程总体目标：让学生熟悉非营利性组织中财政管理与控制的原则和技术，把他们培养成财务信息管理者或使用者，而不是预算人员或会计。

课程具体要求：

－学生熟悉非营利性组织财务信息是如何测量、记录、整理、上报。

－学生理解如何运用这些财务报告分析非营利性组织的财务状况和组织效率与效益。

－学生了解非营利性组织预算与资源分配的目的和技术。

－重点掌握如何运用管理控制系统产生的信息辅助人事和项目决策，以及辅助形成资源约束或缩减的措施。

－增进学生对非营利性组织不同战略规划方式的理解。

2. 缩小种族间成绩差异的战略和政策（4 学分）

课程简介：该课程研究公共政策和私立部门决定对 10—25 岁年轻人成绩差距和其他成长差距的影响。种族差距是课程关注的主要内容，但不是唯一内容。

教学内容：

－讨论社会科学研究中关于年轻人发展决定因素的基本观念。

－回顾对年轻人成绩差距和成长差距干预方式的运用和成效的重要研究。

－讨论同时运用公共政策和政府外部（学校、社区、和家庭）社会变革与交流策略（教师的影响，父母的影响，同龄人的影响）促进成绩差距和成长差距缩小的必要性。

3. 教师工会与学校改善（4 学分）

课程简介：教师工会有时能促进学校改革，但有时又会刻意阻碍学校改革。该课程主要研究集体谈判和教师工会在公立学校教育中的作用。

教学内容：从历史的角度探索美国教师工会的发展和影响力，以及从现实的角度分析教师工会及其谈判合同如何促进或阻碍学校改革。课程重点介绍美国的情况，但也会与来自其他国家的例子进行比较。

教学形式：讲座，案例研究，模拟，特邀嘉宾讲座。

学习评价：每周阅读内容（文章、研究报告、案例、集体谈判协议、法庭案例、仲裁协议等）；完成两篇文章；完成一项实地研究项目。

学习对象：准备今后从事校长、教师领导人、政策制定者的学生。

商学院的选修课

1. 教育改革中的创业精神（3 学分）

学习对象：该课程是工商管理硕士二年级学生的选修课；

对创造力、领导力感兴趣的其他专业学生；

赞同借助教育企业提高美国 K-12 学生学习成绩的人。

课程设计：该课程的设计围绕以下几个问题：

－为何在公立教育系统中存在创业机会？

－这些创业机会出现在公立教育系统的哪些领域？为什么？

－在这些创业领域中，企业家会面临哪些机会和限制？

－如何评估公立教育系统中教育企业的有效性？

课程内容：要回答上述问题，学生需要学习以下内容：

－研究当前教育系统的复杂性；

－研究企业化组织解决城市教育的效能问题时都采取了什么策略；

－研究传统公立学校和新式公立学校领导人和经理在对系统变革施加影响的过程中出现的企业家行为。

该课程的授课教师约翰·迪姆认为，以下这些人会发现这门课程对他们很有帮助：计划创立教育企业的企业家，对现有的营利或非营利教育组织的工作感兴趣的企业经理，打算在公立教育系统担任领导和经理的人，期望更好地理解公立教育系统以便在工作中更好地发挥自己作用的私立部门成员，如学校董事会成员等。

2. 权力和影响力（4 学分）

课程简介：这门课程由两部分组成，两位教师共同授课（助理教授卡蒂和副教授贝特兰娜）。该课程通过提供概念模式、战术方法、自我测评工具帮助学生理解身边的政治动态并建立自己的影响力风格。通过关注权力和影响力的特殊表现形式，观察其在不同环境中和不同职业阶段的有效运用与无效运用。另外该课程还将讨论道德方面的复杂问题。

课程目标：

－建立概念性框架以便理解权力从哪里来，并识别政治冲突的主要来源。

－训练诊断技能，使学生能够勾画出政治格局，理解他人的观点，并预测其行动。

－测评学生自己的权力基础和影响力风格。

－学生试着建立自己的影响力战术目录，便于在各种环境和情况下有效运用。

－学生建立自己的战略，使自己的权力和影响力的发展和运用符合道德规范和责任的要求。

课程内容：

探讨权力的性质及对人际关系的影响，以及权力的来源；

－人际间权力和影响力：如何影响他人。

探讨如何运用个人、职位、人际关系的权力基础，通过影响力战术，以适合个人和情景的需要；

－组织中的权力和影响力：如何指引组织政治。

探讨组织中权力和影响力的表现形式；在组织中成功完成某项工作的关键是理解组织成员间的相互作用模式，并确认他们的相对权力；重点在于学会观察和识别组织中的组织格局；

－社会中的权力和影响力：如何面对改变周围环境的挑战。

探讨社会背景下的权力，比如社会中的哪些成员拥有权力，他们是如何获取权力的，个人能够影响大的系统中的权力分布吗，如何运用权力会产生有益或有害的后果，等等。对这些问题的思考对于想改变世界的人来说至关重要。

教学形式：传统案例研究，历史人物传记的案例研究，练习/模拟，看电源，邀请名人到访。

要求或推荐一些阅读内容作为对案例资料的补充。

学习评价：没有考试，要求学生写一篇文章，并提供学生自我测试的工具。

3. 战略领导心理学（3 学分）

课程简介：这门课程是关于战略领导的心理学方面的知识。其前提是，通过了解人类的思维，战略领导才能够选择更卓越的战略并可以更好地执行。例如战略家常常拒绝摒弃过时的策略，于是给自己的公司带来了严重后果。他们拒绝的根本原因在于，人的内心往往回避那些与自己根深蒂固的信念相违背的证据。在理解了这种拒绝背后的认知和情感过程，以及如何克服它们之后，战略领导者们便可以避免类似的错误。这说明，合理管理自己和他人的心理活动对于战略领导者来说是至关重要的。然而，并不存在一套标准的管理这些心理活动的工具包。这门课程就是借助目前认知科学、神经生物学和社会科学取得的发展，使学生意识到心理活动对战略领导工作的重要意义，帮助他们把这种意识带到实践中去。

教学方法：该课程主要采用体验式的学习方式。采用这种学习方式的理论基础是，理解和改进我们的思想是非常困难的，除非我们亲自感受过我们的偏见、僵化、情绪和其他的心理倾向带来的后果。另外该课程还会采用传统的案例法和课堂讨论作为辅助的教学方法。

课程内容：课程分为三个部分，第一部分介绍本课程的主要理念和方法；第二部分学生在教师的指导下完成一系列项目，这些项目的内容是将第一部分课程中汲取的感悟应用到具体情况中去；第三部分的重点是总结从项目中获得的经验和教训。

学习评价：课程结束后没有考试，学生成绩的 70% 是平时的上课情况，30% 是项目完成情况。

学习对象：期望为公司或工作单位做整体战略规划的学生；希望做管理咨询工作的学生，或到私人股权投资公司工作的学生；也适合 MBA 专业的学生。

肯尼迪学院的选修课

1. 发挥领导作用——变革中的政治学（1 学分）

课程简介：社会和组织都面临要适应不断变化着的世界的挑战，在这些社会机构和组织中，如何将领导理论应用于实践是本课程关注的重点，通过澄清以下关键概念之间的关系（领导、管理、权威、权力、影响力、追随者、公民）该课程为这一领域的实践提供了一个实用的、连贯的、明确的理论把握。

学习内容：

–为分析社会系统中的复杂改变提供诊断性工具；

–探讨行动战略，包括：动员参与、创新、协调多方冲突、调节不平衡以及获取权威、在管理和谈判中运用权威。

学习目标：通过学习这些理论框架和工具，学生可以找到适合某一社会组织中任何岗位的领导策略。

教学形式：除了运用讲座、讨论、小组协作的教学形式，还利用课堂中学生的领导实例、体验式练习、案例讲解等教学过程，来理解社会系统的动力学。

学习评价：多篇书面分析，一篇文章。

2. 效能领先——提高公共和非营利性组织的效能（1学分）

课程简介：假设你是一所公共或非营利性组织的领导，你的工作就是提高这一组织的效能（Your job is to produce results.），那么应该提高哪些效能呢？怎样提高呢？本课程探讨的是如何显著提高组织的绩效（performance）。

课程内容：研究绩效领导面临的五个挑战：

–选择并提高效能：公共管理人员如何确定组织需要提高哪些效能？采取何种有效战略？

–抓住和创造机会：公共管理人员如何识别和塑造活动和态度以提高绩效？

–效能测量：公共管理人员如何测量组织的绩效，并运用测量结果改善组织效能？

–激励组织成员和团队：公共管理人员如何激励从官僚机构到合作性机构的各种组织机构中的成员创造性地追求公共目的？

–善用成功：公共管理人员如何在最初取得的成功基础上，营造带来更大成功的环境？

3. 管理——人力、权力和变革（1学分）

课程简介：实现平等、包容和问责制的民主承诺，需要"组织起来的"公民有效地表达和维护其利益。政治资源的不平等意味着那些没有组织起来的民众在政治上只能保持沉默。在该课程的学习中，学生将学会从组织的角度看待社会、经济和政治问题，以及如何采取行动解决这些问题。

　　课程内容：课程主要进行以下五个方面的训练：

　　–如何将价值观转化为积极的行动；

　　–如何建立关系；

　　–如何构建一个协作团队的领导；

　　–如何实施战略管理；

　　–如何将承诺转化为行动。

参考文献

一　中文文献

（一）著作类

[1]［英］阿什比：《科技发达时代的大学教育》，人民教育出版社1983年版。

[2]［美］贝塔朗菲：《一般系统论：基础·发展·应用》，林康义等译，清华大学出版社1987年版。

[3]［美］伯顿·克拉克：《高等教育新论》，王承绪等译，浙江教育出版社1987年版。

[4]［美］伯顿·R.克拉克：《高等教育系统——学术组织的跨国研究》，王承绪等译，杭州大学出版社1994年版。

[5] 陈平原：《大学何为》，北京大学出版社2006年版。

[6] 陈学飞等：《西方怎样培养博士——法、英、德、美的模式与经验》，教育科学出版社2002年版。

[7] 陈学飞：《美国高等教育发展史》，四川大学出版社1989年版。

[8] 陈永明：《教师教育研究》，华东师范大学出版社2003年版。

[9]［美］卡尔·雅斯贝尔斯：《大学之理念》，邱立波译，上海世纪出版集团2007年版。

[10]［德］弗里德里希·包尔生：《德国大学与大学学习》，张弛等译，人民教育出版社2009年版。

[11] 贺国庆等：《外国高等教育史》，人民教育出版社2006年版。

[12] 何伦志：《系统科学概论》，新疆大学出版社1988年版。

[13] 联合国教科文组织国际教育发展委员会：《学会生存——教育世界的今天和明天》，华东师范大学比较教育研究所译，教育科学出版社1996年版。

[14] 刘放桐：《现代西方哲学》，人民出版社1990年版。

[15] 钱学森：《系统工程的科学方法与哲学问题》，清华大学出版社1984年版。

[16] 薛天祥：《高等教育管理学》，华东师范大学出版社1997年版。

［17］［美］约翰·S. 布鲁贝克：《高等教育哲学》，王承绪等译，浙江教育出版社 2002 年版。

［18］张楚廷：《教育哲学》，教育科学出版社 2006 年版。

［19］张维迎：《大学的逻辑》，北京大学出版社 2005 年版。

［20］赵文华：《高等教育系统论》，广西师范大学出版社 2001 年版。

［21］中国社会科学院语言研究所词典编辑室：《现代汉语词典》，商务印书馆 2012 年版。

［22］Hechinger, F. M. & Hechinger, G.：《美国教育的演进》，汤新楣译，美国大使馆文化处 1984 年版。

（二）学术论文类

［1］别敦荣、陶学文：《我国专业学位研究生教育质量保障体系的反思与创新》，《高等教育研究》2009 年第 3 期。

［2］陈谷纲、陈秀美：《专业学位研究生教育的质量观学》，《学位与研究生教育》2006 年第 7 期。

［3］陈粤秀、Ellen Goldring, Catherine Loss：《美国教育博士学位的背景与发展》，《复旦教育论坛》2009 年第 3 期。

［4］陈庆华、沈跃进：《美国研究生教育的历史研究》，《学位与研究生教育》1993 年第 2 期。

［5］邓涛、孔凡琴：《美国教育博士（Ed. D.）专业学位教育的问题与改革论争》，《比较教育研究》2009 年第 4 期。

［6］邓光平：《我国专业学位设置政策的主要问题与对策建议》，《学位与研究生教育》2007 年第 10 期。

［7］邓光平：《国外专业博士学位的历史发展及启示》，《比较教育研究》2004 年第 10 期。

［8］邓涛：《国外教育专业博士教育的成效与问题》，《学位与研究生教育》2009 年第 8 期。

［9］顾建民、王沛民：《美国工程博士及其培养的研究》，《上海高教研究》1993 年第 4 期。

［10］顾建民、王霁云：《创建新型毕业环节——美国教育博士学位论文革新的个案分析》，《高等工程教育研究》2012 年第 2 期。

［11］顾明远：《以科学发展观为指导稳步推进教育硕士专业学位试点工作》，《学位与研究生教育》2006 年第 5 期。

［12］韩映雄：《我国专业学位研究生教育发展规划与改革》，《现代教育管理》2010 年第 3 期。

［13］洪成文：《英国开设新型教育博士学位》，《学位与研究生教育》1997 年第

2 期。

　　[14] 黄宝印：《我国专业学位教育发展的回顾与思考（上）》，《学位与研究生教育》2007 年第 6 期。

　　[15] 胡紫玲、沈振锋：《从〈莫雷尔法案〉到〈史密斯—利弗法案〉——美国高等农业教育的发展路径、成功经验及其启示》，《高等农业教育》2007 年第 9 期。

　　[16] 黎学平：《英国专业博士学位的形成、初步发展及主要特点》，《比较教育研究》2004 年第 10 期。

　　[17] 刘献君等：《加强院校研究：高等学校改革和发展的必然要求》，《高等教育研究》2002 年第 2 期。

　　[18] 骆四铭：《我国专业学位教育发展的必然与局限》，《理工高教研究》2002 年第 6 期。

　　[19] 马健生、滕珺：《关于教育博士（Ed. D.）培养方案的构想》，《教师教育研究》2007 年第 11 期。

　　[20] 马健生、滕珺：《论我国教育博士专业学位设置的迫切性和可行性》，《学位与研究生教育》2007 年第 8 期。

　　[21] 马金晶、靳玉乐：《美国圣路易斯大学教育博士培养的改革及其启示》，《学位与研究生教育》2010 年第 6 期。

　　[22] 孙沉鲁：《美国研究生教育及其对我国的启示》，《广西大学学报》（哲学社会科学版）2000 年第 2 期。

　　[23] 文东茅、阎凤桥：《美国"教育博士"（Ed. D.）的培养及其启示》，《国家教育行政学院学报》2004 年第 3 期。

　　[24] 秦春生等：《中、美教育硕士教育比较研究》，《学位与研究生教育》2002 年第 11 期。

　　[25] 秦惠民：《关于我国学位类型的多样化趋势》，《学位与研究生教育》1994 年第 1 期。

　　[26] 王霁云、顾建民、严文蕃：《美国教育博士与教育哲学博士之争的缘起和发展》，《大学教育科学》2012 年第 3 期。

　　[27] 王丽娟：《浅谈我国教育博士学位（Ed. D.）的兴起》，《中国成人教育》2007 年第 2 期。

　　[28] 魏礼庆：《美国赠地学院的起源与现状》，《教育参考资料》2001 年第 2 期。

　　[29] 杨光富、张宏菊：《赠地学院对美国高等教育的影响》，《河北师范大学学报》（教育科学版）2008 年第 10 期。

　　[30] 姚启和、康翠萍：《学位制度改革的一项新课题》，《高等教育研究》2000 年第 6 期。

　　[31] 袁安娜：《我国专业学位发展历史及脉络研究》，《中国电力教育》2009 年

第 17 期。

[32] 袁锐锷、凌朝霞：《关于澳大利亚若干大学教育博士培养工作的思考》，《比较教育研究》2006 年第 9 期。

[33] 褚艾晶：《"教育博士"培养的合法性危机——基于美国现实面临的问题与挑战》，《复旦教育论坛》2008 年第 3 期。

[34] 钟秉林、张斌贤：《我国专业学位教育发展的新突破——写在教育博士专业学位诞生之际》，《中国高等教育》2009 年第 3 期。

[35] 邹海燕、王平：《建立我国专业博士学位制度的研究》，《中国高教研究》2005 年第 6 期。

[36] 邹海燕、李晓东：《美国专业博士研究生培养模式探析》，《教书育人》2005 年第 11 期。

[37] 赵炬明：《学科、课程、学位：美国关于高等教育专业研究生培养的争论及其启示》，《高等教育研究》2002 年第 4 期。

[38] 张建功、张振刚：《美国专业学位研究生教育的学位结构及启示》，《高等教育研究》2008 年第 7 期。

[39] 张炜、赵依民：《如何看待第一级专业学位与美国学士后教育的结构》，《科学学与科学技术管理》2004 年第 5 期。

[40] 詹婉华：《专业学位"职业性"属性的探讨》，《江苏高教》2008 年第 4 期。

[41] 周川：《"专业"散论》，《高等教育研究》1992 年第 1 期。

[42] 周晓芳：《我国教育博士专业学位研究生招生工作的思考》，《清华大学教育研究》2010 年第 4 期。

[43] 周远清：《积极发展专业学位研究生教育　培养更多高层次应用型专门人才》，《学位与研究生教育》2001 年第 5 期。

[44] 张晓冬、梁亚琴：《为大学探究"高深学问"的本体功能辩护》，《煤炭高等教育》2011 年第 5 期。

[45] 张应强：《关于设置教育博士专业学位的政策建议》，《现代大学教育》2003 年第 1 期。

[46] 张济洲：《美国"教育博士"培养的实践、问题与挑战》，《高等教育研究》2009 年第 3 期。

（三）学位论文

[1] 胡玲琳：《我国高校研究生培养模式研究》，华东师范大学，2004 年。

[2] 李琴涛：《中美高等教育学博士生培养模式比较研究》，大连理工大学，2007 年。

[3] 徐平：《我国研究型大学博士生培养模式研究》，厦门大学，2008 年。

[4] 周频：《我国专业学位研究生教育发展对策研究》，兰州大学，2008 年。

（四）电子文献

［1］关于下达《教育博士专业学位设置方案》的通知. http：//www. doc88. com/ p - 490187877395. html，2012 - 6 - 23。

［2］《专业学位设置审批暂行办法》. http：//www. chinakao. cn/article/baokao/ zhengce/3132. html，20011 - 5 - 8。

［3］《关于加强和改进专业学位教育的若干意见》. http：//www. teacherclub. com. cn/tresearch/channel/edm/zhengcefagui/8105. html，2001 - 9 - 9。

［4］卡内基 CPED 项目. http：//cpedinitiative. org/，2011 - 2 - 9。

二 英文文献

（一）著作类

［1］Altbaeh, P. G. , Engberg, D. , Higher Education：A World Wide Inventory of Centers and Programs ［M］. Phoenix：ORYX Press, 2001.

［2］Becker, J. S. , The Evolution of Professional Education ［A］. Nelson, B. H. （Eds. ）, Education for the Professions ［C］. Chicago：The University of Chicago Press, 1962.

［3］Bennis, W. G. & Nanus, B. , Leaders：Strategies for Taking Charge ［M］. New York：Harper &Row, 1985.

［4］Bolman, L. G. & Deal, T. E. , Reframing Organizations：Artistry, Choice, and Leadership （4th ed. ）［M］. San Francisco：Jossey-Bass, 2008.

［5］Boorstin, D. J. , The Americans：The Colonial Experience ［M］. London：Sphere Books, 1991.

［6］Boorstin, D. J. , The New Americans：The Colonial Experience ［M］. New York：Random House, 1958.

［7］Borrowman, M. L. , About Professors of Education ［A］. The Professor of Education：An Assessment of Conditions ［C］. Bagley, A. （Eds. ）, Papers of the meeting of the Society of Professors of Education, College of Education, University of Minnesota, 1975.

［8］Boyer, E. L. , Scholarship Assessed ［M］. Princeton, NJ：Carnegie Foundation for the Advancement of Teaching, 1995.

［9］Burton, B. , The Culture of "Professionalism" ［A］. The Middle Class and the Development of Higher Education in America ［C］. New York：W. W. Norton, 1976.

［10］Clark, R. E. & Estes, F. , Turning Research into Results：A Guide to Selecting the Right Performance Solutions ［M］. Atlanta, GA：CEP Press, 2002.

［11］Clifford, G. J. & Guthrie, J. W. , Ed School：A Brief for a Professional Education ［M］. Chicago, IL：University of Chicago Press, 1988.

［12］ Coghlan, D. & Brannick, T., Doing Action Research in Your Own Organization (2nd ed.) ［M］. Thousand Oaks, CA: Sage, 2005.

［13］ Cohen, A. M. & Kisker, C. B., The Shaping of American Higher Education ［M］. San Francisco: Jossey-Bass, 2010.

［14］ Cooke, H. S. & Tate, K., Project Management ［M］. New York: McGraw-Hill, 2005.

［15］ Cotton, K., Principals and Student Achievement: What Research Says ［M］. Alexandria, VA: Association for Supervision and Curriculum Development, 2003.

［16］ Courtis, S. A., Curriculum-Construction at Detroit ［A］. Whipple, G. M. (Eds.), Curriculum-Making: Past and Present, 26th Yearbook of the National Society for the Study of Education, ［C］. Bloomington, Ⅲ.: Public School Publishing Co., 1926.

［17］ Crandall, D. P., Loucks, S. F., Bauchner, J. E., Schmidt, W. B., Eiseman, J. W. & Cox, P. L., et al. People, Policies and Practices: Examining the Chain of School Improvement (Vols. 1 – 10). ［M］. Andover, MA: The NETWORK, Inc., 1982.

［18］ Creemers, B. & Reynolds, D., The Future Development of School Effectiveness and School Improvement ［A］. Creemers, B., Peters, T., & Reynolds, D. (Eds.), School Effectiveness and School Improvement ［C］. Lisse, The Netherlands: Swets & Zeitlinger, 1989.

［19］ Cremin, L. A., Shannon, D. A., Townsend, M. E., A History of Teachers College ［M］. New York: Columbia University Press, 1954.

［20］ Eells, W. C., Degrees in Higher Education ［M］. Washington, DC: The Center for Applied Research Research in Education, 1963.

［21］ Emerson, R. W., An Oration Delivered Before the Phi Beta Kappa Society at Cambridge ［M］. Boston: Munroe, 1838.

［22］ Fischer, D. H., Albion's Seed: Four British Folkways in America ［M］. New York: Oxford University Press, 1989.

［23］ Flexner, A., Medical Education: A Comparative Study ［M］. New York: Macmillan, 1925.

［24］ Flexner, A. A, Modern College and a Modern School ［M］. New York: Doubleday, 1923.

［25］ Flexner, A., Universities: English, German, and American ［M］. New York: Oxford University Press, 1930.

［26］ Freeman, F. N., Practices of American Universities in Granting Higer Degrees in Education: A Series of Official Statements (Vol. 19) ［M］. Chicago, IL: University of Chicago Press, 1931.

［27］ Fullan, M. , The New Meaning of Educational Change ［M］. New York: Teachers College Press, 2001.

［28］ Gage, N. L.&Winne, P. H. Performance-based Teacher Education ［A］. Teacher Education ［C］. Chicago: University of Chicago Press, 1975.

［29］ Geiger, R. L. , To Advance Knowledge: The Growth of American Research Universities, 1900—1940 ［M］. New York: Oxford University Press, 1986.

［30］ Good, H. G. , The Rise of the College of Education of the Ohio State University ［M］. Columbus: Ohio State University Press, 1960.

［31］ Good, H. G. , A History of American Education ［M］. New York: Macmillan Company, 1968.

［32］ Goodman, P. , The Community of Scholars ［M］. New York: Random House, 1962.

［33］ Graham, H. D. , The Uncertain Triumph: Federal Education Policy in the Kennedy and Johnson Years ［M］. Chapel Hill: University of North Carolina Press, 1984.

［34］ Guthrie, J. W. & Wong, K. K. , Education Finance from the Perspective of Politics, Political Cultures and Government ［A］. H. F. Ladd & E. B. Fiske (Eds.), Handbook of Research in Education Finance and Policy ［M］. New York, NY: Routledge, 2007.

［35］ Herbst, J. , Professionalization in Public Education, 1890—1920: The American High School Teacher ［M］. Stuttgart: Klett-Cotta, 1985.

［36］ Hinsdale, B. A. , The Training of Teachers ［A］. Monographs on Education in the United States no. 8 ［C］. Albany, N. Y. : J. B. Lyon, 1899.

［37］ Hollis, E. V. , Toward Improving Ph. D. Programs ［M］. Washington D. C. : American Council on Education, 1945.

［38］ Hook, S. , Academic Freedeom and Academic Anarchy ［M］. New York: Cowles, 1969.

［39］ Ladd, H. F. Fiske, E. B. (Eds.), Handbook of Research in Education Finance and Policy ［M］. NewYork, NY: Routledge, 2007.

［40］ Langdell, A Summary of the Law on Contracts ［M］. Boston: Little Brown, 1980.

［41］ Larson, C. E. & LaFasto, F. M. J. , TeamWork: What Must Go Right/What Can Go Wrong ［M］. Newbury Park, CA: Sage, 1989.

［42］ Larson, M. S. , The Rise of Professionalism: A Sociological Analysis ［M］. Berkeley: University of California Press, 1977.

［43］ Leithwood, K. , Steinbach, R. , Expert Problem Solving Processes: Evidence from Principals and Superintendents ［M］. Albany, NY: State University of New

York, 1995.

[44] Levine, D., Unusually Effective Schools [M]. Bloomington, IN: Phi Delta Kappa, 2004.

[45] Lewis, J. P., Fundamentals of Project Management: Developing Core Competencies to Help Outperform the Competition (3rd ed.) [M]. New York: Amoco, American Management Association, 2007.

[46] Lewis, J. P., Fundamentals of Project Management (2nd edition) [M]. New York: Amoco, American Management Association, 2002.

[47] Lilge, F., The Abuse of Learning [M]. New York: Macmillan, 1948.

[48] Louis, K. S. & Leithwood, K., From Organizational Learning to Professional Learning Communities [A]. Louis, K. S., & Leithwood, K. (Eds.), Organizational Learning in Schools [C]. Lisse, The Netherlands: Swets & Zeitlinger, 2000.

[49] Louis, K. S. &Miles, M. B., Improving the Urban High School: What Works and Why [M]. New York: Teachers College Press, 1990.

[50] Ludlow, H. G., The Doctorate in Education [M]. Washington, DC: American Association of Colleges for Teacher Education, 1964.

[51] Machlup, F., The Production and Distribution of Knowledge in the United States [M]. Princeton, N. J.: Princeton University Press, 1962.

[52] McCarthy, C., The Wisconsin Idea [M]. New York: Macmillan, 1912.

[53] Nanus, B., Visionary Leadership [M]. San Francisco: Jossey-Bass, 1992.

[54] Newman, J. H., The Idea of a University [M]. New York: Doubleday, 1959.

[55] Olin, H., The Women of a State University [M]. New York: G. P. Putnam's Sons, 1909: 175.

[56] Palmer, B. & Major, C., Learning Leadership through Collaboration: The Intersection of Leadership and Group Dynamics in Problem-based Learning [A]. Savin-Baden, M. & Wilkie, K. (Eds.), Challenging Research in Problem-based Learning [C]. Buckingham, UK: Open University Press, 2004.

[57] Powell, A. G., The Uncertain Profession [M]. Cambridge, MA: Harvard University Press, 1980.

[58] Perkin, H., The Historical Perspective [A]. Burton R. Clark (Ed.), In Perspectives on Higher Education: Eight Disciplinary and Comparative Views [C]. Berkeley: University of California Press, 1984.

[59] Richardson, R. C. Jr. & Walsh, R. T., Differences and Similarities in the Practices of Institutions Offering the Ph. D. and Ed. D. Programs in Higher Education [M]. Tempe, AZ: Arizona State University-Tempe, 1978.

[60] Rudolph, F., The American College and University: A history [M]. New York: Knopf, 1962.

[61] Spurr, S. H., Academic Degree Structures: Innovative Approaches [M]. New York: McGraw-Hill, 1970.

[62] Snyder, T. D. (Ed.), 120 Years of American Education: A Statistical Portrait [M]. Washington, D. C. : U. S. Department of Education, National Center for Education Statistics, 1993.

[63] Stevens, R., Law School Legal Education in America from the 1850s to the 1980s [M]. Chapel Hill: University of North Carolina Press, 1983.

[64] Seligmen, J., The High Citadel: The Influence of Harvard Law School [M]. Boston: Houghton Mifflin, 1978.

[65] Sizer, T. R. &Powell, A. G., Changing Conceptions of the Professor of Education [A]. Counelis, J. S. (Ed.), To Be a Phoenix: The Education Professoriate [C]. Bloomington, Ind. : Phi Delta Kappa, 1969.

[66] Starr, P., The Social Transformation of American Medicine [M]. New York: Basic Books, 1982.

[67] Stone, J. C., Breakthrough in Teacher Education [M]. San Francisco: Jossey-Bass, 1970.

[68] Touraine, A., The Academic System in Amercan Society [M]. New York: McGraw-Hill, 1974.

[69] Veblen, T., The Higher Learning in America [M]. New York: D. W. Huebsch, 1918.

[70] Watts, C., Issues of Professionalism in Higher Education [A]. In Bourner, T. Katz, T. & Watson, D. (Eds.), New Directions in Professional Higher Education [C]. Buckingham, England: Open University Press, 2000.

（二）学术论文类

[1] Anderson, D. G., Differentiation of the Ed. D. and Ph. D. in Education [J]. Journal of Teacher Education, 1983, 34 (3).

[2] Browder, L. H., Where Are Schools of Education Going? [J]. Journal of Teacher Education, 1978 (29).

[3] Brown, J., Collins, A. & Duguid, P., Situated Cognition and the Culture of Learning [J]. Educational Researcher, 1989 (18).

[4] Butterfield, E. & Nelson, G., Theory and Practice of Teaching for Transfer [J]. Educational Technology Research and Development, 1989, 37 (3).

[5] Caboni, T. C. & Proper, E., Re-envisioning the Pofessional Doctorate for Educa-

tional Leadership and Higher Education Leadership: Vanderbilt University's Peabody College Ed. D. Program [J]. Peabody Journal of Education, 2009, 84 (1).

[6] Courtenay, C., Eliminating the Confusion over the Ed. D. and Ph. D. in Colleges and Schools of Education [J]. Innovative Higher Education, 1988, 13 (1).

[7] Cuban, L., Reform Again, Again, and Again [J]. Educational Researcher, 1990, 19 (1).

[8] Cubberley, E. P., The College of Education and Superintendent of Schools [J]. School and Society, 1923, 438 (17).

[9] Creager, J. O., The Professional Guidance of Students in Schools of Education in State Universities [J]. Educational Administration and Supervision, 1927, 13 (3)

[10] David G. I., Dissertations or Capstones: The Conundrum Facing EdD Programs [J]. UCEA Review, 2011, 52 (3).

[11] Deering, T. E., Eliminating the Doctor of Education Degree: It's the Right Thing to Do [J]. The Educational Forum, 1998 (62): 243 – 248.

[12] DiMaggio, P. J. & Powell, W. W., Iron Cage Revisited: Institutional Isomorphism and Collective Rationality in Organizational Fields [J]. American Sociological Review, 1983 (48).

[13] Goldring, E. & Schuermann, P., The Changing Context of K – 12 Education Administration: Consequences for Ed. D. Program Design and Delivery [J]. Peabody Journal of Education, 2009 (84).

[14] Guthrie, J., The Case for a Modern Doctor of Education Degree (Ed. D): Multipurpose Education Doctorates No Longer Appropriate [J]. Peabody Journal of Education, 2009, 84 (1).

[15] Hallinger P & Heck R H., Reassessing the Principal's Role in School Effectiveness [J]. Educational Administration Quarterly, 1996, 32 (1).

[16] Harvard News Office. Elevating Education (The Ph. D.) [J] Harvard Magzine, 2012 (3).

[17] Neweditor. Ph. D. in Education Approved [J]. ED Magazine, Summer 2012.

[18] Herbst, J., Church, State and Higher Education: College Governent in the American Colonies and States Before 1820 [J]. History of Higher Education Annual, 1981 (1).

[19] Herbst, J., Nineteenth-century Normal Schools in the United States: A Fresh Look [J]. History of Education, 1980, 9 (3).

[20] Hoy, W. K. &Sweetland, S. R., Designing Better Schools: The Meaning and Measure of Enabling School Structures [J]. Educational Administration Quarterly, 2001, 37

(3) .

[21] Jacobson, J. , The Ed. D-Who Needs It [J]. The Chronicle of Higher Education, 2005, 52 (5) .

[22] Loss, C. G. , Building, Sustaining, and Expanding the Education Doctorate at Peabody College: An Administrative View [J]. Peabody Journal of Education, 2009, 84 (1) .

[23] Lovett, C. M. , American Professors and Their Society [J]. Change, 1993, 25 (4): 26 – 37.

[24] Marsh, D. D. Dembo, M. H. , Rethinking School Leadership Programs: The USC Ed. D. Program in Perspective [J]. Peabody Journal of Education, 2009, 84 (1): 80 – 82.

[25] Miles, M. B. , 40 Years of Change in Schools: Some Personal Reflections [J]. Educational Administration Quarterly, 1993, 29 (2) .

[26] Murphy, J. & Vriesenga, M. , Developing Professionally Anchored Dissertations: Lessons from Innovative Programs [J]. School Leadership Review, 2005, 1 (1), 33 – 57.

[27] Osguthorpe, R. T. &Wong, M. J. , The Ph. D. versus the Ed. D. : Time for a Decision [J]. Innovative Higher Education, 1993, 18 (1) .

[28] Roemer, R. &Martinello, M. , Divisions in the Educational Professoriate and the Future of Professional Education [J]. Educational Studies, 1982, 13 (2) .

[29] Russell, J. E. , Further Development of the School of Education [J]. School and Society, 1923, 438 (17) .

[30] Smrekar, C. & McGraner, K. , From Curricular Alignment to the Culminating Project: The Peabody College Ed. D. Capstone [J]. Peabody Journal of Education, 2009, 84 (1): 48 – 60.

[31] SwaiL, W. , Shaker, P. &Peinovieh, P. , The Continuing Need for the Ed. D. Degree [J]. The Chronicle of Higher Education, 2005, 51 (34) .

[32] Shulman, L. S. , Golde, C. M. , Bueschel, A. C. & Garabedian, K. J. , Reclaiming Education's Doctorates: A Critique and a Proposal [J]. Educational Researcher, 2006, 35 (3): 25 – 32.

[33] Shulman, L. S. , Signature of Padegogies of Professions [J]. Daedalus, Summer 2005; 134 (3) .

[34] Smrekar, C. McGraner, K. , From Curricular Alignment to the Culminating Project: The Peabody College Ed. D. Capstone [J]. Peabody Journal of Education, 2009, 84 (1). Stein, M. K. & Nelson, B. S. , Leadership Content Knowledge [J]. Educational Evaluation and Policy Analysis, 2003, 25 (4) .

[35] Susan Toft Everson, A Professional Doctorate in Educational Leadership: Saint

Louis University's Ed. D. Program [J]. Peabody Journal of Education, 2009, 84 (1) .

[36] Trow, M. A. , American Higher Education: Past, Present, Future [J]. Studies in Higher Education, 1989.

[37] Weidman, J. C. , Twale, D. J. &Stein, E. L. , Socialization of Graduate and Professional Students in Higher Education: A Perilous Passage? [J]. ASHE-ERIC Higher Education Report, 2001, 28 (3) .

[38] Young, M. D. The M. Ed. , Ed. D. and Ph. D. in Educational Leadership [J]. UCEA Review, Summer 2006, XLV (2) .

（三）学位论文类

[1] Perry, J. A. , Reclainming the Education Doctorate: Three Cases of Processes and Roles in Institutional Change [D]. University of Maryland, 2010.

[2] Stevens, D. A. A, Comparison of Non-traditional Capstone Experiences in E-d. D. Programs at Three Highly Selective Private Research Universities [D]. University of Southern California, 2010.

[3] Zimmerman, J. G. , College Culture in the Midwest, 1890 – 1930 [D]. University of Virginia, 1978.

（四）报告类

[1] Section on Clinical Legal Education. Final Report on the Future of the In-house Clinic [R]. American Association of Law Schools, 1991.

[2] Brown, L. D. , Doctoral Graduates in Education: An Inquiry into Their Motives, Aspirations, and Perceptions of the Program [R]. Bloomington, IN: Indiana University, 1966.

[3] Bryk A. S. , Driscoll M. E. , An Empirical Investigation of the School as Community [R]. Chicago: Department of Education, University of Chicago, 1985.

[4] Coley, R. J. & Thorpe, M. E. , A Look at the MAT Model of Teacher Education and Its Graduates: Lessons for Today [R]. Princeton, N. J. : Division of Education Policy Research and Services, Educational Testing Service, 1985.

[5] Eells, W. C. , Degrees in Higher Education [R]. Washington, DC: The Center for Applied Research in Education, 1963.

[6] Flexner, A. , Medical Education in the United States and Canada: A Report to the Carnegie Foundation for the Advancement of Teaching, Bulletin No. 4 [R]. Boston: Updyke, 1910.

[7] Knapp M. S. , Copland M. A. , Talbert J E. Leading for Learning: Reflective Tools for School and District Leaders [R]. Seattle, WA: Center for the Study of Teaching and Policy, 2003.

［8］Levine, A., Educating Researchers ［R］. New York: The Education Schools Project, 2007.

［9］Levine, A., Educating School Leaders ［R］. New York: The Education Schools Project, 2005.

［10］Newmann F. M., Wehlage G., Successful School Restructuring: A Report to the Public and Educators by the Center on Organization and Restructuring of Schools ［R］. Alexandria, VA: Association for Supervision and Curriculum Development, 1995.

［11］Russell, The Annual Report to the Trustees of Teacher's College for 1900.

（五）其他

［1］American Bar Association, Conference on Legal Education in the 1980s, 1981.

［2］Brown, L. D., A Perspective on the Ph. D. -Ed. D. Discussion in Schools of Education ［Z］. Paper presented at the meeting of the American Educational Research Association, Boston, 1990, April.

［3］Cravens X. C., Goldring E. & Penaloza R. V., Leadership Practices and School Choice ［Z］. Paper presented at the Annual Conference of American Educational Research Association San, Diego, CA, 2009.

［4］Cremin, L. A., The Education of the Educating Professions ［Z］. Paper presented at the nineteenth Charles W. Hunt lecture, American Association of Colleges for Teacher Education, Chicago, 21 Feb. 1978.

［5］Datnow, A., Achieving Large Scale Educational Reform: Lessons Learned and Prospects for the Future ［Z］. Raymond B. Cattell Early Career Award Lecture delivered at the Annual Meeting of the American Educational Research Association, San Francisco, 2006.

［6］Ed. D. Program Student Handbook 2010, Department of Educational Leadership and Higher Education, Saint Louis University.

［7］Graduation School of Education. Harvard General Catalogue, 1920 – 1921.

［8］Faculty of Arts and Sciences, Harvard University: 1891 Announcement of Courses for Teachers.

［9］Letter to Henry S. Pritchett, from Correspondence of Charles W. Eliot, Small Manuscript Collection, Harvard Law School Library.

［10］Levine, A., Educating Researchers ［Z］. New York, NY: The Education Schools Project, 2007.

［11］National Survey of the Education of Teachers. Bulletin, 1933, no. 10 (volume5) Washington, D. C.: U. S. Office of Education, 1935.

［12］National Survey of the Education of Teachers. Bulletin, 1933, no. 10 (volume 2) Washington, D. C.: U. S. Officeof Education, 1935: 120.

［13］Schon, D. , Educating the Reflective Practitioner ［Z］. Paper presented at the an-nual meeting of the AmericanEducational Research Association, Washington, DC. , 1987.

［14］Smith, T. M. , Teachers and Teaching Syllabus ［Z］. Department of Leadership, Policy, and Organizations, PeabodyCollege, Vanderbilt University, 2008.

［15］Smrekar, C. , The Social Context of Education Syllabus ［Z］. Department of Leadership, Policy, and Organizations, Peabody College, Vanderbilt University, 2008.

［16］Toma, J. D. , Legitimacy, Differentiation, and the Promise of the Ed. D. in Higher Education ［Z］. Paper presented at the meeting of the Association for the Study of Higher Education, Sacramento, CA, 2002.

［17］Department of Education, University of Chicago. Friends, a newsletter, October 1977（1）.

［18］U. S. Bureau of the Census. Return of the Whole Number of Persons within the Several Districts of the United States ［Z］. Philadelphia: U. s. Bureau of the Census, 1791.

［19］Waters, T. , Balanced Leadership. Lecture presented at the Gateway Leadership Institute, Saint Louis University, St. Louis, MO, 2004.

后　记

　　本书在我的博士论文基础上修改完成，也是我主持的浙江省哲学社会科学规划课题"美国教育博士专业学位教育研究"的研究成果。能够完成此书首先要感谢我的导师顾建民教授，他的悉心指导与帮助，让我能够在没有脱产的情况下，顺利完成了博士阶段的学习；在他的鼓励之下我成功申报国家留学基金，到美国专心做了一年研究，使我的博士论文得以顺利完成；也是在他的指导和启发下才有了现在的课题研究和著作撰写。

　　回顾攻读博士学位到现在执笔期间的点点滴滴，兴奋、激动、欣喜，还有丝丝惶恐交织在一起。然而，最多的还是内心真切的感激之情：正是在顾老师和浙大教育学院的各位师长的鼓励和帮助之下，自己才坚定地走到现在。在这里要真诚地感谢周谷平教授、许迈进教授、蓝劲松教授在论文开题时所提的宝贵建议；感谢肖朗教授、许迈进教授、蓝劲松教授、王丽华教授在预答辩中的批评和建议；感谢阎光才教授和单中惠教授在最后的答辩中的建议和指点；感谢王素文老师和甘露老师一直以来的帮助和鼓励。还要特别感谢麻省州立大学波士顿校区教育领导系主任严文蕃教授，感谢他在我到美国收集研究资料时给予的帮助和指导。

　　这本著作能够顺利完成还要感谢浙大城市学院和城院外国语学院这些年来对我的关心和培养，感谢学院与分院的领导和同事在我出国期间和平时工作中给予的支持和帮助。

　　最后还要感谢我的父母、家人和朋友一直以来的默默支持，有你们才有我今天的成绩，才有今天更好的我和更美好的生活！你们是我前进的动力、休憩的港湾、快乐的源泉！

王霁云

2013 年 12 月 29 日